KB169085

한눈에 익히는

고사성어

장개충 편저

나무의 꿈

한눈에 익히는

고사성어(故事成語)

초판 1쇄 발행 | 2008년 3월 5일
2판 1쇄 발행 | 2014년 10월 6일
3판 1쇄 발행 | 2022년 1월 10일

엮은이 | 장개충
펴낸이 | 이환호
펴낸곳 | 나무의꿈

등록번호 | 제 10-1812호
주 소 | 서울시 마포구 잔다리로 77 대창빌딩 402호
전 화 | 02)332-4037 **팩 스** | 02)332-4031

ISBN 978-89-91168-95-4 03700

책머리에

◉ 세상을 바라보는 지혜의 눈

고사성어와 한자 숙어는 선인들이 우리에게 물려준 정신적 문화유산이자 흥미진진한 역사의 파노라마다. 비록 짧은 어구(語句)지만 그 속에는 선인들의 지혜가 번뜩이는 가운데 우리가 배워야 할 인생의 참의미가 담겨 있다.

◉ 각종 시험의 필독서

고사성어와 한자 숙어가 각종 시험에서 빈도 높게 출제될 뿐만 아니라 국가고시는 물론 기업체 입사시험 및 승진시험에서도 한문을 필수 과목으로 채택하고 있는 실정이다.

◉ 한 번 보면 근본적으로 이해된다.

이 교재는 단순 암기를 떠나 한 번만 보아도 근본적으로 이해되도록 구성하였다. 알기 쉬운 뜻풀이와 한자풀이, 출전을 밝히고 이해에 도움이 되고자 그 유래를 요약해 실었다. 그리고 뜻이 같은 유의어와 반의어도 함께 실어 활용과 응용의 폭을 넓혔다.

◉ 보다 쉽고 찾기 쉬운 사전적 구성과 현대적 감각

출제 빈도가 높으면서 꼭 알고 반드시 숙지해야 할 고사성어 및 한자 숙어를 사전적으로 구성하여 접근성을 높였다. 일상생활에서 이 교재를 가까이 두고 한눈에 익혀가는 동안 어느새 세상을 바라보는 지혜의 눈이 번쩍 떠져 있음을 재발견하게 될 것이다.

2008년 새해에
편저자 씀

가도벽립
家徒壁立

유의어 가도사벽(家徒四壁), 가도벽립(家道壁立).
찢어지게 가난하다.

• 家(가) : 집. • 徒(도) : 한갓. 무리.
• 壁立(벽립) : 깎아지른 듯이 솟아 있음.

집안에 살림살이라고는 하나도 없고 남은 것이란 고작 사면의
벽이 깎아지른 듯이 솟아 있을 뿐이다. 살림이 매우 가난하여
궁핍함.

유 래

상여의 집은 가난했지만 현령과 잘 아는 사이였다. 현령은 상여의
인품을 중히 여겨 대부호인 탁왕손(卓王孫)의 초대연에 참석시켰다.

상여는 탁왕손과 함께 술을 마시며 비파를 뜯었는데, 왕손의 딸 탁
문군(卓文君)이 창문 틈으로 엿듣고 마음속으로 좋아했다. 그녀는 야
반도주(夜半逃走)하여 상여에게로 갔다.

상여는 그녀를 성도(成都)의 집으로 데리고 돌아왔는데 그의 집은
한갓 네 귀퉁이의 벽만 남아 있을 뿐 가난하기 그지없었다.

※ 사마상여(司馬相如) : 전한(前漢) 촉(蜀 : 四川省)의 성도(成都) 사
람. 음률에 뛰어났을 뿐만 아니라 학문과 무예가 출중했다.

출 전 : 한서(漢書) - 사마상여전(司馬相如傳)

가렴주구
苛斂誅求

유의어 가렴(苛斂). 가정맹어호(苛政猛於虎).
박박 긁다. 가혹한 정치.

• 苛(가) : 독하다. • 斂(렴) : 거두어들이다.
• 誅(주) : 죄주다(형벌). • 求(구) : 구하다.

세금 등을 가혹하게 거두어들이며 재물을 빼앗음. 또는, 그러한 가혹한 정치. 혹정(酷政).

■ 가정맹어호(苛政猛於虎) : '가혹한 정치는 호랑이보다 더 무섭다'는 뜻으로, 혹독한 정치의 폐가 큼을 비유하여 일컬음.

유래

공자가 지나는데 한 부인이 무덤 세 개가 나란히 있는 곳에서 애처롭게 울고 있었다. 자비심 많은 공자는 그대로 지나칠 수가 없어서 제자 자로(子路)를 시켜 묻도록 했다.

"왜 그렇게 우십니까? 몹시 슬픈 일이 있는 것 같군요?"

부인은 놀란 표정으로 얼굴을 들어 다소곳이 말했다.

"네, 이 근방은 참으로 무서운 곳이에요. 훨씬 전에 저의 시아버님께서 호랑이에게 잡아 먹혔는데 이어서 남편도 호랑이에게 죽고, 이번에는 아들마저 잡아먹히고 말았습니다."

"그렇게 무서운 곳에서 왜 떠나지 않습니까?"

하고 묻자,

"여기서 살면 가혹한 세금 때문에 고생할 근심은 없거든요."

"잘 기억해 두어라. 가혹한 정치는 호랑이보다도 무섭다는 사실을……."

출전 : 예기(禮記) - 단궁편(檀弓篇)

가인박명
佳人薄命

유의어 미인박명(美人薄命). 다재다병(多才多病).
미인은 명이 짧다.
- 佳人(가인) : 아름다운 여자. 미인. • 薄(박) : 얇다.
- 命(명) : 목숨. • 薄命(박명) : 기구한 운명.

용모가 너무 아름답고 재주가 많으면 불행해지거나 명이 짧음.

유 래

가인(佳人)이란 말의 뜻 가운데는 고운 남자, 이성으로서 애정을 느끼게 하는 사람, 특히 임금과 같은 귀한 사람을 가리키는 경우도 있다. 미인(美人)도 마찬가지이다.

'가인박명'이란 말은 동서고금을 통해 미인들이 파란만장한 삶 끝에 결국은 비명에 죽어 갔기 때문에 유래되었다고 볼 수 있다.

※ 박명가인시(薄命佳人詩) : '가인박명'이라는 이 말은 소식(蘇軾)의 시에서 항주 · 양주 등의 지방에 장관으로 있을 때, 우연히 절에서 나이 삼십이 넘은 어여쁜 여승을 보고, 그녀의 아름다웠던 소녀 시절을 생각하여, 재주 많고 아름다우나 운명이 박복한 한 미인의 운명을 시로 옮긴 데서 전하여진다.

※ 소식(蘇軾) : (1036~1101) 중국 북송(北宋) 때의 대문장가. 호는 동파(東坡). 당송 팔대가의 한 사람. 서화(書畫)에 능하였음.「적벽부(赤壁賦)」,「동파전집(東坡全集)」이 있음.

출 전 : 소식(蘇軾) - 박명가인 시(薄命佳人詩)

각주구검
刻舟求劍

유의어 미생지신(尾生之信). 수주대토(守株待兎).
뱃전에 잃어버린 칼을 표시한다.

• 刻(각) : 새기다. 깎다. 그리다. • 舟(주) : 배.
• 求(구) : 구하다. 찾다. 묻다. • 劍(검) : 칼. 검.

판단력이 둔하고 어리석고 미련함. 곧 융통성이 없음.

■ 미생지신(尾生之信) : 미생의 신의. 너무 고지식해서 융통성이 없는 신의. 또는 지나치게 고지식함. 한편으로는 신의가 굳음을 뜻하기도 함.

■ 수주대토(守株待兎) : 나무 그루터기를 지키며 토끼가 부딪치기를 기다린다의 뜻으로, 착각에 사로잡혀 되지도 않을 일을 고집하는 어리석음. 융통성이 없는 것을 일컬음.

유래

초(楚)나라 사람이 배를 타고 강을 건너게 되었는데, 실수로 들고 있던 칼을 그만 물 속에 빠뜨리고 말았다.

그러자 그는 얼른 칼을 빠뜨린 뱃전에 표시해 놓고, "여기가 내 칼이 떨어진 곳이다." 라고 말했다.

이윽고 배가 언덕에 와 닿자, 그는 아까 뱃전에 표시해 놓은 그 자리에서 물로 뛰어들어 칼을 찾으려 했다.

이미 그동안 배가 칼을 빠뜨린 곳으로부터 멀어졌는데 그걸 깨닫지 못하고 칼을 찾으려 하니 얼마나 한심한 일인가.

출전 : 여씨춘추(呂氏春秋) - 찰금편(察今篇)

간담상조
肝膽相照

유의어 피간담(披肝膽).

간과 쓸개를 서로 내놓고 보인다.

- 肝(간) : 간. • 膽(담) : 쓸개. • 相(상) : 서로.
- 照(조) : 비추다. • 披(피) : 나누다.

서로 속마음을 터놓고 가까이 사귐.

유 래

유종원(柳宗元)이란 인물이 있었다. 그 당시 혁신 관료 그룹의 일원이었던 유종원은 수구파와의 싸움에 밀려 유주자사(柳州刺史)로 좌천되는 불행을 겪고 있었다.

이때 그의 동료 문인이자 절친한 벗이었던 유몽득(劉夢得) 역시 파주(播州)의 자사로 좌천이 되었다.

그 말을 듣자 유종원은 눈물을 흘리면서 말했다.

"파주란 지독하게 깊은 두메산골인데, 몽득이 도저히 살 수 있을 만한 곳이 못되지. 더욱이 늙으신 어머님을 모시고 갈 데가 아니야. 어머니에게 그 사실을 밝힐 수가 없어서 여간 괴롭지 않을 거야. 내가 대신 가겠다고 아뢰는 것이 좋겠다. 물론 어떤 무서운 책망을 듣겠지만 그것은 각오한 바이다."

그 말을 들은 한유는 깊은 우정에 감동되었다.

"사람이 어려운 지경에 처했을 때야 비로소 진정한 절의(節義)가 드러나는 법이다."

출 전 : 장자(莊子) - 덕충부(德充符)

간장막야
干將莫耶

간장과 막야가 만든 칼.

- 干(간) : 막다. • 將(장) : 장수. • 莫(막) : 없다.
- 耶(야) : 그런가.

명검도 사람의 손이 가야 빛나듯이 사람도 교육을 통해서 선도해야만 역량을 발휘할 수 있음을 일컬음(천하에 둘도 없는 명검이나 보검의 비유).

※ 간장(干將)은 오(吳)나라의 도공(刀工)으로, 오왕 합려의 명령으로 칼을 만드는데 쇳물이 녹지 않았다. 그의 아내 막야(莫耶)가 용광로에 뛰어들자 쇳물이 녹아 흘러 명검을 만들었다.

유래

제환공의 총(蔥)이나 강태공의 궐(闕), 주문왕의 녹(錄), 초장왕의 홀(忽), 오왕 합려의 간장(干將)과 막야(莫耶)와 거궐(鉅闕)과 벽려(辟閭)는 중국 역대의 명검으로 손꼽을 수 있다. 그러나 명검도 숫돌에 갈지 않으면, 곧 날카롭지 아니하며, 사람의 힘을 얻지 못하면 아무 것도 자를 수 없다.

※ 제환공(齊桓公) : 형을 죽이고 제나라의 왕이 된 인물. 용인술이 뛰어나 관중, 포숙아, 영척, 습붕 등을 거느리고 부국강병에 힘썼음. 제후들을 규합하여 춘추시대의 최초의 패자가 되었음.

※ 강태공(姜太公) : 주(周)나라 문왕(文王)이 위수(渭水) 가에서 만나 스승으로 삼았으며, 무왕(武王)을 도와 은(殷)나라를 멸하고 천하를 평정함.

출전 : 오월춘추(吳越春秋) - 합려내전(闔閭內傳)

감정선갈
甘井先竭

물맛이 좋은 우물이 먼저 마른다.
- 甘(감) : 달다. • 井(정) : 우물. • 先(선) : 먼저.
- 竭(갈) : 마르다.

물맛이 좋은 우물은 이용하는 사람이 많아서 빨리 말라 버리듯이, 뛰어난 재능이나 지력(知力)을 자랑하는 자는 곧 남에게 이용당하기 쉬움.

유래

곧은 나무는 이용당하기 쉬우므로 먼저 잘리고, 물맛 좋은 우물은 다른 우물보다 쉽게 말라버린다. 당신도 자신의 지식을 드러내어 어리석은 자를 놀라게 하고, 자신의 행동을 가다듬어서 남의 결점을 두드러지게 한다면 밝은 해와 달을 높이 들고 다니는 것처럼 자기를 과시하는 결과가 되어 재난을 면할 수 없게 된다.

공자는 진(陳)나라와 채(蔡)나라 사이에서 군대에 포위되어, 7일간이나 익힌 음식을 먹을 수가 없었다. 이에 대공임(大公任)이 공자를 위로하여 말하였다.

"도가(道家)의 도(道)를 터득한 사람은 두드러진 짓을 하려고 하지 않고 명성을 얻으려 하지 않으며, 순박하고 평범하여 겉으로 꾸밀 줄을 몰라 재난을 만나는 일도 없었습니다."

출전 : 장자(莊子) - 산목(山木)

강노지말
強弩之末

힘찬 활에서 튕겨나간 화살도 힘이 다 한다.
- 強(강) : 굳세다. 강하게 하다. 힘쓰다.
- 弩(노) : 쇠뇌. • 末(말) : 끝.

아무리 강력한 것일지라도 시간이 지나면 힘을 잃고 쇠해진다.
곧 아무런 일도 이룰 수 없음.

유래

한(漢) 고조는 자기보다 몇 배의 군사력을 지닌 항우를 패배시킨 후 흉노의 정벌을 위해 출전했다가 포위되고 말았다. 이때 진평이 묘안을 내어 포위망을 간신히 벗어났는데, 이후로 한고조는 흉노족과 화친을 맺고 매년 공물(貢物)을 보냈으나, 흉노족들은 약속을 어기고 무례한 행동을 계속해 왔다.

한무제(漢武帝) 때 흉노족을 무력으로 응징키로 결정하고 대신들과 이 문제를 논의하게 되었는데, 어사대부 한안국은 흉노를 공격하기 위한 원정 계획에 반대하며 그 이유를 다음과 같이 말했다.

"힘찬 활에서 튕겨나간 화살도 멀리 날아가면 비단조차 뚫기 어렵습니다. 우리 군사들이 비록 강하다고 하지만, 멀리 북방까지 원정을 나간다면 그 결과는 장담할 수 없습니다. 후일을 기약해서 도모하는 것이 옳을 줄로 아옵니다."

무제는 역으로 30만 대군을 숨겨 두고 흉노의 10만 대군을 유인했으나 흉노의 맹장 선우가 미리 알아차리고 퇴각하는 바람에 한나라의 계책은 무산되었다.

출전 : 사기(史記) - 한서 한안국전(漢書韓安國傳)

개과천선
改過遷善

지난 허물을 고치어 착한(새로운) 사람이 되겠다.

- 改(개) : 고치다.
- 過(과) : 지나다.
- 遷(천) : 옮기다.
- 善(선) : 착하다.

과거의 허물을 고치고 옳은 길로 들어섬.

유래

진(晉)나라 혜제 때 양흠 지방에 주처라는 사람이 있었다. 그는 열 살 때 태주 벼슬을 한 아버지가 돌아가시자 방탕하고 포악한 사람이 되어 마을 사람들로부터 남산의 호랑이, 장교에 사는 교룡(蛟龍)과 더불어 삼해(三害)라는 평을 듣게 되었다.

그래서 그는 새사람이 되겠다는 각오로, 목숨을 건 사투 끝에 호랑이와 교룡을 죽이고 마을로 돌아왔으나, 아무도 반갑게 맞아 주는 사람이 없었다. 결국 그는 마을을 떠나 대학자 육기와 육운을 만나 자초지종을 이야기하였다.

그러자 육기는,

"군은 의지를 지니고 지난날의 허물을 고쳐서 새사람이 된다면(改過遷善) 자네의 앞날은 무한하네."

라고 격려해 주었다. 주처는 이에 용기를 얻어 이후 10여 년 동안 학문과 덕을 익혀 마침내 대학자가 되었다.

공자는 '허물을 고치지 않는 것이 더 큰 허물이며, 허물을 알았으면 고치기를 꺼려하지 말라'고 하였다.

출전 : 진서(晉書) - 본전(本傳)

개관사정
蓋棺事定

관을 덮은 뒤 일이 결정된다.
- 蓋(개) : 덮다. • 棺(관) : 관. • 事(사) : 일.
- 定(정) : 결정되다.

사람은 죽은 후에야 비로소 그 사람 살아생전의 가치를(잘 잘 못을) 알 수 있음.

유래

관 뚜껑을 덮기 전에는 알 수 없는 것이 사람이다. 인간의 삶은 변화무쌍하기 때문에 관 뚜껑을 닫고 난 뒤에야 정당한 평가를 할 수 있다는 뜻이다.

'길가의 오래된 못도 옛날엔 그 속에서 용이 살았고, 이미 오래 전에 썩어 넘어진 오동나무도 백 년 뒤에 그것이 값비싼 거문고 재료로 쓰이게 된다. 무릇 사람 또한 죽어 땅에 묻힌 후가 아니면 어떤 평가를 받게 될지 아무도 알 수 없다.'

이 시는 두보가 사천성 동쪽 기주의 깊은 산골로 들어와 살고 있을 때, 이미 그곳에 와 살며 실의에 찬 나날을 보내고 있던 친구의 아들 소혜란 사람에게 편지 대신으로 보내준 시(詩)이다.

장부는 죽어서 관을 덮은 후에야 비로소 일이 결정된다.
그대는 지금 다행히도 아직 늙지 않았거늘,
어찌 원망하며 슬퍼하고 있는가, 초췌한 몰골로 산 속에 있는 것을.
깊은 산속, 으슥한 골짜기는 살 곳이 못되는 곳.
벼락과 도깨비와 미친바람까지 겸했구나.
(언제 벼락이 치고 도깨비가 나타나며 미친 듯한 돌풍이 몰아칠지 모르겠구나.)

출전 : 두보 시(杜甫 詩) - 군불견간소혜(君不見簡蘇傒)

거안제미
擧案齊眉

유의어 불감앙시(不敢仰視).
밥상을 눈썹 높이까지 들어올린다.
• 擧(거) : 들다. • 案(안) : 소반. 밥상.
• 齊(제) : 가지런하다. • 眉(미) : 눈썹.

아내가 남편을 지극히 공경하여 받들어 올림.

■ 불감앙시(不敢仰視) : 두려워서, 감히 쳐다보지 못함.

유 래

후한(後漢)의 선비 양홍(梁鴻)의 아내는 생김새가 볼품은 없었지만, 덕이 높은 여자였다.

남편 양홍이 말하길, "내가 원했던 부인은 비단옷과 분단장으로 치장을 한 여자가 아니라, 누더기 옷과 깊은 산 속에 들어가서라도 함께 살 수 있는 그런 여자였소." 라고 하자 그 부인은, "이제 당신의 마음을 알았으니 당신의 뜻에 따르겠습니다."
라고 대답했다.

그 후로 아내는 산골 아낙네처럼 검소하게 생활을 했다.

양홍은 그녀와 둘이 산 속으로 들어가 농사를 짓고 베를 짜면서 행복한 나날을 보냈다.

양홍이 일을 마치고 돌아오면 그 아내는 늘 밥상을 차리고 기다렸다가 눈을 아래로 깔고 밥상을 눈썹 위까지 들어올려(擧案齊眉) 남편에게 공손히 바쳤다고 한다.

출 전 : 후한서(後漢書) – 일민열전(逸民列傳)

건곤일척
乾坤一擲

하늘과 땅을 걸고 한 번 던진다.
- 乾坤(건곤) : ☰과 ☷. 하늘과 땅.
- 一擲(일척) : 모든 것을 한꺼번에 내어 던짐.

운명을 하늘에 맡기고 승부나 성패를 겨룸. '천하를 얻느냐 잃느냐', '사느냐 죽느냐'하는 대 모험을 걸고 승부수를 쓸 때 하는 말.

유래

한유(韓愈)가 홍구 땅을 지나다가 한(漢)나라와 초(楚)나라 싸움을 일컬어 지은 시(詩)에서 유래한다.

항우는 진을 멸망시킨 후 스스로를 서초(西楚)의 패왕(覇王)이라 일컫고 팽성(彭城)을 서울로 정했다. 그러나 그의 패업(覇業)은 오래 가지 못하고 그의 주인이 되는 초나라의 의제(義帝)를 시역(弑逆 : 부모나 임금을 죽임)했을 뿐만 아니라, 논공행상을 불공평하게 한 까닭으로 천하는 또다시 혼란 속에 빠져 버렸다.

유방은 항우가 제나라와 싸우느라 여념이 없는 틈을 타서 초의 의제를 시역한 죄를 묻는다는 대의명분 아래 각국의 제후에게 격문을 띄우고 군사 60만을 이끌고 서울 팽성을 공략했다. 그러나 급보를 받고 달려온 항우가 반격하자 유방은 아버지와 아내까지 적의 수중에 남겨둔 채 겨우 목숨만 살아 형양(滎陽)으로 패주했다.

그 후 몇 차례의 싸움 끝에 군량이 바닥나자, 진퇴양난에 빠진 항우는 유방과 강화조약을 맺어 홍구(鴻溝)를 사이에 두고 천하를 둘로 나누었는데, 장량(張良)과 진평(陳平) 등이 유방을 부추겨 항우와 천하를 놓고 한판 승부를 결정짓는 도박을 하게 되었다.

출 전 : 과홍구(過鴻溝) - 한유(韓愈)

걸견폐요
桀犬吠堯
폭군인 걸왕의 개가 요임금에게 짖는다.
* 犬(견) : 개. * 吠(폐) : 짖다. * 堯(요) : 요임금.

개는 상대가 아무리 훌륭해도 주인만 따른다는 말.

유 래

큰 도적 도척의 개도 요임금을 보면 짖게 마련입니다. 요임금이 어질지 않아서가 아니라 개는 본래 주인이 아니면 짖어대는 것입니다. 그 당시에 신(臣)은 오로지 한신(韓信)만 알고 있었지 폐하를 알지 못했습니다.

(또 천하에는 폐하가 한 것과 같은 일을 하고 싶어 하는 사람이 많지만, 힘이 모자라 못할 뿐입니다. 그들을 또 다 잡아 삶을 작정이십니까?)

괴통이라는 책사가 제나라를 차지하고 있는 한신에게 천하를 셋으로 나누어 동쪽을 차지하고 대세를 관망하라고 권하였다. 그 당시에 항우는 남쪽을 차지하고 있었고, 유방은 서쪽을 차지하고 있었다. 그러나 한신은 괴통의 말을 받아들이지 않아 후일 토사구팽(兎死狗烹)당했다.

※ 걸(傑) : 걸주(傑紂). 중국 하(夏)나라의 걸과 은(殷)나라의 주왕. 고금을 통틀어 포악한 임금.

출 전 : 사기(史記) - 회음후열전(淮陰侯烈傳)

격물치지
格物致知

- 格(격) : 이르다. 物(물) : 만물. 致(치) : 이루다.
- 知(지) : 알다. 깨닫다.

실제 사물의 이치를 연구하여 지식을 완전하게 함.

유 래

덕으로 천하를 다스리려면 먼저 그 나라를 잘 다스려야 하고, 나라를 다스리고자 하는 자는 먼저 그 집안을 잘 다스려야 하며, 그 집안을 다스리려고 하는 자는 먼저 그 몸을 잘 닦아야 하고, 몸을 닦으려고 하는 자는 먼저 그 마음을 바르게 해야 하며, 그 마음을 바르게 하고자 하는 자는 먼저 그 뜻을 정성스럽게 하고, 그 뜻을 정성스럽게 하고자 하면 먼저 아는 것을 극진히 해야 하는 것이다.

'격물(格物)'은 주자(朱子 = 朱熹)가 지식 위주로 풀이한데 반해 왕양명(王陽明 = 王守仁)은 도덕적 실천을 중하게 여기고 있다. 곧 주자는 '격(格)'에 이른다[至]로 풀이하여 '모든 사물의 이치를 끝까지 파고 들어가는 것'이라고 했으며, 앎을 가져오는 '치지(致知)'는 지식의 획득을 뜻한다고 했다.

그에 비해 양명은 '격(格)'을 바르게 한다고 풀이하고, '물(物)'은 외부 세계에 있는 사물이 아니라 사람의 마음이 향하고 있는 지식을 가리키고, '지(知)'는 지식이 아니라 사람이 천성적으로 가지고 있는 자연스럽고 영묘한 마음의 기능, 즉 양지(良知)를 뜻한다.

출 전   : 대학(大學) - 팔조목(八條目)

결초보은
結草報恩

풀포기를 묶어 은혜를 갚는다.

- 結(결) : 맺다. · 草(초) : 풀. · 報(보) : 갚다.
- 恩(은) : 은혜.

죽어 혼령이 되어서라도 은혜를 잊지 않고 갚음.

유래

그날 밤 위과의 꿈속에 노인이 나타나서 말했다.

"나는 그대가 시집보내 준 여자의 아비 되는 사람이오. 그대가 선친의 바른 유언에 따랐기 때문에 내 딸이 살았으니 내가 은혜를 갚은 것이외다."

위무자의 아들인 위과는 죽음에 임박하여 '애첩을 무덤 속에 같이 묻어 달라'는 아버지의 명령을 따르지 않고 살아 계실 때 말씀하신 대로 그 서모를 좋은 집에 시집을 보내 주었다.

그 후 위과는 전쟁에 나가 진(秦)의 이름난 역사(力士) 두회란 인물과 싸워 목숨이 위태롭게 되었을 때, 그 서모의 아버지의 죽은 넋이 두회의 발 앞에 풀을 엮어서 걸려 넘어지게 했으므로 그를 사로잡을 수 있었던 것이다.

출전 : 춘추좌씨전(春秋左氏傳)

계구우후
鷄口牛後

유의어 합종연횡(合縱連衡).

닭의 부리가 될지언정 소의 꼬리는 되지 말라.
* 鷄(계) : 닭. * 口(구) : 입. * 牛(우) : 소.
* 後(후) : 뒤. 뒤떨어지다.

큰 단체의 꼴찌가 되어 붙좇기보다는 작은 단체의 우두머리가
되라는 말.

■ 합종연횡(合縱連衡) : 소진의 합종설과 장의의 연횡설.

유 래

소진이 6국이 연합해서 진나라에 대항해야 한다는 합종(合縱)의 외
교정책을 들고 연나라와 조나라 임금을 설득시킨 다음, 조나라 숙후
(肅侯)의 후원을 얻어 한나라로 가게 되었다.

"대왕께서 서쪽에서 진나라를 섬기면 진나라는 한나라에 땅을 요구
하게 될 것입니다. 금년에 요구를 들어 주면 명년에 또 요구를 하게 될
것입니다. 이렇게 주다 보면 나중에는 줄 땅이 없게 되고, 주지 않으면
지금까지 준 것이 아무 소용이 없어 화를 입게 될 것이 아닙니까? 또 땅
을 가지고 끝이 없는 요구를 들어 주지 못하면 이것이 바로 '원한을 사
서 화를 맺는다〔市怨結禍〕'는 것으로, 싸우기도 전에 땅부터 먼저 주게
되는 것입니다. 속담에 이르기를 '차라리 닭의 부리가 될지언정 소의
꼬리는 되지 말라'고 했습니다. 대왕의 현명하심으로 강한 한나라의
군사를 가지고 계시면서 소 꼬리의 이름을 갖는다는 것은 대왕을 위해
부끄러운 일이 아닐 수 없습니다."

이 말에 선혜왕은 화가 나서 칼을 어루만지며 하늘을 우러러 "과인
이 아무리 못났지만 진나라를 섬길 수는 없다"고 했다.

출 전 : 사기(史記) – 소진열전(蘇秦列傳)

계군일학
鷄群一鶴

유의어 계군고학(鷄群孤鶴). 군계일학(群鷄一鶴).
무리지어 있는 닭 가운데 있는 한 마리의 학.
- 鷄(계) : 닭. ● 群(군) : 무리. ● 一(일) : 하나.
- 鶴(학) : 학. 두루미. ● 孤(고) : 홀로. 외롭다.

여러 평범한 사람들 가운데 있는 뛰어난 한 사람을 일컬음.

유래

"어제 사람들이 북적이는 속에서 처음으로 혜소라는 인물을 보았는데, 유달리 눈에 띄어 마치 학이 닭 무리 속에 섞여 있는 듯했다."

혜소는 열 살 때 부친이 무고한 죄로 형장의 이슬로 사라진 이래 홀어머니를 모시고 근신하고 있었으나 죽림칠현의 한 사람인 산도(山濤)가 무제(武帝)에게 그를 천거했다.

혜소가 처음으로 낙양(洛陽)에 들어가던 무렵 어떤 사람이 칠현의 한 사람인 왕융(王戎)에게 말했다.

"어저께 사람들 속에서 혜소를 봤습니다. 드높은 의기며 기개가 마치 닭의 무리 속에 한 마리 학이 끼여 있는 것 같았습니다."

출전 : 진서(晉書) - 혜소전(秘紹傳)

계 륵
鷄 肋

닭갈비.
* 鷄(계) : 닭. * 肋(륵) : 갈빗대. 힘줄.

먹자니 별로 먹을 것이 없고 버리기는 아까운 '닭갈비'라는 뜻으로, 그다지 가치는 없지만 버리기는 아까운 물건을 일컬음.

유 래

유비(劉備)가 한중(漢中)을 평정하자 위(魏)나라 조조(曹操)가 그를 토벌하기 위해 대대적인 전투를 벌였다. 그러나 전투는 일진일퇴를 거듭하면서 여러 달에 걸쳐 오랫동안 계속되었다.

유비의 병참(군량)은 후방의 요소요소에 제갈량(諸葛亮)이 용의주도한 방법으로 확보해 놓은 데 반하여, 조조는 병참을 소홀히 하여 질서가 문란하고 도망병이 속출하기에 이르렀다.

어느 날 조조는 닭고기로 식사를 하다가 '계륵'이라는 암호명을 내렸다. 조조의 막료들은 어리둥절했다. 그 중에 다만 한 사람 양수(楊脩)만이 고개를 끄덕이고 퇴군하기 위해 준비를 서둘렀다. 다른 이들이 놀라 그 까닭을 물었을 때 양수는,

"닭의 갈비〔鷄肋〕는 먹으려 하면 먹을 것이 없고, 그렇다고 해서 버리려면 아까운 것이오. 한중(漢中)을 여기다 비유해서 승상께서는 일단 철수하기로 결정하신 것이오." 라고 해석해 버렸다.

조조는 그 말을 듣고 양수를 처단하고 위나라 전군을 불러 모아 위나라로 철수했다.

출 전 : 후한서(後漢書) - 양수전(楊脩傳)

계명구도
鷄鳴狗盜

닭의 울음소리를 잘 내는 사람과 개의 울음소리 흉내를 잘 내는 좀도둑.

• 鷄(계) : 닭. • 鳴(명) : 울다. • 狗(구) : 개.
• 盜(도) : 도둑.

천한 재주를 가진 사람도 때로는 요긴하게 쓸모가 있음을 비유하여 일컬음.

유래

맹상군은 첩의 자식으로 태어났지만 재주가 많아 부친의 가업을 이어 받았다. 그는 선정을 베푸는 한편 막대한 재산으로 천하의 인재를 끌어 모아 그의 휘하에는 식객(食客)이 무려 3천 명이나 되었다.

그 식객들은 너나 할 것 없이 천하의 호걸들로서 구도(狗盜 : 좀도둑)의 명인은 물론 성대모사에 천재적인 소질을 가진 자들까지 있었다.

맹상군은 지체 없이 진나라 서울 함양(咸陽)을 탈출하여 국경인 함곡관(函谷關)에 이르렀다. 한편 소양왕은 뒤늦게 속은 것을 알고 군사를 보내어 그들을 처벌토록 했다.

진나라의 법으로는 새벽닭이 울기 전에는 관문을 열지 못하도록 정해져 있었기 때문에 성 안에서 머무를 수밖에 없었다.

맹상군 일행이 허둥대고 있는 사이 또 한 식객이 나타나 새벽닭 울음소리를 내었다. 그 닭 울음소리에 이끌린 성 안의 닭들까지도 일제히 '꼬기오~' 울어대기 시작했다.

관문을 지키던 병졸들은 의심 없이 동이 튼 줄 알고 관문을 활짝 열어젖혔다. 이때 맹상군 일행은 일시에 관문을 통과해 무사히 귀국길에 올랐다.

출 전 : 사기(史記) - 맹상군열전(孟嘗君列傳)

고복격양
鼓腹擊壤

배를 두드리고 발을 구르며 흥겨워한다.

- 鼓(고) : 두드리다. 북. ● 腹(복) : 배.
- 擊(격) : 치다. ● 壤(양) : 흙.

배를 두드리고 발을 구르며 요임금의 덕을 찬양하고 태평세월을 즐김. 생활의 아쉬움이 없이 풍족하고, 세상도 태평하여 백성들이 태평세월을(성대를) 누림.

유래

성군으로 꼽히는 요(堯)임금이 어느 날, 자신의 통치에 대한 백성들의 반응을 알아보기 위해 거리에 나섰다.

어느 거리에 이르렀을 때 어린이들이 노래를 부르고 있었다.

"우리가 이처럼 잘 살아가는 것은 임금의 덕 아님이 없네. 느끼지 못하고 알지도 못하면서 임금님이 정하신 대로 살아가네."

이 노랫소리에 가슴이 다소 설레는데, 저쪽에서 또 소리가 나서 가보니, 백발노인 한 사람이 입에 음식을 넣고 우물거리더니 배를 두드리고 땅을 구르면서 노래를 흥얼거리고 있었다.

"해가 뜨면 일하고 해가 지면 쉬며, 우물 파서 마시고 밭을 갈아먹으니, 임금 덕이 내게 무엇이 있으랴(임금이 내게 무슨 소용이 있으며, 정치가 다 무슨 필요가 있느냐)."

출 전 : 십팔사략(十八史略) - 오제(五帝)

고육지계
苦肉之計

유의어 고육책(苦肉策). 반간(反間).
제 몸을 괴롭히면서까지 짜내는 계책.
* 苦(고) : 쓰다. * 肉(육) : 몸.
* 計(계) : 꾀하다. 계획.

적을 속이기 위해, 또는 어려운 사태를 벗어나기 위한 수단으로 제 몸을 괴롭히면서까지 짜내는 계책.

유래

삼국시대 위나라 조조(曹操)는 오(吳)나라를 공략하기 위하여 장강(長江 : 양자강)에 수군을 집결시켰다. 오나라는 촉(蜀)의 제갈공명과 함께 화공(火攻) 작전을 세웠는데, 그것을 실행하기 위해서는 위군(魏軍)을 속여 배를 한곳에 묶어 둘 필요가 있었다.

어느 날 골똘히 생각하고 있을 때, 황개(黃蓋)가 위나라 대군에게는 승산이 없으므로 항복해야 한다고 말하였다. 주유는 이것을 듣고 격노하여, 황개를 곤장형에 처했다. 황개가 위군 속으로 들어가기 위해서는 위(魏)나라 편으로 귀순했다는 것을 믿게 해야만 한다. 그러기 위해서 황개는 연극을 꾸미며, 오나라에 원한을 품고 배반한 것처럼 보였던 것이다.

그 후 황개는 훌륭히 임무를 완수하여 오나라는 위나라를 크게 이겼다. 이것이 위·촉·오 최대의 격전, 적벽(赤壁)의 싸움이다.

출 전 : 삼국지연의(三國志演義)

곡학아세
曲學阿世

배운 학문을 굽혀 가며 세상에 아첨한다.
- 曲(곡) : 굽다. ● 學(학) : 학문.
- 阿(아) : 아첨하다. ● 世(세) : 세상. 세대.

바른 길에서 벗어난 학문으로 시세(時勢)나 권력자에게 아첨하여 인기를 얻으려는 언행(言行)을 함.

유래

전한 시대 무제(武帝)는 강직하고 명망 있는 원고생(轅固生)을 불러들였는데, 원고생은 그 당시 나이 90세였다. 그러자 젊은 학자들이 원고생을 헐뜯었다. 황제는 이들의 중상을 물리치고 원고생을 등용시켰다. 같은 산동 출신인 공손홍(公孫弘)이라는 소장학자가 등용되었는데, 그는 늘 원고생의 의견을 무시하고 헐뜯기만 하였다. 그러나 원고생은 언짢게 여기는 기색 없이 공손홍에게,

"지금 학문의 길은 어지러워지고 속설이 유행하고 있다. 이대로 내버려둔다면 역사 있는 학문의 전통은 요사스런 학설에 의해 드디어 모습을 잃게 될 것이다. 다행히 자네는 나이 젊고 학문을 좋아하는 선비라고 하니, 아무쪼록 올바른 학문을 잘 익혀서 세상에 널리 퍼뜨려 주게. 결코 자기가 믿는 학설을 굽히고〔曲學〕 세상의 속물들에게 아부해서는〔阿世〕 안 된다네……." 하였다.

이에 공손홍은 스스로 부끄러움을 느끼고 원고생의 훌륭한 인격과 풍부한 학식에 경의를 표했다.

출전 : 사기(史記) - 유림열전(儒林列傳) 〔원고생(轅固生)〕

공휴일궤
功虧一簣

공이 한 삼태기로 허물어졌다.
* 功(공) : 공로. 공치사. * 虧(휴) : 이지러지다. 손상
됨. * 一(일) : 한 번. 하나. * 簣(궤) : 삼태기.

산을 쌓아 올리는데 한 삼태기의 흙을 게을리 하여 완성을 보
지 못함. 즉 완성되어 가던 일을 중단했기 때문에 모두 허사
가 된다.

유래

"아홉 길 산을 만드는데, 그 공〔功〕이 한 삼태기〔簣〕로 무너지다."

"슬프다. 임금된 사람은 아침부터 저녁까지 잠시라도 게으름을 피
워서는 안 된다. 아무리 사소한 일이라도 이를 조심하지 않으면 마침
내 큰 덕(德)을 해치기에 이르게 된다. 예를 들면 흙을 가져다가 산을
만드는데, 조금만 일을 계속하면 아홉 길 높이에 이르게 되었을 때, 이
제는 다 되었다하고 한 삼태기의 흙 운반하기를 게을리 하게 되면 지금
까지의 해 온 일이 모두 허사가 되고 만다."

주(周)나라 무왕이 은(殷)나라 주왕(紂王)을 무찌르고 새 왕조를 열
었을 때, 여(旅)나라로부터 선물로 받은 오(獒)라는 개에게 마음이 끌
려 정치를 등한시할까 염려하여 무왕의 아우 소공(召公) 석(奭)이 한 말
이다.

출전 : 서경(書經) - 여오편(旅獒篇)

과전이하
瓜田李下

과전불납리(瓜田不納履).
이하부정관(李下不正(整)冠).
• 瓜(과) : 오이. 참외. • 田(전) : 밭. 경지.
• 李(이) : 오얏나무. • 下(하) : 아래.

오이밭에서 신을 고쳐 신지 말고, 오얏나무 아래서 갓을 고쳐
쓰지 말라는 뜻으로, 남의 의심을 받기 쉬운 일은 하지 말라는
말.

■ 과전불납리(瓜田不納履) : 남의 외(오이)밭에서 신을 고쳐 신으려 몸
을 구부리지 말라.

유래

군자(훌륭한 사람)는 일이 일어나기 전에 미리 예방을 하여, 쓸데없
는 의심을 받을 만한 처지에 자기를 두지 않는다. 오이밭에서 몸을 굽
혀 신발을 고쳐 신지 않고, 오얏(자두)나무 밑에서는 갓이 비뚤어졌다
고 해서 손을 들어 고쳐 쓰거나 하지 않는다.

군자는 남으로부터 의심받을 만한 그런 상태에 몸을 두어서는 안 된
다. 즉 참외밭 가에서 신을 고쳐 신는 것은 참외를 따러 들어가려는 것
으로 오인받기 쉽다. 그리고 오얏(자두)나무 밑에서 손을 올려 갓을 바
로 쓰거나 하면 멀리서 보면 흡사 오얏을 따는 것으로 보이기 쉽다.

※ 군자(君子) : 학문과 덕이 높고 행실이 바르며 품위를 갖춘 사람.

출전 : 악부(樂府) - 군자행(君子行)

관포지교
管鮑之交

유의어 금석지교(金石之交). 금란지계(金蘭之契). 막역지우(莫逆之友). 문경지교(刎頸之交).

반의어 시도지교(市道之交).

관중(管仲)과 포숙아(鮑淑牙)와 같은 사귐.

매우 다정한 친구 사이. 또는 허물없는 교제.

▣ 시도지교(市道之交) : 시장이나 거리에서의 사귐.

유래

"내가(관중) 아직 젊고 가난했을 때에 포숙아와 함께 장사를 한 적이 있었는데(포숙아는 자본을 대고 관중은 경영을 담당했다.). 그 이윤을 나누는데 언제나 나는 포숙아보다 많이 취했지만 그는 나를 욕심쟁이라 한 적이 없었다. 내가 가난한 것을 알고 있었기 때문이다. 나는 또 몇 번씩 벼슬자리에 올랐다가 목을 잘렸지만 그는 한 번도 나를 무능하다고 하지 않았다. 전쟁 시에는 자주 져서 도망친 적이 있지만 한 번도 비겁하다고 한 적이 없다. 나에겐 늙은 어머니가 계시는 줄 알고 있었기 때문이다. 그리고 규공(糾公)께서 전쟁에 지고 자살했을 때 나만 오라에 묶이는 치욕을 당했지만 그걸 염치없는 자라고 비웃지 않았다. 내가 작은 일에 구애받지 않고, 천하에 공명을 날리지 못함을 부끄러워한다는 것을 알기 때문이다. 나를 낳아 주신 것은 부모지만, 나를 알아주는 사람은 포숙아이다."

※ 관포(管鮑) : 춘추시대 제(齊)나라의 관중(管仲)과 포숙아(鮑淑牙). 두 사람은 서로를 깊이 이해했으며, 이해(利害)를 초월한 교분을 유지한 데서 나온 말이다.

출전 : 열자(列子) - 역명(力命)

교언영색
巧言令色

강의목눌(剛毅木訥), 성심성의(誠心誠意).

꾸민 말과 꾸민 얼굴.

• 巧(교) : 공교하다. • 言(언) : 말씀. 언어.
• 令(령) : 명령. • 色(색) : 빛. 빛깔.

남의 환심을 사기 위해 교묘히 꾸며서 하는 말과 아첨하는 얼굴빛.

유래

공자께서 말씀하셨다.

"번드르르하게 겉을 꾸미는 말을 하고 얼굴빛을 좋게 꾸미는 사람은 어진 사람이 드물다."

곧 소인배들의 교묘한 수단과 아부하는 태도를 일컫는 말이다.

남에게 듣기 좋은 말일수록 인(仁 : 사람다움)과는 거리가 먼 것이다. 곧 말은 그럴듯하게 잘 꾸며대거나 남의 비위를 잘 맞추는 사람 쳐놓고 마음씨가 착하고 진실된 사람이 적다는 말이다.

이와 반대로 논어 자로편에는,

강의목눌근인(剛毅木訥近仁),

"강직 의연하고 질박 어눌한 사람은 인에 가깝다."라고 하였다.

의지가 굳고 용기가 있으며 꾸밈이 없고 말수가 적은 사람은 '인(덕을 갖춘 군자)'에 가깝다는 뜻이다.

출전 : 논어(論語) - 학이(學而)

교토삼굴
狡兎三窟

유의어 교토삼혈(狡兎三穴).

교활한 토끼는 굴 셋을 파놓는다.

- 狡(교) : 교활하다. 간교함. • 兎(토) : 토끼.
- 窟(굴) : 굴. 움집.

재난을 잘 피하거나 조심스럽게 몸을 숨기는 것을 일컬음.

유 래

맹상군의 식객 풍훤이 맹상군으로부터 설(薛)땅의 차용금을 거두어 오라는 명을 받았다. 풍훤은 현지 관리를 시켜 부채가 있는 자들을 모두 모아 그들의 증서를 모두 맞추어 보고 그 증서들을 모두 그 자리에서 불살라버렸다.

그로부터 1년 후, 맹상군이 제(齊)나라 민왕(湣王)에게 모함을 받아 쫓기는 신세가 되었을 때 설땅 사람들은 백 리 앞까지 나와서 맹상군을 위로해 주었다.

그 후 풍훤은 위(魏)의 혜왕(惠王)에게,

"제나라가 맹상군을 파면시켰는데 그분을 맞이하는 나라는 국력과 군사력이 아울러 강력해질 것입니다." 라고 설득했다.

그러자 위나라는 황금 천 근과 수레 백 량을 맹상군에게 보내왔지만 맹상군은 풍훤의 책략을 받아들여 굳이 사양하고 받지 않았다. 두려움을 느낀 것은 제(齊)의 민왕이었다. 당장 사신을 보내어 자기의 잘못을 사과하고 제나라 재상으로 맞이하였다.

풍훤은 맹상군에게 설땅에 선대의 종묘를 세우도록 맹상군에게 권했다. 그것은 선대의 종묘가 맹상군의 영지에 있는 한 민왕으로서는 그에게 함부로 대하지 못하도록 한 조처였다.

출 전 : 전국책(戰國策) - 제책(齊策)

구밀복검
口蜜腹劍

입에는 꿀이 있고(달콤한 말을 하면서) 뱃속
에는 칼을 지녔다.
- 口(구) : 입. 말하다. ● 蜜(밀) : 꿀. ● 腹(복) : 배.
- 劍(검) : 칼. 검.

겉으로는 친한 척하지만 속으로는 해칠 생각을 품고 있음을 일
컬음.

유 래

"이임보는 현명한 사람을 미워하고 능력 있는 사람을 질투하여 자
기보다 나은 사람을 배척하고 억누르는, 성격이 음험한 사람이다. 사
람들이 그를 보고 '입에는 꿀이 있고 배에는 칼이 있다'라고 말했다."

이임보(李林甫)는 주색에 빠져든 당나라 현종(玄宗)의 후궁에게 환
심을 얻고 재상이 된 사람이다.

그는 자기보다 잘난 사람을 가만히 두고 보지 못하는 질투의 화신
같은 그런 인간이었다. 혹시나 자기 자리를 그 사람에게 빼앗기지나
않을까, 혹시 그로 인해 자기의 하는 일이 방해나 받지 않을까 그저 그
생각뿐이었다. 이리하여 기회 있는 대로 교묘한 수법으로 그들을 하나
하나 중앙에서 지방으로 멀리 몰아내곤 했다. 그런데도 자신은 표면에
나타내지 않고, 가장 충성과 의리에 불타고 있는 것 같은 얼굴로 천자
에게 그를 추천하여 높은 자리에 오르게 해놓고는 적당한 구실을 만들
어 넘어뜨리곤 했다.

출 전 : 십팔사략(十八史略)

구사일생 九死一生

백사일생(百死一生). 십생구사(十生九死).
만사일생(萬死一生).

아홉 번 죽어 한 번 살아난다.

• 九(구) : 아홉. 여러 번. • 死(사) : 죽다. 죽음. 주검.

죽을 고비를 여러 번 넘기고 간신히 살아남.

유래

전국시대 초(楚)나라의 시인이자 정치가인 굴원(屈原)은 학식과 재주가 뛰어났으나, 그만큼 주위의 모략 또한 만만치 않았다.

굴원은 임금이 신하의 말을 가려 분간하지 못하고, 참언(중상함)과 아첨하는 말이 임금의 지혜를 가리고, 간사하고 왜곡된 언사가 임금의 공명정대함에 상처를 내서 행실이 방정한 선비들이 용납되지 못하는 것을 미워하였다. 그래서 그 근심스런 마음을 담아 '이소(離騷)' 한 편을 지었다.

"긴 한숨을 쉬며 눈물을 감춤이여, 백성들 힘든 삶이 서럽기 때문이지. 내 비록 고결하고 조심하려 했지만, 아침에 바른 말 하여 저녁에 쫓겨났네. 혜초(蕙草)를 둘렀다고 나를 버리셨는가. 나는 구리 띠까지 두르고 있었네. 그래도 내게는 아름다운 것이기에, 비록 아홉 번 죽어도 후회하지 않으리라(雖九死其猶未悔)."

출전 : 초사(楚辭) - 이소(離騷) · 왕일주(王逸注)

구우일모
九牛一毛

유의어 창해일속(滄海一粟). 창해일적(滄海一滴).
여러 마리 소의 많은 털 가운데 한 가닥의 털.
九牛(구우) : 많은 소. 一毛(일모) : 터럭 하나.

대단히 많은 것 중의 아주 적은 것.

유래

"가령 내가 법의 심판을 받아 처형된다손 치더라도 아홉 마리 소의 터럭 중에 한 개의 터럭과 다를 것이 없고, 벌레가 죽는 것과 무엇이 다르리오."

한(漢)나라 무제 때 사마천이 흉노를 징벌하고자 적은 군사를 이끌고 나간 이릉을 변호하다가 성기를 잃는 궁형을 당하였다.

사마천 자신도 '인간 이하의 치욕'이라 생각하고, '세상 사람들은 내가 형을 받는 것 따위는 아홉 마리의 소〔九牛〕가 터럭 하나〔一毛〕를 잃은 정도로밖에 느끼지 않을 것이다.'라고 말하였다.

그가 왜 그런 치욕을 당하면서도 살아야만 했던 것일까. 그것은 아버지 사마담(司馬談)의 유언에 따라 「사기(史記)」를 완성하기 위해서였다.

출전 : 사마천(司馬遷) - 보임소경서(報任小卿書)

국사무쌍
國士無雙

유의어 고금무쌍(古今無雙). 동량지기(棟梁之器).
천하제일의 인물.

- 國(국) : 나라. ● 士(사) : 사내. 선비.
- 無(무) : 없다. ● 雙(쌍) : 쌍.

온 나라에서 둘도 없는 가장 뛰어난 사람.

유 래

(한(漢)나라 고조(高祖)가 소하(蕭何)에게 말하였다.)

"달아난 장수가 십여 명이 있었는데, 그대는 그 자들을 쫓아가지 않았다. 그런데도 한신(韓信)만을 쫓아갔다는 것은 거짓말이 아닌가?"

소하가 말하였다.

"다른 장수는 다시 쉽게 얻을 수 있지만, 한신과 같은 사람은 온 나라에 둘도 없을 만큼 뛰어난 사람입니다."

한신이 도망쳤다는 보고가 전해지자 소하는 급히 뒤를 쫓았다. 그것이 이상하리만큼 갑작스러운 일이었으므로 소하도 도망을 쳤다고 지레 짐작한 자가 있어 유방에게 보고 되었다. 유방은 두 팔을 잃은 것 같이 낙담을 하였고, 분노 또한 컸다. 그런데 이틀이 지나자 소하가 한신과 함께 되돌아왔다.

유방은 소하의 적극적인 추천에 의해 한신을 대장군에 임명했다.

출 전 : 사기(史記) - 회음후열전(淮陰侯列傳)

군맹상평
群盲象評

유의어 군맹평상(群盲評象). 군맹무상(群盲撫象).

여러 명의 소경이 코끼리를 평한다.

- 群(군) : 무리. · 盲(맹) : 소경. · 象(상) : 코끼리.
- 評(평) : 평하다.

모든 사물을 자기 주관과 좁은 소견으로 잘못 판단함을 일컬음.

유 래

전체를 보지 못하고 일부분만 아는 사람이 자기가 알고 있는 그 일부분을 가지고 전체라고 고집하는 어리석음을 일컫는 말.

불경에 나오는 이야기로, 어느 나라 사람이 소경들에게 코끼리를 보여주고 평하라고 하였다. 그러자 그 소경들은 제각기 코끼리를 만져보고 말하였다.

먼저 코끼리 상아(이빨)를 만져본 소경은 큰 무 같다고 했고, 귀를 만져본 소경은 키(곡식을 고르는 기구) 같다고 했으며, 머리를 만진 소경은 돌처럼 생겼다고 했으며, 코를 만져본 소경은 절구공이처럼 생겼다고 했고, 다리를 만져본 소경은 절구통처럼 생겼다고 했으며, 꼬리를 만진 소경은 꼭 밧줄처럼 생겼다고 대답했다.

이 이야기는 코끼리를 불성(佛性)에 비유하고, 모든 어리석은 중생을 소경에 비유한 말이다.

중생이 불성을 다 깨닫지 못하고 있다는 점, 모든 중생은 다 불성이 있다는 것을 보여준다.

출 전 : 북송열반경(北宋涅槃經)

군자삼락
君子三樂

유의어 익자삼요(益者三樂).
반의어 손자삼요(損者三樂).

군자의 세 가지 즐거움.

• 樂(낙) : (악) 풍류 · 음악. (락) 즐기다. (요) 좋아하다.

부모가 다 살아계시고, 형제가 무고한 것. 하늘과 사람에게 부끄러워할 것이 없는 것. 그리고 천하의 영재를 얻어서 교육하는 것.

■ 익자삼요(益者三樂) : 사람이 좋아하여 유익한 것 세 가지. 예악(禮樂)을 적당히 즐기고, 사람의 착함을 좋아하며, 착한 벗이 많음을 좋아하는 일.

■ 손자삼요(損者三樂) : 사람에게 손해되는 세 가지. 분수에 넘치게 즐기는 것, 한가하게 노는 것을 즐기는 것, 주색을 즐기는 것.

유 래

군자에게 세 가지 즐거움이 있다.

"부모가 모두 살아계시고 형제가 무고한 것이 첫째 즐거움이요, 하늘을 우러러 부끄러움이 없고 사람을 굽어보아도 부끄럽지 않음이 둘째 즐거움이요, 천하의 영재를 얻어 교육하는 것이 셋째 즐거움이다."

출 전 : 論語(논어)

굴묘편시
掘墓鞭屍

유의어 일모도원(日暮途遠), 도행역시(倒行逆施),

묘를 파헤쳐 시체를 채찍질하다.

• 掘(굴) : 파다. • 墓(묘) : 무덤. • 鞭(편) : 채찍.
• 屍(시) : 주검. 시체.

가혹한 복수를 일컬음.

▣ 일모도원(日暮途遠) : 해는 지고 갈 길은 멀다. 그래서 사리에 어긋
나는 복수를 할 수밖에 없다.
▣ 도행역시(倒行逆施) : 차례를 바꾸어서 행한다.

유래

"나는 날이 저물고 길이 멀어서, 그렇기 때문에 거꾸로 걸으며 거꾸
로 일을 했다."

오자서(伍子胥)가 아버지와 형을 역적으로 몰아 죽인 초나라의 평왕
(平王)의 무덤을 파헤치고 시체를 꺼내 철장(鐵杖)으로 3백 대를 내리
친 데서 유래되었다.

통쾌한 복수의 뜻으로도 쓰이지만, 좀 지나친 행동의 경우를 말할
때도 쓰인다.

출전 : 사기(史記)

권토중래
捲土重來

반의어 일패도지(一敗塗地).

흙을 말아 올릴 기세로 다시 쳐들어온다.

- 捲(권) : 말다. • 土(토) : 흙. • 重(중) : 거듭하다.
- 來(래) : 오다.

한 번 패하였다가 세력을 회복하여 다시 일어남. 공격(도전)함.

■ 일패도지(一敗塗地) : 여지없이 패하여 다시 일어날 수 없게 됨.

유래

일패도지(一敗塗地)란 말이 있다. 승승장구해 들어가던 것이 하루 아침에 거꾸러져 여지없이 망해 버리는 것을 가리키는 말이다. 사람이 다시 세력을 만회한 다음 최후로 총력을 기울여 다시 승부를 결정지으 려는 권토중래와 반대되는 말이다.

항우가 24세 때 강동의 자제 8천 명을 이끌고 일어나 31세에 자결할 때까지의 8년은 그야말로 승승장구했으나 한 번 넘어지자 일패도지가 되고 말았다.

한신이 그를 잡기 위해 수십만 대군을 구리산(九里山) 70리 곳곳에 매복시켜 두었건만, 그는 혼자 무사히 탈출하여 오강(烏江)까지 이르 렀다. 오강을 지키고 있던 초소장인 정장(亭長)의 권고로 그의 고향인 강 동쪽으로 건너려 했지만, 그는 다시 마음을 바꾸어 배에서 내려 끝 내 자결하고 말았다.

"옛날 내가 강동의 8천 명 젊은이들을 데리고 강을 건너 서쪽으로 향 했는데, 지금 한 사람도 남아 있지 않다. 내 무슨 면목으로 그들 부형 (父兄)을 대한단 말인가?"

출전 : 두목 시(杜牧詩) - 오강정장(烏江亭長)

금상첨화
錦上添花

반의어 설상가상(雪上加霜).

비단 위에 꽃을 더한다.

- 錦(금) : 비단. • 上(상) : 위. • 添(첨) : 더하다.
- 花(화) : 꽃. 꽃이 피다.

좋은 일에 또 좋은 일이 더하여짐을 일컬음.

■ 설상가상(雪上加霜) : 눈 위에 또 서리가 덮이는 것으로, 어려운 일
이 연거푸 일어남.

유래

훌륭한 잔치에 초대되어 술잔을 기울이려 하는데 아름다운 노랫소
리는 비단 위에 다시 꽃을 더한다. 문득 무릉의 술과 안주를 즐기는 손
이 되어 내 근원엔 응당 붉은 노을이 적지 않으리라.

출전 : 왕안석시(王安石詩) - 즉사(卽事)

금성탕지
金城湯池

유의어 금성천리(金城千里), 금성철벽(金城鐵壁). 끓어오르는 못에 둘러싸인 쇠로 만든 성.

- 金城(금성) : 쇠로 만든 성. ● 湯(탕) : 끓이다. 끓인 물. ● 池(지) : 못. 해자(垓字). 물길. 도랑.

수비가 철석같아서 가까이 갈 수 없는 견고한 성. 견고한 경비 태세를 갖춤.

유래

　"나는 당신을 대신해서 무신군을 만나 '싸움에 이기고 토지를 빼앗고 공격을 하여 성을 빼앗는 것은 희생이 너무 크니, 나에게 싸우지 않고 토지와 성을 빼앗는 계략이 있는데 그것을 사용하도록 하십시오'라고 말하겠습니다. 무신군은 틀림없이, '그게 어떤 방법인가?' 라고 물을 것입니다. 그때 나는 이렇게 말할 것입니다. '만약 당신이 범양을 공격할 때 현령이 항복했을 경우, 당신께서 현령을 대접하는 태도가 소홀하다면, 죽음을 겁내고 부귀를 탐내는 각국의 현령들은 모처럼 항복했는데, 저런 대우를 받는다면 차라리 죽도록 싸우느니만 못하다 하고 더욱 방어태세를 갖추고자 할 것입니다. 그리고 끓는 물을 못에 부어 둘러싸인 강철 성〔金城湯池〕처럼 철통같은 수비로써 당신의 군대를 기다릴 것입니다. 이렇게 되면 일이 쉽지 않을 것입니다. 나는 감히 충고하겠는데, 아무쪼록 범양 현령을 후하게 대접하고 그 사람을 각처에 보내어 이쪽의 뜻을 전하도록 하십시오. 각처의 현령은 그것을 보고 (범양 현령은 남보다 빨리 항복한 덕분에 죽음을 당하기는커녕 오히려 후한 대접까지 받는구나. 그렇다면 나도……) 이런 심정들로 모두 싸우지 않고 항복할 것입니다. 이것이 천 리 사방을 힘 안 들이고 평정하는 방법입니다.' 라고 말한다면 무신군도 틀림없이 들어 줄 것입니다."

출전 : 한서(漢書) - 괴통전(蒯通傳)

금의야행
錦衣夜行

유의어 수의야행(繡衣夜行). 의금야행(衣錦夜行).
반의어 금의환향(錦衣還鄉). 금의주행(錦衣晝行).

비단 옷을 입고 밤길을 가다.

• 錦(금) : 비단옷. • 衣(의) : 옷. • 夜(야) : 밤.

아무 보람 없는 행동이나 생색이 나지 않는 쓸데없는 일을 자랑삼아 하는 일의 비유. 아무리 내가 잘해도 남이 알아주지 않는다는 뜻.

■ 금의환향(錦衣還鄉) : 비단 옷을 입고 고향에 돌아온다는 뜻으로, 입신출세하여 사회적 성공을 거둔 후, 떳떳하게 고향에 돌아옴.

유래

"부귀를 이루고도 고향으로 돌아가지 않는다면 비단옷을 입고 밤길을 걷는 것과 같은데, 누가 알아줄 사람이 있겠는가?"

〔항우의 눈에는 관중(함양)이 황량한 폐허일 뿐이었다. 항우는 하루 바삐 고향(팽성)으로 돌아가 자신을 과시하고 싶었다.〕

출전 : 한서(漢書) - 항우전(項羽傳)

기사회생
起死回生

죽음에서 삶을 회복하다.
* 起(기) : 일어서다. * 死(사) : 죽다.
* 回(회) : 돌다. * 生(생) : 나다. 살다.

절망적인 상태에서 다시 살아남. 죽어가고 있는 환자를 살림.

유 래

오왕 부차는, 과거 그의 아버지 합려가 월나라에 의해 죽었음에도 불구하고 월왕 구차에게 은혜를 베풀었다.

"군왕(君王)이 월나라에 있어서는 죽은 것이나 다름없는 이 사람을 일으켜서 백골에 살을 붙인 것과 같습니다. 과인은 감히 하늘의 재앙을 잊지 못하고 감히 군왕의 은혜를 잊을 수 없습니다."

라고 말을 했다. 오왕 부차는 월나라에 대하여 그만큼 큰 은혜를 베푼 것이다.

기사회생이란 말은 '죽음에 임박한 환자를 되살린다'든가, '위기상황에서 구원해 사태를 호전시킨다'는 뜻으로 쓰인다.

출 전 : 사기(史記)

기산지절
箕山之節

기산지조(箕山之操). 기산지지(箕山之志).
기산의 절개.

• 箕山(기산) : 중국 하북성 북서쪽에 있는 산. 요(堯)임금 때 소보(巢父)와 허유(許由)가 숨어 있던 곳. • 節(절) : 절개.

굳은 절개나 자신의 신념에 충실함.

유 래

중국 요임금 시절 허유는 요임금이 자신에게 임금의 자리를 양위하겠다는 말을 듣고는 기산(箕山)으로 숨어들었다.

그 후 요임금은 허유에게 9주의 장으로 삼으려 한다는 소리를 듣고 귀가 더럽혀졌다면서 영천으로 가 귀를 씻었다.

때마침 소보라는 자가 소에게 물을 먹이기 위해 그곳으로 향하고 있었는데, 귀를 씻고 있는 허유의 행동을 보고는 이상히 여겨 물었다.

"영천에 와서 귀를 씻는 것은 무슨 까닭입니까?"

허유가 말하길, "요임금이 나에게 임금 자리를 영위한다더니 이제는 9주의 장을 맡기려 하오. 나는 이 말을 듣고 내 귀가 더럽혀진 것 같아 냇가로 와서 씻는 것이오." 하였다.

허유의 말을 들은 소보는 소에게 물을 먹이려던 것을 멈추고 상류로 발길을 돌렸다.

"더러운 말을 들은 귀를 씻었으니 이 물 또한 더럽혀졌을 것이다. 그런 물을 내 소에게 먹일 수는 없다." 하고는 상류로 올라갔다.

소보 또한 그 길로 기산으로 들어가 나무 위에 집을 짓고 살았다고 한다.

출 전 : 한서(漢書) - 포선전

기 화
奇 貨

유의어 기화가거(奇貨可居).

기이한 보화.

- 奇(기) : 기이하다. 뛰어나다.
- 貨(화) : 재화. 화폐. 돈. 상품.

요긴하게 이용할 수 있는 뜻밖의 물건이나 기회.

■ 기화가거(奇貨可居) : 진귀한 물건을 사 두었다가 큰 이익을 얻게 함.

유 래

"진기한 보물이다. 차지해야 한다."

(이것이야말로 기화로다. 사두면 훗날 큰 이익을 얻게 될 것이다.)

천하의 장사꾼 여불위가 조나라 수도 한단(邯鄲)에서 진(秦)나라에서 볼모로 와있던 소양왕(昭襄王)의 손자인(안국군의 아들) 자초(子楚)를 보자 한 말이다. 자초는 그때 이인(異人)이란 이름을 쓰고 있었다.

여불위는 자초를 만나 그를 온갖 방법으로 도와주고 위로하여 마침내는 화양부인의 아들로 입양시키고 안국군의 후사를 잇게 하는데 성공하였다.

자초는 여불위의 주선으로 조희(趙姬)라는 여자를 정부인으로 맞이하고 조희는 진시황이 된 정(政)을 낳은 후 조나라로부터 탈출했다. 여불위는 불행 속에 있는 자초를 기화로 삼아 진나라 승상이 되고 문신후(文信侯)란 이름으로 10만 호의 봉록을 받게 된다.

출 전 : 사기(史記) - 여불위전(呂不韋傳)

낙양지귀
洛陽紙貴

유의어 낙양지가귀(洛陽紙價貴).
낙양의 종이 값을 올린다.
- 洛陽(낙양) : 진(晉)나라의 서울. • 紙(지) : 종이.
- 貴(귀) : 비싸다. 귀하다.

책이 호평을 받아 베스트셀러가 됨. 출판한 책이 잘 팔림.

유래

삼도(三都)란 촉(蜀)나라의 성도(成都), 오(吳)나라의 건업(建業), 그리고 위(魏)나라의 업(鄴), 곧 세 나라의 도읍을 말한다.

진(晉)의 좌사(左思)는 시인으로서 재질을 발휘하여 붓을 들면 청산유수격으로 그를 따를 자가 없었다. 그는 파란만장했던 역사적인 세 나라의 수도를 유랑하며 십 년간 각고 끝에 「삼도부(三都賦)」를 지었는데 이를 알아주는 사람이 없었다.

그러던 어느 날 당시의 명성을 떨치던 시인 장화(張華)가 그 시를 접해보고, '이 시인은 후한(後漢) 때 「이도부(二都賦)」를 읊은 반고(班固)와 「이경부(二京賦)」를 쓴 장형(張衡)을 훨씬 뛰어넘는 가치가 있다'고 하였다.

「삼도부」는 장화의 격찬 한마디에 사람들의 관심을 모으기 시작하여 날이 갈수록 인기가 높았다.

고관과 귀족사회에서 앞을 다투어 좌사의 시를 베껴 쓰게 되었다. 계속해서 그의 「삼도부」를 요구하는 사람들이 늘어났기 때문에 사본용으로 쓰는 종이가 날개 돋친 듯 팔려 드디어는 낙양의 종이 값이 마구 뛰어오르게 되었다.

출 전 : 진서(晉書) - 좌사전(左思傳)

남가일몽
南柯一夢

유의어 남가지몽(南柯之夢), 일장춘몽(一場春夢).
남쪽 나뭇가지에서의 꿈.
* 南柯(남가) : 당나라 양주군(揚州郡)의 이름.
* 夢(몽) : 꿈. 꿈꾸다.

나

덧없는 한때의 꿈이나 부귀영화.

유래

헛된 꿈 이야기를 할 때 흔히, 남가일몽(南柯一夢), 일장춘몽(一場春夢)이라 한다. 꿈속에서나마 한바탕 호사를 누리는 내용이다.

당(唐)의 덕종(德宗) 때 순우분(淳于棼)은 집 앞에 천 년 묵은 느티나무 밑동에 기대어 잠이 들었다.

'괴안국(槐安國) 왕의 어명을 받고 영감을 모시러 왔다'는 말을 듣고 얼떨결에 그들을 따라갔더니, 대괴안국(大槐安國)이라는 현판이 걸린 곳이었다. 곧 성문이 열리고 시종들의 전갈이 오간 다음 국왕이라는 자를 만나게 되었다. 그를 맞아들이는 국왕은 마치 십년지기나 되는 듯이 반가워했다. 며칠 후에는 국왕의 딸을 아내로 맞아들이는 영광을 얻었다.

순우분에 대한 명망은 날로 높아져서 조정 안팎은 물론 중앙의 각계 각층 유지들까지 그와 교분을 갖기 위해서 집에 드나들자, 그의 권세는 실로 임금 다음이라 할만 했다. 그의 권세와 지위가 이쯤 되자 국왕은 은근히 불안을 느끼게 되어 그를 집으로 돌려보냈다.

"아, 아!"

번쩍 눈을 떠보니 순우분은 집 앞 느티나무 아래 누운 채였다.

출전 : 이공좌(李公佐) - 남가기(南柯記)

남귤북지
南橘北枳

유의어 강남귤화위지(江南橘化爲枳).

남쪽 지방의 귤나무를 북쪽에 옮겨 심으면
탱자나무가 된다.

• 橘(귤) : 귤나무. • 枳(지) : 탱자나무.

처지가 달라짐에 따라서 사람이 선하게도 되고 악하게도 되는
기질이 변화함. 곧 환경에 따라(때와 장소) 기질이 변함.

■ 근묵자흑(近墨者黑) : 먹을 가까이 하면 검어진다는 뜻으로, 나쁜
사람과 가까이 하면 물들기 쉽다는 말.

유래

안자는 자리에서 일어서 앉음새를 고치고 대답하였다.

"제가 듣기에, '귤나무는 회남(淮南)에 나면 귤이 되고, 회북에 나면
탱자가 된다'합니다. 이 둘은 잎이 비슷하지만, 그 열매의 맛은 전혀 다
릅니다. 그렇게 되는 까닭은 풍토가 서로 다르기 때문이랍니다. (이 사
람은 제나라에 있었을 때에는 도둑질을 하지 않았는데, 초나라에 와서
도둑이 된 것은 초나라의 풍토와 관계가 있는 것이 아니겠습니까?)"

출전 : 안자춘추(晏子春秋)

노마지지
老馬之智

유의어 노마지교(老馬之敎), 노마지도(老馬之道).
늙은 말의 지혜.
- 老(노) : 늙다. • 馬(마) : 말.
- 智(지) : 지혜. 슬기.

나

오랜 경험으로 사물에 익숙하여 잘 알고 있음. 또한 나름대로 의 장점과 특징이 있음.

유래

제(齊)나라의 재상 관중은 어느 봄날 대부 습붕(隰朋)과 함께 환공(桓公)을 따라 고죽(孤竹)을 정벌하기 위해 진군하였다. 갈 때는 봄이 었는데, 겨울까지 오래 계속된 싸움이었다. 돌아올 때 겨울이 되어 도중에 길을 잃고 말았다. 이때 관중이 말했다.

"이럴 때는 늙은 말의 지혜가 필요합니다(老馬之智可用也)."

그리하여 말을 풀어 그 말이 가는 곳을 따라감으로써 위기에서 탈출할 수 있었다. 그리고 어느 날 산 속을 거닐다가 마실 물이 떨어졌다. 이때 습붕이 말하였다.

"개미는 겨울에 산의 양지쪽에 살고 여름에는 북쪽 그늘에 있는 법입니다. 그리고 개미집이 땅 위 한 치 높이에 있으면 그 여덟 자 밑에는 반드시 물이 있습니다."

물론 그 말대로 개미집을 찾아 땅을 파서 물을 얻을 수 있었다.

관중이나 습붕과 같은 성인도 자기가 모르는 것, 미치지 못하는 것이 있으면 늙은 말이나 개미의 지혜를 빌려 스승으로 삼아 교훈을 얻었다. 그리고 그것을 수치로 여기지 않았다.

출전 : 한비자(韓非子) - 세림(說林)

다기망양
多岐亡羊

유의어 기로망양(岐路亡羊), 망양지탄(亡羊之嘆),
갈래 길이 많아 양을 잃다.

• 多(다) : 많다. • 岐(기) : 갈림길. • 亡(망) : 잃다.
• 羊(양) : 양.

학문의 길이 다방면으로 갈라져 있어 쉽게 진리를 찾기 어려움의 비유. 또는 방침이 여러 갈래여서 어느 것을 택할지 망설이게 됨.

유래

큰 길은 갈림길이 많기 때문에 양을 잃어버리고, 학문하는 사람은 방법이 많기 때문에 본성을 잃어버린다. 학문이란 원래 그 근본이 하나였는데, 그 끝에 와서 이같이 달라지고 말았다. 그러므로 그 같고 하나인 근본으로 되돌아가기만 하면 얻을 것도 잃을 것도 없는 것이다.

양을 한 마리 잃게 되자, 여러 사람이 양을 찾아 나섰다.

"한 마리의 양이 도망갔을 뿐인데 어찌 이리 많은 사람이 동원되었는가?"

"길이 많기 때문입니다."

얼마 후 그들이 돌아왔는데 양을 찾지 못했다는 거였다. 왜냐하면 갈림길에 또 갈림길이 있어, 양이란 놈이 어디로 갔는지 도무지 알 수가 없어 그만 지쳐서 돌아왔다는 것이었다.

곧, 학문이란 어떤 재주를 배우는 데 있어서도 그 배우는 방법이 지나치게 여러 가지가 있거나, 지엽적인 것에 구애를 받게 되면 얻으려는 것을 얻지 못하게 된다.

출전 : 열자(列子) - 설부(說符)

다다익선
多多益善

유의어 다다익판(多多益辦).
많을수록 더욱 좋다.
- 多多(다다) : 많고 많다. • 益(익) : 더하다. 유익하다. • 善(선) : 좋다. 착하다.

많으면 많을수록 더더욱 잘 처리함. 또는 처리할 수 있음.

유 래

(한(漢)나라의 고조 유방(劉邦)은, 명장으로서 천하통일의 일등공신인 한신(韓信)을 위험한 존재로 여겼다.)

한신(韓信)이 초왕(楚王)으로 있다가 잡혀와 회음후로 있을 때, 어느 날 조용한 틈을 타서 고조는 여러 장수들의 능력에 대하여 한신과 의견을 나누었다.

"나는 어느 정도의 군사를 거느릴 수 있다고 보는가?"

"폐하께선 십만 명 정도 거느릴 수 있습니다."

"그러면 그대는 어느 정도인가?"

"신은 많으면 많을수록 더 좋습니다."

그러자 한 고조는 어이없다는 듯이 웃으며 또 이렇게 물었다.

"그렇게 다다익선이면서 그대가 왜 내게 잡혀 왔는가?"

"폐하께선 군사를 거느리는 데는 능하지 않지만 장수는 잘 거느리십니다. 이것이 신이 폐하에게 사로잡히게 된 까닭입니다. 그러나 폐하의 경우는 이른바, 하늘이 주신 것으로 사람의 힘은 아닙니다."

장수를 잘 다루는 사람은 천자가 될 수 있고, 군사를 잘 다루는 사람은 대장이 되는 것이다.

출 전 : 한서(漢書) - 회음후열전(淮陰侯列傳)

단기지계
斷機之戒

유의어 맹모단기(孟母斷機). 단기지교(斷機之敎).
단기(斷機).

베틀의 실을 끊은 훈계.

• 斷(단) : 끊다. • 機(기) : 베틀. • 戒(계) : 훈계.

학업을 중도에 그만두는 것은 마치 짜던 베틀의 실을 끊어버리는 것과 같이 아무런 공이 없다는 뜻.

유 래

맹자가 열두 살 때 어머니의 곁을 떠나 타관으로 유학을 갔다.

어느 날 맹자가 오랜만에 집에 들어와 보니 어머니는 베틀에 앉아 베를 짜고 있었다.

맹자는 반가움과 그리움이 가득 찬 목소리로 어머니를 불렀으나 어머니는 힐끗 한 번 돌아봤을 뿐 여전히 베틀에 앉은 채 엄격한 표정으로 물었다.

"공부는 다 마치고 왔느냐?"

"아니오, 아직 멀었어요."

맹자가 이렇게 대답하자 어머니는 대뜸 베틀 모서리에 꽂혔던 손칼을 빼어들고 여러 길이나 짜놓았던 베를 북 찢어 버리고 나서 준열히 꾸짖었다.

"네가 학업을 중도에 그만두는 것은 내가 이 짜던 베를 잘라버리는 것과 같다."

맹자는 그 자리에 엎드려 어머니께 사죄하고 곧바로 다시 학업의 길로 돌아섰다.

출전 : 열녀전(烈女傳) - 모의(母儀)

단 장
斷 腸

유의어 단장지사(斷腸之思), 구회지장(九回之腸).
창자가 끊어졌다.
• 斷(단) : 끊다. 끊어지다. • 腸(장) : 창자.

창자가 끊어질 듯한 큰 슬픔이나 괴로움. 마음이 아픈 것.

유 래

제(齊)나라 환공(桓公)이 촉(蜀) 땅에 가던 중 몹시 험한 곳으로 이름
난 삼협(三峽)이란 곳에 이르렀다.

그때에 그의 군졸 가운데에 어떤 자가 새끼 원숭이를 한 마리 잡아
왔는데, 어미 원숭이는 이들이 탄 배를 쫓아 강기슭 절벽을 따라 슬피
울면서 백여 리나 일행을 뒤따라왔다. 그리하여 끝내는 강이 좁아진
틈을 노려 어미 원숭이는 기슭에서 몸을 날려 배에 뛰어올랐다.

그러나 너무나 오랫동안 먼 길을 먹지도 못하고 필사적으로 달린 탓
인지 배에 오르자마자 그 순간 숨이 끊어져 버렸다. 그 죽은 어미 원숭
이의 배를 가르고 속을 들여다보았더니 창자가 토막토막 끊어져 있었
다.

출 전 : 세설신어(世說新語)

당랑거철
螳螂拒轍

유의어 당랑지부(螳螂之斧), 당랑규선(螳螂窺蟬).

사마귀가 팔을 벌려 수레바퀴를 막는다.
* 螳(당) : 사마귀. * 螂(낭) : 버마재비.
* 拒(거) : 막다. 맞서다. * 轍(철) : 수레바퀴.

제 분수도 모르고 강한 적에게 반항하여 덤벼듦. 자신의 분수를 모르고 강대한 상대에게 도전하는 무모한 행동.

■ 당랑규선(螳螂窺蟬) : 사마귀가 매미를 잡으려는데, 참새는 그 뒤에서 사마귀를 노리고 있다.

유래

제나라 장공이 사냥을 나가는데, 당랑이 앞발을 들어 수레바퀴를 치려했다. 말을 모는 자에게, "저것은 무슨 벌레인가?"고 물었다.

"저 놈은 당랑(사마귀, 버마재비)이란 벌레입니다. 저 벌레는 나아갈 줄만 알고 물러설 줄은 모릅니다. 저 놈은 제 힘은 생각하지 않고 적을 가볍게 여길 뿐입니다."

그러자 장공이 말했다.

"이 벌레가 만일 사람이라면, 반드시 천하의 무적 용사가 될 것이다."

하고 수레를 돌려 피해 갔다.

※ '당랑(螳螂)'이란 사마귀를 말하며, '부(斧)'란 쳐드는 앞발이 도끼 같다는 데서 비롯된 말이다. 자신의 분수는 생각지도 않고 무모하게 전진을 꾀할 때 '당랑지부' 혹은 수레 앞을 가로 막았다 해서 '당랑거철(螳螂拒轍)'이라고도 한다.

出典 : 한시외전(韓詩外傳)

대기만성
大器晩成

유의어 대기난성(大器難成), 대재만성(大才晩成),
큰 그릇은 늦게 만들어진다.
* 大器(대기) : 큰 그릇. 됨됨이나 도량이 큰 사람.
* 晩(만) : 저물다. * 成(성) : 이루다. 성공.

크게 될 사람은 늦게 성공한다는 말. 또는 만년(晩年)이 되어
성공하는 일. 과거에 낙방한 선비를 위로하는 말.

유래

크게 모난 것은 귀가 없고, 큰 그릇은 늦게 이루어지며, 큰 소리는 울
림이 잘 들리지 않고, 큰 모양은 형체가 없다.

이와 같이 도(道)는 뚜렷하게 형상이 나타나는 것이 아니므로 이름
붙일 수가 없다. 그러나 도는 만물에 똑같이 은총을 베풀어서 그 존재
를 완전하게 만드는 것이다.

큰 네모〔四角〕는 모서리가 없으며 큰 그릇은 늦게 만들어진다.

큰 종이나 큰 솥은 쉽사리 만들어지는 것이 아니다. 그와 마찬가지
로 큰 재능이라는 것도 그리 쉽사리 완성되는 것이 아니다. 완성되려
면 아무래도 시간이 걸린다.

비록 큰 그릇이 완전무결한 그릇이라고는 할 수 없겠으나 큰 인물
또한 간단하게 완성되는 것이 아니라, 오랜 세월과 끊임없는 노력에
의해 비로소 생겨난다는 의미를 담고 있다.

출전 : 노자(老子)

대의멸친
大義滅親

대의를 위해서는 친족도 멸한다.
* 大義(대의) : 사람이 지켜야 할 올바른 길.
* 滅(멸) : 멸망. * 親(친) : 육친(肉親).

국가의 대의를 위해서는 부모형제도 돌보지 아니함.

유래

군자가 말했다.

"석작이야말로 충성스런 신하이다. 반란자인 주우를 증오하고 자기의 아들인 석후까지도 용서치 않았다. 대의를 위해 육친의 정을 버린다는 것은 이를 두고 한 말일 것이다." 하고 석작을 칭송하였다.

위(衛)나라 공자 주우(州吁)가 임금 환공(桓公)을 죽이고 스스로 임금 자리에 올랐다. 환공과 주우는 이복형제 사이로, 주우는 첩의 소생이었다.

석작이란 대신이 앞일을 걱정하여 장공(莊公)에게 간하고, 자기 아들 석후(石厚)에게도 타일렀으나 석후는 주우와 한통속이 되어 어울려 다녔다. 훗날 석작이 염려한 대로 주우는 석후와 짜고 임금 환공을 죽이고 권좌에 올랐다.

출 전 : 춘추좌씨전(春秋左氏傳)

도견상부
道見桑婦

길에서 뽕나무를 보고 여자와 이야기를 한다.
- 道(도) : 길. ● 見(견) : 보다. 보이다.
- 桑(상) : 뽕나무. ● 婦(부) : 며느리. 아내.

하고 싶은 대로 일시적인 이익을 구하려다가 결국에는 기존에 가지고 있던 것까지 모두 잃게 됨을 비유함. 지나친 욕심을 경계함.

다

유 래

진문공은 나라 밖으로 나가 제후들을 모아 위나라를 정벌하려고 했다. 그때 공자 서가 하늘을 우러러보며 크게 웃었다.

문공은 그에게 물었다.

"그대는 어찌하여 웃는 것이오?"

서가 말했다.

"신이 웃는 것은 이웃 사람 중에 그 아내가 사가(私家)로 가는 것을 배웅하는 자가 있었는데, 길에서 뽕나무를 잡고 어떤 여자를 보고 즐겁게 이야기하다가 자신의 아내를 돌아보니 그 아내 역시 손짓하여 부르는 남자가 있었습니다. 신은 이 남자의 일을 생각하고 웃는 것입니다."

문공은 그 말의 의미를 깨닫고 위나라를 정벌하려는 계획을 멈추고 돌아왔다. 문공이 미처 돌아오지 못했을 때, 진나라의 북쪽을 침략하는 자가 있었다.

출 전 : 열자(列子)

도불습유
道不拾遺

유의어 노불습유(路不拾遺).

길에 떨어진 물건을 주워가지도 아니한다.

- 道(도) : 길. · 不(불) : 아니다.
- 拾(습) : 줍다. 습득하다. · 遺(유) : 남기다.

나라가 태평하고 풍습이 아름다워 백성이 길에 떨어진 물건을 주워 가지도 아니함.

유 래

"공자가 노나라의 정승으로 정사를 돌보게 되자, 송아지나 돼지를 팔러 가는 사람이 아침에 물을 먹이는 일이 없고, 남녀는 서로 길을 따로 다니고, 길에서 물건을 줍더라도 제 것으로 삼지 않으며, 남자는 충성과 믿음을 숭상하고, 여자는 정숙한 몸가짐과 온순한 마음씨를 중히 여기게 되었다."

정(鄭)나라의 재상이던 자산(子産)은 공자가 존경한 훌륭한 정치가였는데, 그는 정승이 되자 급변하는 정세를 잘 파악하여 국내의 낡은 제도를 개혁하는 한편, 형법을 엄격하게 만들어 철저히 이행하도록 했다.

임금이나 경상대부, 서민에 이르기까지 예외가 없었으므로 백성들은 순순히 이것을 받아들여, 자산이 정사를 다스리는 동안 나라에는 도둑이 없고 길에 물건이 떨어져 있어도 주워 가는 사람이 없었으며 복숭아와 대추가 거리에 주렁주렁 열려 있어도 그것을 따 가는 사람이 없었다.

그 뿐만 아니라 3년 동안 흉년이 들었어도 변함이 없으니 백성 중에는 굶주리는 사람이 없게 되었다.

출 전 : 공자가어(孔子家語)

도원결의
桃園結義

복숭아 동산에서 의형제를 맺다.
- 桃(도) : 복숭아나무. • 園(원) : 동산.
- 結(결) : 맺다. • 義(의) : 의리.

유비 · 관우 · 장비가 '복숭아 동산에서 의형제를 맺었다'는 고
사에서 유래, 의형제를 맺음. 서로가 의기투합해서 함께 사업
이나 일을 추진함의 비유.

유 래

"생각건대 유비와 관우와 장비는 비록 성은 다르다 할지라도, 이미
형제를 맺었으니, 곧 마음을 한가지로 하고, 힘을 합쳐 곤란함을 구원
하고 위태로움을 도와, 위로는 국가에 보답하고 아래로는 만민을 편안
하게 하리라."

(같은 해, 같은 달, 같은 날 나기를 구할 수는 없지만, 다만 같은 해,
같은 달, 같은 날 죽기를 원한다. 천지신명은 참으로 이 마음을 굽어 살
피소서. 의리를 저버리고 은혜를 잊는 일이 있으면 하늘과 사람이 함
께 죽이리라.)

「삼국지」의 유비, 관우, 장비가 도원에서 의형제를 맺은 이야기에
서 유래되었다.

세 사람이 의기투합, 나라를 위해 몸 바치기로 정하고 유비의 집 후
원 드넓은 복숭아나무 밑에서 의형제를 맺었다.

출 전 : 삼국지(三國志)

도탄지고
塗炭之苦

유의어 수탄지고(水炭之苦).
진흙 속에 빠지고 숯불에 타는 듯한 고생.
• 塗(도) : 진흙. • 炭(탄) : 숯. 숯불.
• 苦(고) : 쓰다. 괴로움.

생활이 몹시 곤궁하거나 비참한 처지.

유래

하(夏)의 걸왕(桀王)과 은(殷)의 주왕(紂王)은 요사스런 말희(妺喜)와 달기(妲己)라는 여자의 품안에 들어 주지육림에 빠져 나라를 도탄에 빠지게 했다. 걸왕의 학정에 시달리는 백성을 보다 못해 군사를 일으켜 걸왕을 내쫓은 인물이 은나라의 탕왕(湯王)이다.

"내가 감히 군사를 일으키는 것이 아니라 하나라의 죄가 워낙 크므로 하늘이 이를 치게 하신 것이다."

"걸왕은 덕을 멀리하고 폭위만을 떨치어 백성에게 학정을 가하였다. 그대들 만방의 백성은 그의 흉해를 입은 쓰라림을 이기지 못하므로 그 무고한 고통을 만방에 고하노라. 천도(天道)는 언제나 선한 데 복을 주고 음란한 것에 화를 준다. 하늘은 이제 걸왕에게 재앙을 내리고 이로써 그의 죄를 밝혔도다."

하나라의 마지막 임금 걸왕의 폭정을 다스렸던 은나라의 마지막 임금 또한 주왕도 마찬가지였다.

※ 걸주(桀紂) : 하(夏)나라의 걸과 은(殷)나라의 주. 고금을 통틀어 포학한 임금의 대명사.

출 전 : 서경(書經)

동병상련
同病相憐

● 同(동) : 한가지. ● 病(병) : 병. 병들다.
● 相(상) : 서로. ● 憐(련) : 불쌍히(어여삐) 여기다.

어려운 처지에 있는 사람끼리 서로 불쌍히 여겨 동정하고 도움.

다

■ 동주상구(同舟相救) : 한배를 탔다가 잘못되면 서로 돕는다.
■ 오월동주(吳越同舟) : 사이가 나쁜 사람끼리 같은 장소 · 처지에 함께 놓임.

유래

초나라를 떠나 오(吳)나라로 망명한 오자서(伍子胥)가 거지행색으로 거리를 떠돌다 관상을 잘 보는 피리(被離)를 만나 공자 광(光)에게 추천되어 출세하게 되었다.

오자서의 아버지와 형은 초나라에서 억울한 누명을 쓰고 모반의 혐의를 받아 죽었다. 공자 광은 오자서의 능력에 힘입어 오나라의 왕이 되었고 오자서는 초나라에 마침내 복수를 하기에 이르렀다.

공자 광은 왕이 된 후에 이름을 합려(闔閭)로 고쳤다.

이때 초나라에서 오자서와 마찬가지로 부친을 간신배에게 억울하게 잃은 백비(伯嚭)란 자가 오자서를 찾아왔다. 오자서는 그를 왕에게 추천해 대부의 벼슬을 주었다. 그러자 피리가 오자서에게 어떻게 한번 보았을 뿐인 사람을 그토록 쉽게 신임하는지를 물었다.

그러자 오자서는, "그 역시 나와 마찬가지로 원한을 품고 있기 때문이오. 육친을 사랑하여 슬퍼하지 않을 사람이 어디에 있겠소?"

출전 : 오월춘추(吳越春秋)

득어망전
得魚忘筌

유의어 배은망덕(背恩忘德). 토사구팽(兎死狗烹).
물고기를 잡고 나면 통발을 잊는다.

- 得(득) : 얻다. - 魚(어) : 물고기.
- 忘(망) : 잊다. - 筌(전) : 통발.

목적이 달성되면 목적을 위해 사용한 도구를 잊는다는 뜻.

유 래

"물고기를 잡는 통발이 전(筌)인데, 물고기를 잡게 되면 통발을 잊게
된다. 그리고 토끼를 잡는 덫은 제(蹄)인데, 토끼를 잡게 되면 덫을 잊
어버리게 된다."

물고기를 잡게 되면 전(筌)은 이미 소용이 없게 된다. 마찬가지로 학
문이 성취되면 책이 필요 없듯이 모든 일에 있어 근본(목적)을 얻고 나
면 실마리(수단)를 잊어도 좋다는 뜻이다.

전은 고기를 얻는 연유이니 고기를 얻으면 전을 잊는다. 덫은 토끼
를 잡는 연유이므로 토끼를 잡고 나면 덫을 잊는다. 말은 뜻을 이루는
연유이니 뜻을 얻고 나면 말을 잊는다.

모든 일에 그 목적이 달성되면 그 연유는 소용이 없다.

출 전 : 장자(莊子)

등용문
登龍門

반의어 용문점액(龍門點額).

용문에 오르다. 용이 되어 하늘로 올라가는 문.

- 登(등) : 오르다. • 龍(용) : 용. 임금. 뛰어난 인물.
- 門(문) : 문. 가문. 배움터.

'잉어가 용문에 오르면 용이 된다'는 뜻으로, 입신출세에 연결되는 어려운 관문, 또는 운명을 결정짓는 중요한 시험에 비유함.

■ 용문점액(龍門點額) : 물고기가 황하의 용문에 오르려다 바위에 부딪쳐 이마를 다쳤다는 뜻으로, 과거에 떨어진 사람을 가리킴.

유래

시시때때로 조정은 날로 어지러워지고, 기강도 해이해져 있었다. 그런 와중에서 이응(李膺)만은 훌륭한 태도를 견지하여, 높은 명성을 날렸다. 사대부 중에서 이응과 가까이 사귀거나 만나뵐 수 있는 사람이라면 가히 용문(龍門)에 올랐다고 일컬어졌다.

이응은 자는 원례(元禮)인데, 바른 정치와 양심을 수호하고 절조를 굽히지 않았다. 때문에 그의 명성은 더욱 높았으며 태학(太學)의 젊은 학생들은 그를 흠모하여, '천하의 모범은 이원례(李元禮)'라고까지 했다.

신진 관료들도 이응의 추천을 받는 것을 명예로 알았으며 이를 가리켜 등용문(登龍門)이라 일컫기에 이르렀다.

※ 용문(龍門) : 황하 상류에 있는 산골짜기 이름. 이곳은 물살이 가파르고 빨라 보통 물고기들은 올라갈 수가 없다. 만일 오르기만 하면 그때는 용이 된다는 것이다.

출전 : 후한서(後漢書)

마이동풍
馬耳東風

유의어 오불관언(吾不關焉). 대우탄금(對牛彈琴).
우이독경(牛耳讀經).

말의 귓가를 스쳐가는 동풍.

● 馬(마) : 말. ● 耳(이) : 귀. ● 風(풍) : 바람.

남의 말(비평이나 의견)을 귀담아 듣지 않고 흘려버림.

■ 오불관언(吾不關焉) : 나는 그 일에 상관하지 않는다.
■ 대우탄금(對牛彈琴) : 소에게 거문고를 들려준다.
■ 우이독경(牛耳讀經) : 쇠귀에 경 읽기.

유 래

"우리가 할 수 있는 것은 햇볕 들지 않는 북쪽 창가에 기대어 시를 읊고 노래나 짓는 정도에 불과하다. 그 밖의 천만 마디 말들은 고작 한 잔의 가치도 없다. 세상 사람들은 내 말을 듣고 모두 고개를 내저으니 마치 조용히 부는 동풍(東風)이 말의 귓가를 스치는 것과 다름이 없네."

'소귀에 경 읽기'라는 말과 같이 남의 의견이나 비평, 또는 옳은 충고에도 전혀 귀를 기울이지 않는 자를 빗대어 일컫는 말이다.

앞의 글은 왕십이(王十二)라는 친구가 이백(李白)에게 〈차가운 밤 혼자 술잔을 기울이며 감회에 젖어서〉라는 시를 보낸 데 대한 회답 시(詩)이다.

출 전 : 이백(李白)의 답왕십이 한야독작유회(答王十二寒夜獨酌有懷)

만사휴의
萬事休矣

모든 일이 끝장났다.
- 萬事(만사) : 여러 가지 일. 모든 일.
- 休矣(휴의) : 끝장나다.

어떻게 달리 해볼 도리가 없음. 뜻하지 않은 실패로 일이 전혀 돌이킬 수 없는 경우에 처함.

마

유래

〈황소(黃巢)의 난〉이 일어나자 천하는 극도로 어지러워졌다.

형남(荊南)의 종회(從誨)는 영리한 반면에 모략이 심해서 후량(後梁)이 망하고 후당(後唐)이 일어났을 때 후당에게 붙어 남평왕(南平王)이 되었다. 그리고 그는 여러 나라가 득세하는 데 따라 신(臣)이라 칭하였기 때문에 여러 나라에서는 그를 천하게 여겨 고무뢰(高無賴)라는 별명까지 지어 불렀다.

그 후 종회의 아들 보융(保融), 그리고 보융의 아우 보훈(保勳)이 대를 물렸지만 이 무렵에는 후주(後周)도 쓰러지고 송나라가 되었으므로 보훈은 송나라의 신하가 되어 이를 따랐다.

바로 이 보훈 때의 일이다. 그는 어렸을 때 종회의 맹목적인 편애를 받고 자라난 버릇이 있었기 때문에 누가 일부러 화를 내 보여도 그는 으레 싱글벙글 웃음으로 받아넘겼다. 이래서 형남 사람들은 '만사휴의(萬事休矣)'요, 이제 아무것도 기대할 수가 없게 되었으니 세상은 마지막이라고 생각했던 것이다.

출전 : 송사(宋史) - 형남고씨세가(荊南高氏世家)

망양지탄
望洋之嘆

넓은 바다를 보고 감탄한다.

- 望(망) : 바라다.
- 洋(양) : 바다. 큰 바다.
- 嘆(탄) : 탄식하다.

(타인의) 위대함에 감탄하고 자신의 미흡함을 부끄러워함.

마

유래

먼 옛날 황하에 하백(河伯)이라는 강의 신이 있었다.

어느 날 아침, 그는 금빛 찬란히 빛나는 황하의 강물을 보고 감탄하여 이렇게 크고 아름다운 강은 달리 또 없을 거라고 했다.

하지만 늙은 자라가 나타나 해 뜨는 쪽에 있는 북해(北海)가 훨씬 크다고 말했다. 그러나 황하를 떠나 본 적이 없는 하백은 믿을 수가 없었다.

가을이 오자 황하는 연일 쏟아지는 비로 몇 배나 더 넓어졌다. 그것을 보고 있던 하백은 문득 늙은 자라의 말이 생각나서 북해를 한 번 보기로 하고 강을 따라갔다. 하백이 북해에 이르자 그곳의 해신(海神)인 약(若)이 반가이 맞아 주었다.

북해의 해신이 손을 들어 허공을 가르자 파도는 가라앉고 눈앞에 거울 같은, 넓은 바다가 펼쳐졌다.

"세상에는 황하 말고도 이처럼 큰 강이 있었단 말인가……."

하백은 이제까지 세상모르고 살아온 자신이 심히 부끄러웠다.

북해의 신은 웃으며 말했다.

"우물 안 개구리였구려〔井中之蛙〕. 대해(大海)를 모르면 그대는 식견이 낮은 신으로 끝나 버려 사물의 도리도 모를 뻔했소. 그러나 이제 그대는 거기서 벗어난 것이오."

출 전 : 열자(列子)

맥수지탄
麥秀之嘆

유의어   망국지탄(亡國之歎). 맥수서유(麥秀黍油).
보리가 무성한 것을 보고 짓는 탄식.
- 麥(맥) : 보리. • 秀(수) : 빼어나다.
- 嘆(탄) : 탄식하다(歎과 通用).

'보리 이삭이 더부룩하게 자란 모습을 한탄하는' 것으로, 고국의
멸망을 탄식함.

유래

"(옛 궁궐 자리에는) 보리이삭이 무럭무럭 자라나고 벼와 기장들도
잎이 기름지네. (화려하던 도성이 이 꼴로 변해 버린 것은) 저 교활한
철부지 주왕(紂王)이 나의 말을 듣지 않은 것이 슬프구나."

은나라 때 기자(箕子)가 옛 도읍지의 황폐함을 보고 지난날의 감회
와 세월의 무상함을 노래한 시(詩)이다.

하(夏)나라의 걸왕(桀王)과 은나라의 주왕(紂王)은 포학한 정치로
악명을 떨친 군주였다. 그러한 주왕에게도 훌륭한 신하가 있었으니,
미자(微子)와 기자(箕子), 비간(比干)이 그 장본인이다.

미자는 주왕의 배다른 형으로, 임금이 아무리 간해도 그 포학함을
거두지 않자 절망 끝에 다른 나라로 망명해 버렸다. 기자 역시 망명한
뒤 미친 사람 흉내를 내며 남의 집 종살이로 숨어 살았다.

그러나 비간만은 임금 곁에 남아서 끝까지 간언하다가, 결국에는
죽임을 당하고 말았다. 이때 주왕은 '성인의 심장에는 일곱 개의 구멍
이 있다고 하던데 과연 그런가 보자'고 하며 비간의 심장을 열어 보았
다고 한다.

주(周) 무왕(武王)에 의해 은나라가 멸망한 뒤 미자와 기자는 각기
제후에 봉해졌다.

출전 : 사기(史記) - 송미자세가(宋微子世家)

맹모삼천
孟母三遷

유의어 삼천(三遷). 삼천지교(三遷之敎).

맹자의 어머니가 세 번 이사 가다.

• 孟母(맹모) : 맹자의 어머니. • 遷(천) : 옮기다.

맹자의 어머니가 맹자의 교육을 위해 세 번이나 이사를 한 가르침. 교육에는 주위 환경이 중요하다는 가르침.

■ 맹자(孟子) : 공자의 도(道)를 이어 왕도 정치와 인의(仁義)를 주창한 전국시대의 철학자.

유래

그(맹자)의 집이 묘지 근처였는데, 맹자는 어려서 장례지내는 흉내, 심지어는 매장하는 시늉까지 내며 놀았다. 맹자의 어머니는, "여기는 아이가 살 곳이 아니다." 하고, 시장 근처로 집을 옮겼다.

그러자 맹자는 장사꾼이 물건을 팔고 사는 흉내를 내며 놀았다. 맹자의 어머니는, "이곳 또한 아이가 살 데가 아니다." 하며, 또다시 학교 옆으로 이사하였다.

그러자 맹자는 학교에서처럼 글을 읽는다든가, 조상에게 제기(祭器)를 진설하여 제사지내는 의례, 또는 서로 읍하며 진퇴하는 예의범절을 흉내 내며 놀게 되었다. 맹자의 어머니는, "참으로 이런 곳이야말로 자식을 기르는 데 더할 나위 없이 좋은 곳이다."고 기뻐하며 이곳에 자리를 잡았다.

맹자는 일찍 부친을 여의고 어렸을 때부터 어머니의 손에서 자랐다. 그의 어머니는 고난과 희생을 겪더라도 오직 아들을 훌륭하게 키우고자 온 정성을 다 바쳤다.

출전 : 열녀전(烈女傳)

맹인모상
盲人摸象

유의어 군맹평상(群盲評象).

눈먼 장님(앞 못 보는 사람) 코끼리 만지기.
• 盲(맹) : 소경. 장님. • 摸(모) : 본뜨다. 찾다.
• 象(상) : 코끼리.

어떤 사물의 일면만을 보고서 마치 전체를 아는 듯이 떠들어대는 모습에 비유함.

■ 군맹평상(群盲評象) : 여러 눈먼 장님이 코끼리를 평한다.

마

유래

불교 열반경(涅槃經)에 나오는 이야기로, 여기에 등장하는 장님들은 밝은 이치를 깨닫지 못하는 세속의 일반 중생들을 뜻하며 코끼리는 부처를 뜻한다.

인도(印度) 어느 나라의 왕이 눈먼 장님들에게 코끼리의 모양을 알아내도록 하였다. 그들은 코끼리의 모양을 알아내기 위해 여기저기를 만져 본 후 이렇게 말했다.

코끼리의 상아를 만져본 장님은 가을밭에 있는 무와 같다고 대답했고, 귀를 만져본 사람은 곡식을 까부는 키라고 했으며, 머리를 만져본 사람은 돌, 코를 만져본 사람은 방앗공이와 같다고 하였다.

뿐만 아니라 다리를 만져본 사람은 나무토막이라고 했으며, 꼬리를 만져본 사람은 굵은 밧줄과 같다고 제각기 다른 소리를 내었다.

출전 : 열반경(涅槃經)

명경지수
明鏡止水

맑은 거울같이 조용히 멈춘 물.
- 明(명) : 밝다.　○ 鏡(경) : 거울.
- 止(지) : 그치다.　○ 水(수) : 물.

잔잔한 물처럼 맑고 고요한 심경을 일컫는 말.

유 래

"사람은 흐르는 물을 거울로 삼는 것이 아니라 멈추어 있는 물을 거울로 삼는다."

"거울이 밝은 것은 먼지나 때가 묻어 있지 않은 것이다. 먼지가 묻어 있는 거울은 밝지 못하다(오랫동안 어진 사람〔賢者〕과 같이 있으면 마음이 맑아져 허물이 없다)."

'명경(明鏡)'은 잘 닦아서 흐린 데가 없는 구리거울, '지수(止水)'는 물결이나 흐름이 없는 고요한 수면(水面)을 말한다. 어느 것도 사물의 있는 그대로의 모습을 비춰내므로, 사람들은 자연 그 주위에 모여들게 된다. 마찬가지로 저절로 인심(人心)을 끌어들이는 그런 훌륭한 인물을 비유한 말이다.

노(魯)나라에 왕태(王駘)라는 올자(兀者 : 형벌로 발목이 잘린 사람)가 있었다. 비록 올자일망정 학문이 뛰어나고 덕망이 높았으므로 그의 제자가 되기를 원하는 사람이 많았다. 그 수가 나날이 늘어나 마침내 공자의 문하생들 수와 비길 만큼 왕태의 주위에도 제자들이 모여들게 되었다. 공자는 왕태가 이미 성현군자의 영역에 들어선 것이나 다름이 없는 훌륭한 인물이라고 치켜세웠다.

출 전　: 장자(莊子) - 덕충부(德充符)

矛 盾
모 순

창[矛]과 방패[盾].
- 矛(모) : 창. 자루가 긴 창.
- 盾(순) : 방패. 피하다. 숨다.

말이나 일(행동)의 앞뒤가 서로 맞지 않음.

유 래

초나라 사람으로 방패와 창을 같이 파는 장사꾼이 있었다. 그는 방패를 자랑할 때는, "나의 방패의 견고함은 능히 꿰뚫을 수 있는 것이 없다"고 하고, 또 창을 자랑할 때는, "나의 창의 날카로움은 어떠한 것이든 꿰뚫지 않음이 없다"고 했다. 그러자 어떤 사람이 말하길, "자네의 창으로 자네의 방패를 꿰뚫으면 어떻게 되겠는가?" 하고 물으니, 그 장사꾼이 대답할 수 없었다.

(모순은 창과 방패가 서로 대립된 위치에 있는 것을 말하는 것이 아니고, 그 장사꾼이 말한 상반된, 성립할 수 없는 내용을 말한다.)

출 전 : 한비자(韓非子) - 난(難)

무릉도원
武陵桃源

유의어 도원경(桃源境). 이상향. 도원향. 유토피아. **무릉의 복숭아 샘.**

- 武(무) : 호반(虎班). 군세다. • 陵(릉) : 언덕.
- 桃(도) : 복숭아. • 源(원) : 근원. 근본.

이 세상과 따로 떨어진 별천지. 사람들이 화목하고 행복하게 살 수 있다는 이상향(理想鄕).

■ 도원경(桃源境) : 속세를 떠난 아름답고 평화로운 곳(별천지).

유 래

신선이 살았다는 전설적인 중국의 명승지. 중국의 호남성 동정호(洞庭湖)의 서남쪽 무릉산(武陵山) 기슭 완강(浣江)의 강변이라 함.

호남무릉(湖南武陵)의 한 어부가 배를 저어 복숭아꽃이 아름답게 핀 수원지를 올라가 보니 복숭아 숲은 가도가도 끝이 없었다.

마침내 시냇물 근원 가까이에 다다르자 숲도 함께 끝나 있었다. 앞은 산이 가로막혀 있고, 산 밑으로 조그마한 바위굴이 하나 있었다.

어부는 배를 버려둔 채 굴을 더듬어 안으로 가니 앞이 탁 트인 들이 나타났다. 보기 좋게 줄을 지어 서 있는 집들, 잘 가꾸어진 기름진 논밭, 많은 남녀들이 즐거운 표정으로 들일에 바빴다. 이곳을 찾은 어부도 그를 맞는 사람들도 서로 놀라며 어찌된 영문인지 까닭을 물었다.

마을 사람들은 옛날 진(秦)나라의 학정을 피해 처자를 데리고 이 속세와 멀리 떨어진 곳으로 도망쳐 온 사람들의 후손들이었다. 그들은 조상들이 이리로 찾아온 뒤로 밖에 나가본 적이 없어 완전히 외부세계와는 접촉이 중단되어 있었다.

출 전 : 도잠(陶潛) – 도화원기(桃花源記)

무산지몽
巫山之夢

유의어 운우무산(雲雨巫山). 조운모우(朝雲暮雨).
무산에서 꾼 꿈.
- 巫山(무산) : 중국 사천성의 동쪽에 있는 명산.
- 蒙(몽) : 꿈. 꿈꾸다.

남녀의 밀회나 정사를 일컬음. 남녀 또는 부부의 맹세.

유래

옛날 선왕(先王)이 고당관(高唐館)에서 잔치를 베풀고 즐기다가 어렴풋이 낮잠이 들었는데 꿈속에 한 여인이 농염한 모습으로 왕을 찾아와 말했다.

"저는 무산(巫山)에 사는 여인입니다. 고당에 와 보니 당신께서도 와 계시기에 이렇게 찾아뵈었습니다. 부디 함께 있도록 해주십시오."

왕은 비몽사몽간에 그 여인과 함께 밤을 지냈다. 이윽고 이별할 때가 되자 여인이 한 말이다.

이튿날 아침 왕이 무산 쪽을 바라보니 정말 꿈속의 여인이 말한 대로 아침 구름이 뭉게뭉게 피어오르고 있었다. 왕 역시 하룻밤 인연을 맺었던 여인을 그리워하여 사당을 세우고 그 사당의 이름을 '조운(朝雲)'이라고 했다.

※ 양대불귀지운(陽臺不歸之雲) : 한 번 정을 나누고 다시는 만나지 못하는 일.

출전 : 송옥(宋玉) - 고당부(高唐賦)

무용지용
無用之用

반의어 무용지물(無用之物).

쓰이지 못할 것이 크게 쓰인다.

- 無用(무용) : 쓸모없음. 쓸데없음.
- 用(무) : 쓰다. 쓰이다. 작용. 요도.

언뜻 별 쓸모없는 것으로 생각되던 것이 도리어 큰 구실을 함.

■ 무용지물(無用之物) : 아무짝에도 쓸모없는 물건.

유래

"산의 나무는, 그것이 인간의 소용에 닿기 때문에 결국 사람의 손에 의해 베어지고, 등불은 스스로를 불태운다. 계피(계수나무)는 맛이 좋기 때문에 베임을 당하고, 옻나무는 그 칠을 쓸 수 있기 때문에 가지를 찢기고 살을 찢기게 된다. 사람은 모두 이렇게 쓸모 있는 것의 용도만을 알 뿐, 쓸모없는 것의 용도는 모르고 있다."

이 말은 '사람들은 모두 유용(有用)의 쓰임을 알지만 무용(無用)의 쓰임은 아무도 알지 못한다.'라는 말에서 비롯했다.

장자는 자연을 손상한다고 해서 인위(人爲)를 부정하였다. 그에게는 일체의 존재가 자연 그대로 있는 것만이 최고의 가치였다. 세상에서 무용지물(無用之物 : 아무짝에도 쓸데없는 물건 또는 사람)이라면 그 무슨 도구가 될 필요가 없이 자연 그대로 목숨을 다할 수가 있다.

'무용지용(無用之用)'이라는 것은 인위의 관점에서 볼 때에는 무용인 것이지만 그야말로 참된 유용이며, 무용인 것이 참으로 귀하다는 가치의 전환을 뜻한다.

출전 : 장자(莊子) - 인간세편(人間世篇)

문경지교
刎頸之交

유의어 관포지교(管鮑之交), 금석지교(金石之交),
금란지계(金蘭之契), 막역지우(莫逆之友).

목을 베어 줄 정도의 교분.

• 刎(문) : 목을 베다. • 頸(경) : 목. • 交(교) : 사귀다.

생사를 같이하여 목이 떨어져도 두려워하지 않을 만큼 친한 사귐.
또는 그러한 벗.

유 래

염파는 인상여의 인간됨을 전해 듣고 자신의 못남을 뼈저리게 느꼈
다. 웃옷을 벗고 가시나무 매를 등에 지고(스스로 벌하는 마음을 나타냄),
사람을 중간에 넣어 인상여의 집을 찾아가 무릎을 꿇고 사죄했다.

"나 같은 놈에게 장군께서 그토록 관대하실 줄을 미처 몰랐습니다."

이리하여 두 사람은 서로 마음을 허락하고, 죽음을 함께 해도 마음
이 변치 않을 그런 사이가 되었다.

인상여는 때를 얻지 못해 무현(繆賢) 밑에서 밥을 얻어먹고 있었으
나 무현의 추천으로 혜문왕(惠文王)으로부터 신임을 얻게 되었다.

조(趙)나라 혜문왕(惠文王)은 강대국 진왕(秦王)으로부터 당한 수치
를 회복시켜 준 인상여에게 최고의 관직인 우상(右相)에 앉히고 무관
인 염파(廉頗)를 좌상으로 하여 함께 국사를 보도록 했다.

염파는 백전백승의 노장군으로 조나라를 위해서는 만리장성 같은
존재였다. 그런데 그를 좌상에 두고, 두각을 나타낸 지 불과 3년밖에
안 되는 인상여를 우상에 앉혀 놓았으니 지기 싫어하는 무관의 마음이
편치 않았다. 그리하여 어떻게 하면 그를 칠 수 있을까 구실을 찾는데
혈안이 되었다. 그러나 인상여는 항상 그를 피했다.

출 전 : 사기(史記) - 염파인상여열전(廉頗藺相如列傳)

문전성시
門前成市

반의어 문외가설작라(門外可設雀羅).

문 앞이 저자를 이룬다.

- 門(문) : 문. • 前(전) : 앞. • 成(성) : 이루다.
- 市(시) : 저자. 장.

찾아오는 사람이 많음을 일컫는 말. 권세가나 부잣집 문 앞이 방문객으로 저자를 이루다시피 붐빈다.

■ 문외가설작라(門外可設雀羅) : 찾아오는 사람의 발길이 끊겨 문 밖에 새 그물을 쳐놓을 만하다.

■ 문정여시(門庭如市) : 대문 안에 있는 뜰이 시장과 같다.

유래

어린 임금 애제는 크고 작은 모든 정사를 외척에게 온통 내맡긴 채 향락에만 빠져 있었다.

정숭(鄭崇)은 원래 명문가 출신으로 왕가와 인척관계에 있었다.

정숭은 상서복야(尙書僕射) 요직에 오른 지 얼마 안 되어서부터 도저히 눈뜨고는 볼 수 없는 외척들의 횡포와 부패상을 황제에게 충성으로 간하였다.

애제는 처음에는 귀를 기울이는 척했으나 정숭을 대하면 까다롭고 골치 아픈 이야기만 하므로 점점 회피하는 기색을 보였다. 이러한 때에 상서령을 지내던 조창(趙昌)이라는 자가 간계를 꾸몄다.

애제는 곧 정숭을 불러들여 '벼슬을 사려는 사람들이 뇌물을 들고 시장바닥처럼 몰려들고 있다고 하는데 사실이냐?'고 추궁하자,

'신(臣)의 문전이 저잣거리 같더라도 마음속은 물처럼 맑습니다. 부디 한 번 살펴주시기를 바랍니다.'고 대답하였다.

출전 : 한서(漢書) – 정숭전(鄭崇傳)

반근착절 盤根錯節

서로 엉클어진 나무뿌리와 뒤얽힌 나무옹이.
● 盤根(반근) : 서려서 얽힌 뿌리. ● 錯(착) : 섞이다.
어지럽다. ● 節(절) : 마디. 절개.

엉클어져 처리하기 어려운 사건, 혹은 세력이 단단히 뿌리 박혀
흔들리지 않음을 비유함.

유래

"뜻을 세움에 있어 쉽고 편안함을 찾지 않으며, 어려운 일을 피하지
않는 것이 신하된 사람의 직분이다. 서로 엉클어진 나무뿌리와 뒤얽힌
나무옹이에 부딪쳐 보지 않고서야 어떻게 잘 드는 연장인지 구별할 수
있겠는가."

후한 안제(安帝) 때 북방 이민족이 병주(并州)와 양주(凉州)를 침입
해 왔다. 안제가 13살의 어린 나이로 즉위하자, 태후가 수렴청정(垂簾
聽政)을 하고 태후의 오빠인 등즐(鄧騭)이 병권을 장악하고 있었다. 병
권 장악으로 세력이 등등했던 등즐(鄧騭)은 재정과 비용을 이유로 양
주를 포기하려고 했다. 그러나 낭중(郎中) 벼슬에 있는 우후(虞詡)가
강력히 등즐의 의견에 반대했다.

이 일로 등즐은 우후를 미워하게 되었는데, 때마침 조가현(朝歌縣)
에 수천의 도적떼가 난립하여 고을의 장관이 살해되는 참사가 일어났
다. 그때 등즐은 우후를 미워하여 죽음의 사지(死地)로 몰기 위해 후임
장관으로 임명해 폭도들을 토벌할 것을 명했다.

앞의 말은 친구들이 우후의 불행을 위로하러 왔을 때 우후가 한 말
이었다.

출전 : 후한서(後漢書) - 우후전(虞詡傳)

발산개세
拔山蓋世

유의어 역발산기개세(力拔山氣蓋世).

산을 뽑고 세상을 덮다.

- 拔(발) : 뽑아내다.　• 山(산) : 산. 뫼.
- 蓋(개) : 덮다.　• 世(세) : 세상.

힘이 산이라도 뽑아 던질 만하고 세상을 덮을 정도로 그 기력이 웅대함.

유 래

"힘은 산을 뽑고 기상은 세상을 덮었는데
때가 불리하니 추(오추마)마저 가지 않는구나.
추마저 가지 않으니 난들 어찌하리.
우(우미인)야, 우야, 너를 어찌하리."

항우가 해하(垓下)에서 유방을 맞아 최후의 결전을 치르게 되었는데 적군들이 사방에서 초나라 노래를 부르고 있었다〔사면초가(四面楚歌)〕. 그러자 초나라 군사들은 하나둘씩 무리지어 한(漢)나라에 항복하거나 달아나 버리고 새벽녘이 되자 항우를 따르는 무리는 800명에 불과했다. 이에 항우는 초나라 사람들이 모두 유방에게 가담한 줄 알고 장수들과 결별의 술자리를 마련했다.

그 자리에는 항우가 진중에 함께 데리고 다니는 우미인(虞美人)이 있었고 운명을 같이 한 오추마로 불리는 천리마도 있었다. 그 오추마를 추(騅)라고 불렀다. 항우는 술이 한 잔 들어가자 패업(霸業)을 이루지 못한데 대해 슬픔과 울분이 한데 치밀어 노래라도 한 수 읊지 않을 수가 없었다. 우미인은 항우의 짐이 되지 않기 위해 단검을 받아들고 자살하고 만다.

출 전 : 사기(史記) - 항우본기(項羽本記)

발호 跋扈

유의어 발호장군(跋扈將軍).

제멋대로(함부로) 날뛴다.

- 跋(발) : 밟다. 뛰어넘다.
- 扈(호) : 뒤따르다. 대나무로 만든 통발.

통발을 뛰어넘는 큰 물고기처럼, 세력이 강해 어떻게 할 수 없음.

유 래

〔후한의 양기(梁冀)가 대장군이 되었는데 그 횡포가 극에 달했다.〕

충제(沖帝)가 죽자, 양기는 질제(質帝)를 황제에 등극시켰다. 질제는 어리지만 총명하여 양기의 횡포를 잘 꿰뚫어보고 있었다. 어느 날 군신의 조회에서 양기를 가리켜 말하였다.

"이 자는 발호장군(跋扈將軍 : 함부로 날뛰는 장군)이다."

〔양기는 이 일로 질제를 미워하여 독살(毒殺)해 버렸다.〕

※ 발호(跋扈)는 아랫사람이나 신하가 윗사람 또는 임금을 우습게 여겨 권한을 침범하는 경우에 쓰는 말이다.

출 전 : 후한서(後漢書)

바

방야무인
傍若無人

겯에 사람이 없는 것과 같다.

- 傍(방) : 곁. 옆(旁과 通用). • 若(약) : 같다.
- 無(무) : 없다. • 人(인) : 사람.

남의 입장을 생각지 않고 제멋대로 마구 행동함. 또는 아무 거리 낌도 없이, 버릇없이 함부로 행동함.

유 래

위(衛)나라의 형가(荊軻)는 책 읽기와 칼 쓰기를 좋아했다. 그는 위 나라의 원군(元君)에게 정치에 대한 것을 논하였으나 등용이 되지 않 자 여러 나라를 유랑했다. 그의 인품은 침착했으며 각지에서 현인(賢 人), 호걸들과 사귀었다.

연(燕)나라에 갔을 때 일이다. 거기서 사귄 것이 개백정과 축(筑)의 명수인 고점리(高漸離)였다. 축은 가야금과 비슷한 악기로서 대나무 [竹]로 줄을 쳐서 소리를 낸다. 형가는 이 두 사람과 날마다 거리로 나가 술을 마셨다. 취기가 오르면 고점리는 축을 울리고 형가는 이에 따라 노래를 부르며 함께 즐겼다. 감상이 솟구치면 같이 울기도 했다. 마치 곁에 아무도 사람이 없는 것처럼 행동했다(傍苦無人).

형가는 뒷날 연나라 단(丹)의 간청을 받아 진왕(秦王, 진시황)을 죽이 고자 죽음을 각오한 사신 길에 올랐다. 전송객 속에는 고점리도 끼어 있었으나 그들은 결국 역수(易水) 강가에서 헤어지게 되었다.

이 두 사람, 형가는 끝내 일을 이루지 못한 채 죽었고, 고점리는 뒷날 장님이 되어 친구의 원수를 갚으려고 진왕을 노리다가 실패하여 결국 형가의 뒤를 따랐다.

출 전 : 사기(史記) - 자객열전(刺客列傳)

배반낭자
杯盤狼藉

술잔과 접시가 이리저리 흩어져 나뒹굴다.

• 杯盤(배반) : 술과 접시. • 狼藉(낭자) : 늑대가 풀을 깔고 자고 난 자리처럼 흐트러져 있는 것으로, 난잡하게 흩뜨려 놓은 것.

술 마신 자리의 혼잡한 모습. 주연(酒宴)이 끝난 후, 술잔이나 접시 등이 난잡하게 있는 상태를 말함.

유 래

"날이 저물고 주연이 끝날 무렵이면, 술통을 한데 모으고 무릎을 맞대며 남자와 여자가 한자리에 앉아 신발도 뒤섞이고, 술과 안주접시들이 어지러이 흩어지고, 주인이 나만을 머물게 한 후 다른 손님들을 내보냅니다. 등불이 꺼지자 내 곁에서는 비단적삼 옷깃이 풀어지면서 희미하게 향기로운 냄새가 풍겨옵니다. (이런 때에는 내 마음이 아주 즐거워서 능히 한 섬 술이라도 마실 수 있습니다.)"

초나라가 제(齊)나라를 침공했다. 다급해진 제의 위왕은 조(趙)나라에 원병을 요청하기 위해 순우곤(淳于髡)을 사신으로 명하고 조왕에게 보내는 선물로 황금 백 근에 네 마리의 말이 끄는 마차 열 쌍을 준비해 주었다. 이것을 본 순우곤은 크게 웃어 위왕을 당혹케 했다.

"사실은 제가 여기 오는 도중에 풍년을 기원하는 제사를 올리고 있는 사람을 보았습니다. 그는 제물로 돼지발톱 한 개와 술 한 잔을 바치고 가득가득 오곡(五穀) 대풍년이 들기를 빌더군요. 제가 웃은 건 아까 그 사람이 제물에 비해 너무 많은 것을 바라서 웃은 것뿐입니다."

이에 위왕은 꼼짝 못하고 선물을 더 가득 채울 수밖에 없었다. 호화로운 선물을 받은 조왕은 기분이 흡족해 대군을 빌려주기로 했다. 이 소식이 전해지자 초군은 모두 자기 나라로 돌아가 버렸다.

출 전 : 사기(史記) - 골계열전(滑稽列傳)

배수진 背水陣

강물을 등지고 친 진.
- 背(배) : 등. 뒤. 등지다. • 水(수) : 물. 강.
- 陣(진) : 진 치다.

전력을 다해서 승부에 임하는 것. 또는 목숨을 걸고 결사적으로 싸움에 임하는 경우의 비유.

유래

한(漢)나라 대장군 한신(韓信)은 위(魏)나라를 침공한 여세를 몰아 그대로 조(趙)나라로 진격해 들어갔다. 이윽고 조나라 군사들은 날이 밝자 위험천만하게도 강물을 등에 지고 진을 친 한신의 군사를 보고 '병법도 모르는 바보들이라'고 소리 내어 비웃었다.

한편 강물을 등에 업은 한신의 본대는 뒤로 물러설 수가 없으므로 죽을힘을 다하여 싸우는 수밖에 없었다. 필사적으로 대항하여 싸운 끝에 마침내 적군을 밀고 나오게 되었다.

싸움이 끝나고 축하연이 벌어졌을 때 장수들이 한신에게 물었다.

"병법에는 산을 등지고 물을 앞에다 두고 진을 치라고 했는데, 장군께서는 반대로 물을 등에 업고 싸웠는데도 승리를 거두었으니 이것은 대체 어떤 전법입니까?"

한신이 이에 대답하길, "어떤 병서를 보면, '나를 죽을 땅에 빠뜨려 두어야 비로소 살길을 얻을 수가 있다'라고 적혀 있지 않은가? 그것을 잠깐 응용해 본 것이 이번의 배수진(背水陣)이다. 그래서 상식적인 생지(生地)에다 놓고 싸우느니보다는 거꾸로 사지(死地)에 디밀어 놓고 살길을 찾는 데 전력을 다하도록 전략을 꾸며 본 것이다." 이에 모든 장수들이 탄복했다.

출전 : 사기(史記) - 회음후열전(准陰侯列傳)

배중사영
杯中蛇影

유의어 의심생암귀(疑心生暗鬼).
반신반의(半信半疑).

술잔 속에 비친 뱀 그림자.

- 杯(배) : 잔. 술잔. • 中(중) : 가운데.
- 蛇(사) : 뱀. • 影(영) : 그림자.

쓸데없는 일. 아무 것도 아닌 일로 근심하여 속을 썩임.

유래

(벽에 걸린 활에 그려진 뱀의 그림이 술잔 속에 비치는 바람에 그 술을 마시고 병이 생겼다.)

그때 하남의 집무실 벽에 짐승 뿔이 걸려 있었는데, 거기에는 옻칠로 뱀의 그림이 그려져 있었다. 악광은 술잔 속의 뱀은 뿔의 그림이 비쳤을 것이라고 생각하였다. 그래서 다시 똑같은 장소에 술상을 차리고 친구에게 물었다.

"술 속에 무엇이 보이는가?"

친구가 대답하길, "그때와 똑같네." 라고 대답하였다.

악광이 그 이유를 설명하자, 친구는 완전히 의문이 풀리고 시름시름 앓던 병도 당장에 나아 버렸다.

※ 마음 약한 사람이 헛것을 보고 놀라 속병이 난 것을 뜻한다.

출전 : 진서(晉書) - 악광전(樂廣傳)

백년하청 百年河淸

백년을 기다린다 해도 황하(黃河)의 물이 맑아지지 않는다.

• 百年(백년) : 오랜 기간 동안. • 河(하) : 강 이름. 황하(黃河). • 淸(청) : 맑다.

아무리 오랫동안 기다려도 바라는 것이 이루어지기 어려움.

▣ 부지하세월(不知何歲月) : 언제 될 지 그 기한을 알지 못함.

유래

주(周)나라 시에 이르길, "황하의 흐린 물이 맑기를 기다리자면 한이 없으니 사람은 늙어 죽고 만다. 이래저래 말만 앞서고 실속 없는 계획을 세우다 보면 날짐승이 그물에 얽힌 듯 갈피 잡을 수가 없다."고 하였다.

초(楚)나라가 정(鄭)나라를 친다는 정보를 입수하였다. 정나라에서는 육향(六鄕)이라 불리는 지도자들을 도성으로 불러들여 회의를 열었는데 이 회의에서는 초나라에 항복하자는 측과 진(晉)나라의 구원을 기다리자는 측의 의견이 분분하였다.

그러나 결국은 항복을 주장하는 자사의 열변에 초나라와의 화평을 맺기에 이르렀다.

※ 진나라의 구원병이 어느 세월에 오겠느냐의 뜻이, 황하가 맑기를 기다리는 것처럼 부질없음을 말한 것이다.

출전 : 춘추좌씨전(春秋左氏傳)

백면서생
白面書生

어린 나이로 글만 읽는 사람.
- 白面(백면) : 아직은 어려서 경험이 없는 사람.
- 書生(서생) : 세상일에 서투른 선비의 비유.

오로지 글만 읽고 세상일에 경험이 없는 사람. 풋내기.

유 래

"밭을 가는 일에 대해서는 종들에게 물어보고, 베 짜는 일에 대해서는 하녀들에게 물어야 합니다. 지금 폐하께서는 적국인 북위를 치려고 하시는데, 저 따위 경험 없는 샌님들에게 물어 일을 도모하신다면 어떻게 성공하시겠습니까?"

남북조시대 북위(北魏) 태무제가 군사를 일으켜 유연(柔然)을 공격했다. 이 틈을 이용해서 송(宋)나라의 효무제가 문신들을 불러놓고 북위를 공격하는 게 어떻겠냐고 공론에 부쳤다.

이때 무명(武名)을 떨친 심경지만이 출병을 반대하며 임금께 충고한 말이다.

결국 효무제는 심경지의 말을 듣지 않고 문신들의 말만 들어 출병했다가 크게 패하고 말았다.

출 전 : 송서(宋書) - 심경지전(沈慶之傳)

백 미
白 眉

흰 눈썹.

* 白(백) : 희다. 깨끗하다. 밝다.
* 眉(미) : 눈썹. 가. 가장자리.

흰 눈썹을 가진 사람이 가장 뛰어났다는 뜻으로, 여럿 중에서 가장 뛰어난 사람이나 물건.

유 래

위(魏)·오(吳)·촉(蜀) 삼국이 정립하여 패권을 다투고 있던 이른바 삼국시대의 일이다.

제갈량과 두터운 친교를 맺고 있는 마량(馬良)은 형제가 다섯이지만, 다섯 형제는 자(字)에 무두 상(常)이란 글자가 있었기 때문에 세상 사람들은 그들 형제를 가리켜 마씨 오상(馬氏五常)이라 불렀다.

그중에 마량은 유비(劉備)가 촉한(蜀漢)을 세울 즈음 시중(侍中)에 임명되었다.

유비는 마량에게 명하여 남방의 야만인들을 설득케 하였는데 마량은 변설로 이들을 잘 타일러 마침내 신하로 거두어들이는 데 성공하였다.

마량은 태어날 때부터 눈썹에 흰털이 나서 눈길을 모았는데 이로 인해 그는 '백미(白眉)'라는 별명으로 불렀다. 그것을 연유로 해서 백미라 하면 수많은 것 가운데서 가장 뛰어난 것을 가리키게 되었다.

읍참마속(泣斬馬謖)의 마속은 마량의 아우였다.

출 전 : 삼국지(三國志) - 촉서(蜀書)

백아절현
伯牙絶絃

백아가 거문고 줄을 끊어버렸다.
- 伯牙(백아) : 춘추시대 거문고의 명수.
- 絶(절) : 끊다. • 絃(현) : 악기 줄. 줄(弦과 通用).

백아가 '자신의 음악을 알아주는 종자기(種子期)가 죽자 다시는 거문고를 타지 않았다'는 고사에서 나온 말. 자기를 알아주는 절친한 친구, 즉 지기지우(知己之友)의 죽음을 슬퍼함.

유래

춘추시대 거문고의 명수 백아(伯牙)에게는 그의 연주를 누구보다도 잘 이해해 주는 종자기(種子期)라는 친구가 있었다. 종자기는 백아가 연주를 하면 백아가 그리고 있는 악상을 그대로 이해해 내는 친구였다.

백아가 높은 산의 모습을 그려내고자 거문고를 타면 종자기는 말하곤 했다.

"아, 마치 높이 치솟는 그 느낌은 태산(泰山)과 같구나."

그리고 강물이 흐르는 소리를 내고자 하면 종자기는, '큰 강물이 도도히 흘러가는 그 느낌은 마치 황하와 같구나'라고 칭찬을 아끼지 않았다. 이렇듯 백아의 재주를 아끼고 아꼈던 종자기가 어느 날 세상을 떠났다. 그러자 백아는 그 날로 거문고의 줄을 끊고 다시 잡지를 않았다.

마음 깊이 소리를 속일 수 없었던 친구, 거문고만으로도 서로를 온전히 알 수 있었던 친구, 이 세상에서 유일하게 자신의 음악을 완벽히 이해했던 친구를 다시 얻을 수 없다는 비탄에 못 이겨 다시는 거문고를 타지 않았던 것이다.

출전 : 여씨춘추(呂氏春秋) - 본미(本味)

바

법삼장
法三章

유의어 약법삼장(約法三章).
단 세 조목의 법조문.
* 法(법) : 법. * 章(장) : 글. 문채. 문장. 규정.

더없이 간결한 법률. 한(漢)의 고조(高祖) 유방이 진나라 관중을 평정한 후 선포한 법.

유래

"내가 제후들과 약속한 바 있소. 먼저 관중에 들어가는 자가 왕이 될 것을. 나는 관중에 먼저 들어왔기 때문에 관중의 왕이 될 것이오. 부로(父老)들과의 약속으로 법 세 가지만 선포하겠소. 첫째, 사람을 죽인 자는 사형에 처한다. 둘째, 사람을 상하게 한 자와 도적질한 자는 응분의 벌을 받는다. 마지막으로 모든 진나라 법을 폐지하겠소. 여러 관리와 백성들은 지금까지와 마찬가지로 편안한 삶을 꾸려 주시오."

유방은 법(法)이라는 테두리에 얽매이지 않았다. 그때의 형편에 따라 바뀌기도 했는데 그것은 유방의 판단에 의한 것이었다.

그러나 진나라 법은 달랐다. 법 조항이 수없이 많은데다 엄했다. 때문에 멀쩡한 사람을 죄인으로 옭아매는 것이 곧 진의 법이었다.

법치(法治)의 효력은 풍부한 식량과 평화를 전제로 했을 때 가능하다. 전환과 기근의 극한 상황 속에서는 목숨을 내건 범법자들이 나타나게 마련이라는 것을 유방은 너무나도 잘 알고 있었다.

그리하여 유방은 관중을 평정한 뒤 지역 원로들을 모아놓고 법 3장(章)을 선언한 것이다.

유방의 법은 이토록 간단하기 이를 데 없었다. 누구나 알기 쉽고 지키기 쉬웠다.

출전 : 사기(史記) - 고조본기(高祖本紀)

병입고황
病入膏肓

병이 고황(심장과 횡격막 사이)에 들었다.
- 病(병) : 병. - 入(입) : 들다. - 膏(고) : 기름. 심장의 아랫부분. - 肓(황) : 횡격막의 윗부분. 명치 끝.

병이 몸 속 깊이 들어 고치기 어렵게 되었음. 또는 한 가지 일에 극단적으로 열중하여 몰두함의 비유.

유 래

진(晉)나라 경공(景公)의 병이 무거워지자, 진(秦)나라의 고완(高緩)이라는 명의(名醫)를 모시게 하였다. 명의가 도착하기 전에, 경공의 꿈에 병(귀신)이 두 아이의 모습을 하고 나타났다.

"이번에 오는 고완(高緩)은 명의이므로, 우리를 찾아낼 텐데 어디로 숨으면 좋을까."

그러자 한 아이가 말했다.

"걱정할 것 없이 황(肓)의 위, 고(膏)의 밑으로 들어가면 우리를 어쩌지 못할 거야."

얼마 후 고완이 와서 진찰한 후, '병이 이미 고황(膏肓)에 있습니다. 손을 쓸 수가 없습니다.' 고 말하였다. 경공은 고완을 명의라고 하며 극진하게 대접하였다.

출 전 : 춘추좌씨전(春秋左氏傳)

복수불수 覆水不水

바

유의어 복수난수(覆水難收), 복수불반분(覆水不返盆).
한 번 엎지른 물은 다시 그릇에 담을 수 없다.
* 覆(복) : 엎다. 뒤집히다. * 水(수) : 물. 강.
* 返(반) : 돌아오다. 되돌림.

한 번 헤어진 부부는 다시 결합할 수 없음을 비유한 말.

유래

주매신이 높은 벼슬에 올랐다. 그런데 그가 타고 가는 말 앞에 이혼한 아내가 찾아와서, 재배(再拜)하고 재결합할 것을 청하였다. 매신(買臣)은 물동이 물을 땅에 쏟아 부으며, 이미 엎지른 물은 다시 주워 담을 수 없다는 것을 깨우쳐 주었다. 아내는 한을 품은 채 죽었다.

이 말은 주(周)의 태공망(太公望) 여상(呂尙)과 한(漢)나라 때의 주매신(朱買臣)의 이야기이다.

남편의 먼 장래를 내다보지 못하고 집 나가 이혼한 아내의 한이 전해져 내려온다.

즉, 여상이나 주매신이 하는 일없이 책만 읽으며 가계(家計)를 돌보지 않았으므로, 정나미가 떨어진 아내는 스스로 이혼을 청하고 떠나 버렸다. 후일, 출세한 그들 앞에 전처가 나타나 재결합을 요구했지만, 그릇의 물을 땅에 쏟아 버리고 전처에게 다시 담아 보라고 시켰더니 진 흙밖에 담을 수가 없었다.

그래서 엎질러진 물은 되돌릴 수가 없는 법이라 하며, 한 번 떠난 아내는 되돌아 올 수 없음을 보여 준 것이다.

출전 : 통속편(通俗編) - 주매신처(朱買臣妻)

부중지어
釜中之魚

유의어 조상지육(組上之肉). 학철부어(涸轍鮒魚).

가마솥 안에 든 물고기.
- 釜(부) : 가마솥(발 없는 큰 솥). • 中(중) : 가운데.
- 魚(어) : 고기. 물고기. 고기잡이하다.

'곧 삶아지는 것도 모르고 솥 안에서 헤엄치고 있는 물고기'라는 뜻으로, 목숨이 위급할 처지에 있음.

■ 조상지육(組上之肉) : 도마 위에 있는 고기.
■ 학철부어(涸轍鮒魚) : 수레바퀴 자국에 괸 물에 있는 붕어.

유 래

장강은 단신으로 도적의 산채로 수레를 몰고 가서, 장영과 만나 사물의 도리를 설득하여 들려주었다. 그러자 장영은 이 말을 듣고 깊은 감명을 받았다.

"벼슬아치들의 가혹한 처사에 견디다 못해 모두가 모여서 도적이 되었습니다. 지금은 이렇게 목숨이 붙어 있지만 그것은 마치 물고기가 솥 안에서 헤엄치고 있는 것과 마찬가지입니다. 결코 오래 계속되지는 못할 것입니다."

그러자, 장영 등 만여 명의 도적떼가 항복했다.

※ 부중생어(釜中生魚) : 오랫동안 밥을 짓지 못하여 '솥 안에서 물고기가 생겨났다.'는 뜻으로, 매우 가난함을 비유하여 일컬음.

출 전 : 자치통감 – 한기(漢記)

분서갱유
焚書坑儒

유의어 갱유(坑儒). 분서(焚書).

책을 불사르고 선비를 산 채로 구덩이에 파묻다.

• 焚(분) : 불사르다. • 書(서) : 글. 책.
• 坑(갱) : 구덩이. • 儒(유) : 선비.

진(秦)나라 시황제(始皇帝)가 정치에 대한 비판을 금하려고 책을 불사르고, 학자들을 산 채로 구덩이에 묻어 죽인 '가혹한 정치'. 또는 서적이나 사람을 탄압함을 일컬음.

◼ 분서(焚書) : 책을 불살라 버리는 일. 지식인 · 학문의 탄압.

◼ 갱유(坑儒) : 유생(儒生)들을 구덩이에 묻어 죽인 일.

유 래

"사관이 맡고 있는 진나라 기록 이외의 것은 다 불사르라. 박사가 직무상 취급하는 것 이외에 감히 시서(詩書)나 백가어(百家語)들을 가지고 있는 사람은 모두 고을 수령에게 바쳐 그 모두를 불사르라."

학자들은 죄를 서로 전가시켜 다른 사람을 고발하였다. 그 결과 금령을 범한 사람이 사백육십여 명이나 되어, 이들을 모두 함양 도성 안에 구덩이를 파고 산 채로 묻어 버렸다.

통치 34년, 진시황은 문무백관을 한자리에 불러 함양궁(咸陽宮)에서 큰 잔치를 베풀 때, "여기서 신이 감히 아뢰오니 즉시 사민필수(四民必須 : 백성들에게 꼭 필요한)의 의약과 복서(卜筮), 농경에 대한 글과 우리 진나라의 역사서를 제외한 모든 글, 다시 말해서 시(詩), 서(書)에서 제자백가(諸子百家)에 이르기까지 모든 서적을 불태워 없애 버리시기 바랍니다. 그리고 또한 명령이 내린 지 30일이 지났는데도 글과 서적을 불살라 버리지 않는 자는 살가죽 속에 먹물을 넣어서 표시를 하는 동시에 부역을 시키도록 엄명을 내려 주시기 바랍니다."

출 전 : 사기(史記) - 진시황본기(秦始皇本記)

불구대천
不俱戴天

불구대천지원수(不俱戴天之怨讎).

함께 하늘을 머리에 이고 있을 수 없다.

- 不(불·부) : 아니다. 아니하다. 없다. • 俱(구) : 함께.
모두. • 戴(대) : 이다. 머리에 이다. • 天(천) : 하늘.

한 하늘 아래에 같이 살 수 없다. 반드시 죽이거나 도저히 용서할
수 없을 정도로 깊은 원한을 지님. 곧, 군주나 부모·형제의 원
수.

유래

  아비의 원수는 더불어 하늘을 이지 않는다. (따라서 같은 세상에 살
려 둘 수가 없으니 반드시 죽여야 한다.) 형제의 원수는 칼을 돌이키지
않는다. (언제든지 무기를 가지고 있으면 즉시 죽여야 한다.) 사귀어
온 사람(친구)의 원수는 나라를 함께 하지 않는다. (역시 죽여야 한다.)

  '원수는 모두 죽여야만 한다. 아버지, 형제, 친구의 적은 용납할 수
없다' 그리고 '사람의 자식된 자, 겨울에는 부모의 몸을 따뜻하게 해주
고 여름에는 시원하게 해준다. 그리고 밤에는 부모가 편히 잠들 수 있
도록 하고 아침에는 문안을 드려야 한다. 친구와 다투면 그 누가 부모
에게 미칠지도 모르므로 다투지 말아야 한다.'

  「예기」의 예의범절은 도덕에 해당되며, 당시의 풍속 습관을 말한
것이라고도 할 수 있다.

바

출전 : 예기(禮記) - 곡례(曲禮)

불비불명
不蜚不鳴

날지도 않고 울지도 않는다.

- 不(불·부) : 아니다. 아니하다.
- 蜚(비) : 날다.
- 鳴(명) : 울다. 새나 짐승의 울음.

큰일을 하기 위해 오랫동안 조용히 때를 기다림.

유 래

제나라 위왕(威王) 때의 일이다. 왕은 음주가무와 음탕하게 놀면서 밤새워 술 마시기를 즐겨 정사(政事)는 경(卿)이나 대부(大夫)에게 맡겼다. 그렇게 되자 백관들 간에는 위계질서가 서지 않았고 제후들의 침입으로 나라의 운명을 예측할 수 없는 지경에 이르렀다.

그러나 측근의 신하들은 왕에게 충성스런 간언을 감히 못했다. 이 때 순우곤(淳于髡)이 왕에게 이런 수수께끼를 냈다.

"나라 안의 큰 새가 대궐 뜰에 멈추어 있습니다. 3년이 지나도록 날지도 않고 울지도 않습니다. 왕께서는 이것이 무슨 새인 줄 아십니까?"

왕이 대답했다.

"이 새는 날지 않으면 그뿐이나 한 번 날면 하늘에 오르며, 울지 않으면 그뿐이나 한 번 울면 사람을 놀라게 할 것이다."

그 후 왕은 여러 현(縣)의 영장(令長) 72명을 불러들여 그 중 한 사람은 상을 주고 한 사람은 벌을 주었다. (그 동안 충신과 간신을 파악해 둔 것이다.)

그리고는 군사를 일으켜 출정했다. 제후들이 놀라서 그동안 침략해 차지한 제나라 땅을 모두 돌려주었다. 이로써 제나라의 위엄이 36년간에 걸쳐 떨쳐졌다.

출 전 : 사기(史記)

바

불 혹
不 惑

유의어 불혹지년(不惑之年).

미혹되어 갈팡질팡하지 않는다.

- 不(불·부) : 아니다. 아니하다.
- 惑(혹) : 미혹하다. 빠지다. 탐닉하다. 현혹되다.

40세가 되면 미혹하지 아니함(망설이는 일이 없어진다는 것을 말함). 나이 마흔 살을 일컬음.

유 래

"나는 열다섯 살에 학문에 뜻을 두었고, 서른 살에 학문을 이뤄 자립했다. 마흔 살에는 미혹하지 않게 되었고, 쉰 살에 하늘이 내게 주신 사명을 알았다.

예순 살에는 사물의 이치를 들어 저절로 알게 되었고, 일흔에는 무엇이든지 하고 싶은 대로 행하여도 법도에 어긋남이 없다."

다시 내용을 풀어보면 다음과 같다.

나는 열다섯 살에 학문에 뜻을 두었다(그 당시의 학문은 시·서·예·악). 그리고 30세에 비로소 학문의 기초가 이루어지고 인간으로서 독립할 수 있는 자신이 생겼다. 40세가 되니 학문을 터득하여 몸에 배이게 되었고, 인생 체험도 풍부해져서 자기가 살아갈 방법에 대하여 신념을 가지게 되었다. 즉 무엇에도 흔들리지 않게 되었다. 50세가 되어 하늘이 정한 바 무엇을 해야 되는가 목적의식을 지니게 되었다. 60세가 되어 남이 하는 말에도 저마다 일리가 있다는 것, 즉 남의 주장을 순순히 인정할 수 있게 되었다. 70이 되어서 원하는 바를 행동하여도 인간으로서의 규범, 도(道)를 넘지 않았다는 것이다.

출 전 : 논어(論語) - 위정(爲政)

붕정만리
鵬程萬里

붕새가 날면 단번에 만 리를 난다.
- 鵬(붕) : 붕새. ● 程(정) : 법도.
- 萬里(만리) : 천리(千里)의 열 갑절. 매우 먼 거리.

앞길이 매우 멀고도 큼을 일컬음. 또는 대자연에 직면하여 그 광대함을 형용하는 말. 앞날이 양양함의 비유.

유래

붕(鵬)이 남쪽 바다로 옮기려고 날개를 치면 수면은 3천 리에 걸쳐서 물결이 일고, 세찬 회오리바람에 홰치며 날아 올라가면 9만 리의 높이에 이른다.

세상의 불가사의를 잘 안다는 제해(齊諧)의 말에 의하면, '붕이 남해로 건너갈 때는 나래를 쳐 바다를 건너기 3천 리, 회오리바람을 타고 하늘로 솟구쳐 오르기 9만 리, 그리하여 여섯 달 동안을 계속 날고 나서야 비로소 나래를 접고 쉬었다' 한다.

※ 붕곤(鵬鯤) : 상상의 큰 새인 붕새와 북해(北海)에 산다는 큰 물고기인 곤(鯤). 영웅호걸을 일컫는 말.

※ 붕도(鵬圖) : '붕새가 날개를 한 번 쳐서 북해에서 남해에 이르고자 한다'는 뜻으로, 크고 원대한 계획을 일컬음.

※ 붕익(鵬翼) : 붕새의 넓고 큼에 비유하여 크고 원대한 사업을 일컫는 말.

출 전 : 장자(莊子) - 소요유(逍遙遊)

비방지목
誹謗之木

비방하는 나무.
* 誹謗(비방) : 비웃어 말함. 남을 헐뜯어 책망함.
* 木(목) : 나무. 목재.

불만이나 불평을 써 붙여 임금이 보게 하는 나무. 곧, 훌륭한 정치의 표본이 되는 물건이나 사건.

유래

요(堯), 순(舜) 두 임금은 이상적인 성천자(聖天子)이다. 요임금은 어질기가 하늘과 같고, 슬기롭기가 신(神)과 같아, 인자하고 총명한 천자로서 하늘을 공경하고 백성을 사랑할 뿐 아니라 이상적(理想的)인 정치를 행하여서 천하 만백성으로부터 우러름을 받았다.

그의 거처는 갈대 지붕이고 세 층의 흙계단이 딸린 조촐한 집으로, 부유해도 교만하지 않고, 귀한 지체이면서도 사람을 업신여기지 않고, 한결같이 좋은 정치를 베풀기 위해 마음을 썼다.

그는 자기가 베푸는 정치에 독선적인 잘못이 있어서는 안 되겠다고 생각하여 궁문 입구에 큰 북을 매달고, 또 문전 다리목에는 네 개의 나무로 엮은 기둥을 세웠다.

북은 '감간지고(敢諫之鼓)'라 이름 지어져 누구든 요임금의 정치에 불미한 점을 발견한 자는 그 북을 쳐서 사양 없이 의견을 말하도록 했다. 그리고 기둥은 '비방의 나무(誹謗之木)'라 이름 지어져 누구든 정치에 불만이 있는 자는 그 기둥에다 불평을 적어서 희망을 청하라는 것이었다.

출전 : 사기(史記) - 효문제기(孝文帝紀)

비육지탄 髀肉之嘆

넓적다리만 살찜을 한탄한다.
* 髀(비) : 넓적다리.   肉(육) : 고기. 살
* 嘆(탄) : 탄식하다(歎과 通用).

영웅이 전쟁에 나가지 못하고 넓적다리만 살찜을 한탄하는 것으로, 성공하지 못하고 한갓 세월만 보내는 일을 탄식함.

유래

한왕조(漢王朝)의 부흥을 꾀하기 위해 장비, 관우와 함께 일어선 유비는 조조에게 쫓기는 신세가 되어 있었다.

그는 각지를 전전한 끝에 형주(荊洲)의 유표(劉表)에게 몸을 의탁하는 신세가 되는데 어느 날 유표는 유비를 초대해 주연을 베풀었다.

유비는 스스로에 대한 자괴감으로 비탄에 젖은 유비는 눈물을 흘렸다. 이윽고 주연자리로 돌아온 유비를 보고 유표가 놀라서 물었다.

"무슨 일입니까? 눈물 흔적이……."

그러자 유비는 다음과 같이 대답했다.

"지난 시절에는 언제나 말을 타고 돌아다녀서 넓적다리에 살이 찔 겨를이 없었습니다. 그런데 지금은 너무 오래 말안장을 멀리해서 살이 붙었습니다. 이렇듯 세월은 덧없이 가는데 아무 공업도 세우지 못하고 있으니 그저 비감할 따름입니다."

라고 세월만 보낸 것을 한탄했다.

출전 : 삼국지(三國志) - 촉서(蜀書)

빈계지신
牝鷄之晨

유의어 빈계사신(牝鷄司晨), 고빈계신(告牝鷄晨), 암탉이 울어 때를 알린다.

• 牝(빈) : 암컷. • 鷄(계) : 닭. • 晨(신) : 새벽.

여자가 남편을 업신여기어 집안일을 자기 마음대로 처리하는 것을 말함. 암탉이 수탉을 대신하여 때를 알리는 것은 질서가 없어졌다는 것을 뜻하며, 집안이나 나라가 망함에 비유함.

※ 빈모(牝牡) : 암컷과 수컷.

유래

"옛사람이 이르되 암탉은 새벽에 울지 않는 법이다. 또 암탉이 새벽에 울면 집안이 망한다고 했다."

여기서 암탉은 은(殷)나라 주왕(紂王)의 비(妃) 달기(妲己)를 가리키고 있는데, 나라의 정치를 문란케 하는 근원이 되어 있음을 지적하고 있다. '신(晨)'은 새벽을 알리는 것.

※ 달기(妲己) : 왕의 총애를 믿고 음탕하고 포악하였는데, 주(周)나라 무왕(武王)이 그를 죽였음.

※ 걸주(桀紂) : 하(夏)나라의 걸왕과 은(殷)나라의 주왕. 곧 주지육림(酒池肉林)과 포학한 군주를 일컬음. 걸왕은 말희에 의해 망했다.

출전 : 서경(書經) - 목서(牧誓)

빈자일등
貧者一燈

가난한 자가 바치는 한 등불.
- 貧(빈) : 가난하다. • 者(자) : 놈. 사람. 것.
- 燈(등) : 등잔. 등. 등불.

불전에 바치는 가난한 사람의 정성어린 한 등이 부자의 만 등보다 낫다는 것을 말함. 물질의 많고 적음보다 정성이 소중함의 비유.

유 래

석가가 사위국(舍衛國)의 어느 정사(精舍)에 머무르고 있을 때의 일이다. 그 나라에 난타(難陀)라는 한 여자가 있었는데 너무나 가난해서 구걸하며 살았다.

그녀는 어느 날 하루종일 돌아다니며 사람들에게 자비를 구한 끝에 간신히 돈 몇 푼을 얻게 되었다. 그 돈으로 기름을 사서 부처님께 등불을 바치고자 했으나 기름집 주인은 그렇게 작은 양을 팔 수 없다고 말했다.

난타는 자기의 간절한 심정을 주인에게 털어놓고 다시 한번 사정을 했다. 주인은 난타의 정성에 감동한 나머지 돈 몇 푼이지만 기름을 넘치게 주었다. 난타는 너무나 기쁜 마음으로 등을 만들어 부처님께 공양했다.

난타의 등은 다른 많은 사람들의 등 사이에서 밝게 빛났다. 그런데 얼마 후 이상한 일이 벌어졌다. 밤이 지나면서 모든 등불이 사위어갔는데 난타의 등만은 아무리 센바람을 맞아도 절대로 꺼지지 않은 채 밝게 타올랐다.

출 전 : 우현경 - 빈녀난타품(貧女難陀品)

빙탄상애
氷炭相愛

반의어 빙탄불상용(氷炭不相容).

얼음과 불이 서로 화합하다.

• 氷(빙) : 얼음. 얼다. • 炭(탄) : 숯. 목탄. 석탄. 숯
불. • 相(상) : 서로. 바탕. • 愛(애) : 사랑. 좋아하다.

세상에 그 예가 도저히 있을 수 없음의 비유. 성질이 서로 상반되
는 것으로, 친구 사이에 서로 충고하고 거울삼음의 비유.

■ 빙탄불상용(氷炭不相容) : 얼음과 숯은 서로를 받아들이지 못한다.
  얼음과 숯은 성질이 정반대가 되어 서로 용납하지 못함. 곧 사물이
  서로 화합하기 어려움. 서로 조화될 수 없는 사이.

유 래

이 세상에서는 아교와 옻칠보다 서로 떨어질 것이 없으며, 얼음과
숯불보다 서로 돕는 것은 없다. 아교와 옻칠은 일단 붙어 버리면 상대
방을 용납하여 떼어놓는 법이 없이 서로를 손상하고, 얼음과 숯불은
서로 도와주기 때문이다. (얼음은 숯불이 타버리는 것을 막아주고 숯
불은 얼음을 녹여서 원래의 물로 되돌려 주기 때문이다.)

출 전 : 회남자(淮南子) - 설산훈(說山訓)

사면초가
四面楚歌

유의어 초가(楚歌). 발산개세(拔山蓋世).

사방에서 들리는 초나라의 노래.

- 四面(사면) : 사방(四方). 모든 주위.
- 楚(초) : 초나라. 歌(가) : 노래. 노래하다.

사방이 적에게 포위된 상태. 또는 누구의 도움도 받을 수 없는 고립무원의 처지를 일컬음.

유래

초나라의 항우는 한나라의 유방과 천하를 놓고 5년 동안이나 싸웠다. 그러나 항우는 스스로의 힘과 기운만을 믿고 지략을 업신여긴 나머지 범증과 같은 책략가도 그를 마다하고 떠나버렸다.

항우의 군사는 오랜 싸움으로 지쳐 있었고, 군량미 마저 바닥이 나 있었다.

초나라 군사들을 겹겹으로 포위한 한나라 군사는, 장량(張良)의 꾀로 초나라 출신 장병들을 항우 진영 가까이에다 배치하고 한밤중에 초나라 노래를 부르게 했다. 그것은 정든 고향 초나라를 떠나 오랜 세월을 싸움터에만 돌아다녔던 초나라 군사들에겐 견디기 어려운 망향의 정을 불러일으키게 하는 노래였다.

사면초가, 고립무원의 포위망 속에 빠진 항우는 장막 속에 들어가서 결별의 잔치를 베풀었다.

항우에게는 우미인(虞美人)이란 애인이 있었다. 그녀는 언제나 항우 곁을 떠나지 않았다. 그리고 추(騅)라는 준마가 있었다. 항우는 이 말을 사랑하여 언제나 타고 다녔다.

항우는 우미인을 바라보며 앞으로의 신세를 생각하니 서글프기만 했다.

출전 : 사기(史記) - 항우본기(項羽本紀)

사 족
蛇 足

뱀의 발.
● 蛇(사) : 뱀. ● 足(족) : 발. 뿌리. 근본.

뱀을 그리는 데 실물에는 없는 발을 그려 넣어서 본래의 모양과 다르게 되었다는 말에서, 쓸데없는 군일을 하다가 도리어 실패함의 비유. 불필요하게 덧붙인 것을 일컬음.

유래

  초나라에 제사를 맡아보는 사자가 근시(近侍, 임금을 가까이 모시는 시종)들에게 큰 잔에 술을 가득 담아서 주었다. 그 시종들은 서로, 몇 사람이 마시면 모자라겠지만, 한 사람이 마실 만큼은 되니 땅에 뱀을 제일 먼저 그린 사람에게 술을 마실 수 있도록 하자고 했다.

  한 사람이 왼손으로는 술잔을 들고 오른손으로 계속 뱀을 그려나가면서, "나는 발까지 그릴 수 있다."고 뽐냈다.

  그러나 다리를 그리고 있는 동안 다른 사람이 술잔을 빼앗으며,

  "원래 뱀에게는 발이 없다. 그러니까 발을 그리면 안 된다."

  하면서 그 술을 마셔버렸다.

  뱀의 발을 그린 사람은 결국 술을 마시지 못했다.

출 전 : 전국책(戰國策) – 제책(齊策)

살신성인
殺身成仁

자신을 죽여서라도 인(仁)을 이룬다.
- 殺(살) : 죽이다. • 身(신) : 몸.
- 成(성) : 이루다. • 仁(인) : 어질다. 어진 이.

옳은 일을 위해서 목숨을 바침.

유래

공자가 말하였다.

"높은 뜻을 지닌 선비와 어진 사람은 목숨이 아까워서 인(仁)을 손상시키는 짓을 하지 않으며 목숨을 버리고라도 인(仁)을 이룬다."

춘추시대 인(仁)을 이상의 도덕으로 삼은 공자의 말이다.

공자 사상의 중심을 이루는 '인'의 도는 제자인 증자(曾子)가 지적했듯이, '부자(夫子)의 도(道)는 충(忠)과 서(恕)'에 귀착한다.

이 충과 서를 공자는 인(仁)이라고 불렀다. 증자가 지적한 바와 같이 충과 서, 즉 인이 공자에 있어서 얼마나 근본적인 관념이었는가는 완성된 인간인 군자(君子)에 관하여, '군자가 인(仁)을 떠나서 어떻게 군자가 될 수 있느냐라고 말한 것과 같다.

보통 타인을 위하여 자기 생명을 희생하는 것을 살신성인(殺身成仁)이라고 하지만 공자의 경우는 성인(成仁), 즉 인을 이루기 위하여 살신(殺身)의 결의를 품고 있다.

출전 : 논어(論語) – 위령공(衛靈公)

삼고초려
三顧草廬

유의어 삼고지례(三顧之禮).

초가집을 세 번 찾아간다.

- 顧(고) : 돌아보다. 방문하다. • 草(초) : 풀. 풀숲.
- 廬(려) : 오두막집.

인재를 얻기 위해 끈기 있게 노력함을 일컫는 말. 유비가 제갈공명을 군사(軍師)로 맞아들이기 위하여 세 번 찾아간 데서 유래함. 곧, 지위가 높은 사람이 자기 사람을 만들기 위해 간곡히 청하는 일.

■ 삼고지례(三顧之禮) : 사람을 맞이함에 있어 진심으로 예를 다함.

유 래

유비는 조조에게 쫓겨 형주의 유표에게 몸을 의탁하고 널리 인재를 구하고자 고심하고 있었다. 어느 날 서서(徐庶)가 찾아와 제갈공명에 대한 이야기를 전해 주었다.

"그는 지금은 초막에 묻혀서 한가하게 밭이나 갈고 있는 형편이지만 가만히 누워 있는 용[臥龍]이라 할 만합니다. 장군께서 한 번 만나보시면 어떻겠습니까?"

그러자 유비는 그를 한 번 데리고 와 달라고 부탁했으나 서서의 대답은 달랐다.

"장군께서 방문하신다면 그를 만나볼 수는 있겠으나 불러들인다면 그는 결코 오지 않을 것입니다."

이렇게 해서 유비는 와룡촌으로 세 번씩 방문하여 가까스로 제갈공명을 만날 수 있었다.

출 전 : 삼국지(三國志) — 제갈량전(諸葛亮傳)

상가지구
喪家之狗

초상집의 개.
- 喪(상) : 복(服) 입다. · 家(가) : 집. 가정. 가족.
- 喪家(상가) : 초상난 집. · 狗(구) : 개.

주인 없는 개. 초라한 모습으로 얻어먹을 것만 찾아다니는 이를
빈정거리어 일컫는 말.

유래

(공자가 정나라에 갔을 때, 제자들과 길이 서로 어긋나 버렸다. 공자
는 홀로 성곽의 동쪽 문 밖에 우두커니 서서 제자들이 찾아오기를 기다
리고 있었다. 그 모습을 본) 정(鄭)나라 사람이 자공에게 말했다.

"동문 밖에 사람이 있는데, 그 이마는 요(堯) 임금과 같고, 그 목은 고
요(皐陶 : 순임금과 우임금을 섬긴 어진 재상)와 같고, 그 어깨는 자산(子
産 : 공자보다 일찍 나온 정나라의 재상)과 같았다. 그러나 허리 아래로는
우(禹)임금보다 세 치〔寸〕가 모자라는데, 두리번거리는 모양이 흡사
'초상집의 개'와 같더군요."

자공이 들은 대로 공자에게 고하자, 공자가 기쁜 듯, 웃으며 말했다.

"모습에 대한 비평은 그 훌륭한 사람에게 미치지 못하지만, 초상집
의 개와 같다는 말은 과연 그러했을 것이다."

※ 정나라에 간 공자가 길을 잃어버리고 동문 옆에 서 있는 모습.

출 전 : 사기(史記) - 공자세가(孔子世家)

상산사세
常山蛇勢

상산의 뱀 형세.
• 常山(상산) : 중국 오악(五嶽)의 하나. 머리와 꼬리가 서로 돕는 뱀이 살고 있다함. • 蛇(사) : 뱀.
• 勢(세) : 기세. 권세.

병법(兵法)에서 임기응변으로 대응할 수 있으며, 틈이나 결점이 없는 진법(陣法).

유래

　군사를 부리는데 있어 군사들이 한데 뭉쳐, 임기응변으로 모든 사태에 대처하는 일을 말하기도 하며, 시작과 끝이 잘 맺어진 문장을 일컫기도 한다.

　손자병법(孫子兵法)에 군대가 이 상산의 뱀처럼 긴밀한 유기체가 되어야 함을 강조했다. 그리고 그것이 가능하다고 자문자답한 후에 그는 오월동주(吳越同舟 : 사이가 나쁜 사람끼리 같은 장소·처지에 함께 놓임. 또는 서로 반목하면서도 공통의 곤란이나 이해에 대하여 협력함의 비유)의 예를 들고 있다. 함께 생명의 위험이 닥치면 이제까지의 적군이던 사람들 사이에도 협조가 이루어져야 한다. 군대를 모름지기 한 덩어리로 만들려면, 뒤로 물러설 수 없는 위기에 서게 하여 군사 한 사람, 한 사람으로 하여금 필사적인 마음가짐을 갖게 해야 한다는 것이 손자의 병법이다.

사

출전 : 손자(孫子) - 구지(九地)

상전벽해
桑田碧海

유의어 창해상전(滄海桑田), 창상지변(滄桑之變),

뽕나무밭이 변하여 푸른 바다가 된다.

- 桑(상) : 뽕나무. • 田(전) : 밭.
- 碧(벽) : 푸르다. • 海(해) : 바다.

세상일이 덧없이 변천함이 심함을 일컬음.

■ 창상지변(滄桑之變) : 푸른 바다가 뽕나무밭으로 변했다가, 그 뽕나무밭이 다시 푸른 바다로 변한다. 덧없이 변해 가는 세상 모습을 가리킴.

유래

(낙양의 어린 소녀 고운 제 얼굴이 아까운지)

떨어지는 꽃 바라보며 깊은 한숨짓는다.

금년에 꽃이 지면 그 얼굴엔 나이 또 들어

내년에 피는 꽃은 누가 볼 것인가

(이미 송백이 부러져 땔감이 되는 것을 보았는데) 다시 뽕나무밭이 변해 바다가 된다는 것을 듣는다.

출전 : 신선전(神仙傳) - 마고(麻姑) 선녀 이야기

새옹지마
塞翁之馬

유의어 전화위복(轉禍爲福).

변방에 사는 노인의 말.

• 塞(새) : 변방. (색) 막다. • 翁(옹) : 늙은이.
• 馬(마) : 말. 산가지. 수효를 세는 물건.

세상만사에 변화가 많아 어느 것이 화(禍)가 되고, 어느 것이 복 (福)이 될지 알 수 없는 세상일. 또는, 인생의 길흉화복은 항상 바뀌어 미리 헤아릴 수가 없다는 말.

■ 인간사만새옹지마(人間事萬塞翁之馬).

유래

북방 국경 가까이에 점을 잘 치는 사람이 살고 있었다. 그런데 어느 날, 그 사람의 말이 아무런 까닭 없이 오랑캐 땅으로 달아나 버렸다. 마을 사람들이 찾아와 위로하자, 그는 태연하게 말하길, "말이 달아난 것이 복이 될는지 누가 아오?" 하고 조금도 걱정하는 기색이 없었다.

몇 달이 지나서 달아난 말이 오랑캐의 준마(駿馬)를 이끌고 돌아왔다. 사람들이 축하의 말을 하자 그는 또, "이 일이 화가 될 수도 있지." 하며 조금도 기뻐하는 기색이 없었다.

그 집에는 좋은 말이 불어났으므로, 아들은 말타기를 즐겨 말을 타다가 떨어져 넓적다리뼈가 부러졌다. 사람들이 위로하자 그는 또, "이 일이 복이 될 수도 있다." 하였다.

그 후 1년이 지나서 오랑캐가 성채에 쳐들어왔다. 젊은이들은 활을 쏘며 싸웠다. 그리고 성채 가까이에 사는 사람들은 열이면 아홉까지 죽었다.

그러나 그 집 아들은 다리병신이기 때문에 병정에 끌려가지 않아 아버지와 함께 무사하였다.

출전 : 회남자(淮南子) — 인간훈(人間訓)

사

서시빈목
西施矉目

유의어) 서시효빈(西施效矉). 효빈(效矉).

미인 서시가 눈살을 찌푸린다.

- 矉(빈) : 찌푸리다. 얼굴을 찡그리다(頻과 通用).
- 目(목) : 눈. 눈동자. 보다. 눈여겨보다.

함부로 남의 흉내를 내어, 세상 사람의 웃음거리가 됨을 일컬음.

■ 효빈(效矉) : 덩달아 남의 흉내를 내거나 남의 결점을 장점인 줄 잘
  못 알고 본뜨는 일. 옳게 배우지 않고, 겉만 번지르르하게 배우는
  일.

유래

서시(西施)는 가슴앓이가 도져 고향으로 돌아가 늘 눈썹을 찌푸리
고 있었다. 마을의 추녀가 그 모습을 보고 어쩌면 저렇게 아름다울까
생각하고, 집으로 돌아가 똑같이 가슴에 손을 대고 눈썹을 찌푸려 보
였다. 너무도 흉한 모습에 마을의 부자는 문을 걸어 잠그고 밖으로 나
가지 않았으며, 가난한 사람들은 처자를 데리고 마을에서 달아나 버렸
다. 이 추녀는 서시가 눈썹을 찌푸린 모습이 아름답다는 것을 알았지
만, 어째서 서시가 눈썹을 찌푸려도 아름답게 보이는가라는 데까지는
깨닫지 못했던 것이다.

※ 서시(西施) : 월나라의 미인. 월나라 왕 구천이 오나라에게 패한 후
   미인계를 쓰기 위하여 오왕 부차에게 보냈다. 구천은 와신상담하며
   군사를 키우고, 부차는 서시의 치마폭에 놀아나다 망했다.

출전) : 장자(莊子) - 천운(天運)

송양지인
宋襄之仁

송나라 양공(襄公)의 인정.
- 宋(송) : 송나라. 성씨(姓氏). ・ 襄(양) : 돕다.
- 仁(인) : 어질다. 어진 이.

쓸데없는 인정을 베푸는 어리석음을 일컬음. 어리석은 사람의 명분론을 비웃어 일컫는 말. 무익한 동정.

유 래

송양공이 제후의 패자가 되려고 초나라와 전쟁을 하게 되었다. 송나라는 진지를 구축하고 초나라는 구축하지 못했는데, (송나라 목이가, "초군이 강을 건너오기 전에 쳐부숴야 합니다." 라고 제안했다.)

"그건 정정당당한 싸움이 될 수 없다. 정정당당하게 싸워 이기지 못한다면 어떻게 참다운 패자가 될 수 있겠는가." 하며 듣지 않았다.

강을 다 건너온 초나라 군사가 진을 벌이고 있을 때, 공자 목이가 또 권했다.

"적군이 진지를 구축하기 전에 칩시다."

"군자는 사람이 어려운 때 괴롭히지 않는다."

양공은 군자인 체하다가 초나라에 괴멸당했다. 사람들은 비웃으며 '송나라 양공의 어짊'이라고 했다.

출 전 : 십팔사략(十八史略)

수서양단 首鼠兩端

쥐가 구멍에서 머리만 내밀고 나갈까말까 망설인다.

* 首(수) : 머리. * 鼠(서) : 쥐. * 兩(양) : 두. 둘.
* 端(단) : 끝. 가.

머뭇거리며 진퇴나 거취를 결정짓지 못하고 관망함.

유래

어느 날 무안후가 새 장가를 들고 축하연을 베풀었는데, 그 자리에서 무안후는 위기후 쪽의 사람들에 대해 심한 차별대우를 하였다.

그것을 보다 못해 위기후의 친구인 관부가 술김에 행패를 부리게 되었다. 무안후는 그를 옥에 가두고 불경죄를 씌워 사형에 처하고 가족까지 몰살시키려 했다.

그러자 위기후는 관부를 두둔하여 무제에게 상소를 올림으로써 이 문제가 조정의 공론에 붙여지게 되었다.

이때 어사대부 한안국(韓安國)은, "양쪽 모두가 일리가 있으므로 판단하기가 어렵습니다." 라고 했다.

무제는 신하들의 애매모호한 태도에 화가 나서 공론을 중지시켰다. 조정에서 물러나온 승상 무안후는 어사대부를 불러 그의 애매한 태도를 책망했다.

"어째서 쥐가 구멍에서 대가리만 내밀고 나갈까 어쩔까 망설이는 것처럼 꾸물대기만 하는가?"

그 뒤로 형세는 위기후에게 불리하게 되어, 관부는 일족을 멸하는 형을 받고, 위기후는 사형에 처해졌다.

출전 : 사기(史記) - 위기무안후열전(魏其武安侯列傳)

수어지교
水魚之交

유의어 유어지유수(猶魚之有水).
물과 물고기의 사귐.
• 水(수) : 물. 강. • 魚(어) : 고기. • 交(교) : 사귀다.

물고기가 물을 떠나서 살 수 없듯이 떨어질 수 없는 아주 가까운 사이. 부부가 화목하거나 임금과 신하 사이의 두터운 교분을 일 컬음.

▨ 유어지유수(猶魚之有水) : 물고기가 물을 얻은 것과 같다.

유 래

조조가 세력을 떨치고, 손권이 강동(江東)에 세력을 얻고 있을 때 유비에게는 아직 근거로 삼을 만한 기반조차 없었다.

그에게 관우(關羽), 장비(張飛), 조운(趙雲) 등의 용장은 여럿 있었으나 같은 일을 도모할 만한 책략가가 없었다.

그때 공명은 전란의 세상을 피하여 양양(襄陽)의 서쪽 융중산(隆中山)의 와룡강(臥龍江) 언덕에 살고 있었다. 유비는 겸손한 태도로 예를 다하여 두 차례나 찾아갔으나 공명을 만나지 못했다. 결국 세 번째 찾아가 유비는 공명을 얻을 수 있었다.

유비가 말하였다.

"내가 제갈공명을 얻은 것은 마치 물고기가 물을 얻은 것과 같다. 제군들은 다시는 아무 말도 하지 말라!"

그 뒤부터 관우와 장비도 다시는 불평하지 않았다.

군신의 사이가 친밀한 것을 가리키는 말이다.

출 전 : 삼국지(三國志)

수주대토
守株待兎

유의어 각주구검(刻舟求劍). 미생지신(尾生之信).

그루터기를 지키며 토끼가 부딪치기를 기다린다.

- 守(수) : 지키다.
- 株(주) : 그루터기.
- 待(대) : 기다리다.
- 兎(토) : 토끼.

착각에 사로잡혀 되지도 않을 일을 고집하는 어리석음. 융통성이 없는 것을 일컬음.

유래

송나라 때 어떤 농부가 밭을 갈고 있었는데, 갑자기 토끼 한 마리가 뛰어오다가 밭 가운데 있는 그루터기에 몸을 부딪쳐 목이 부러져 죽는 것을 보았다.

(토끼 한 마리를 공짜로 얻은 농부는 농사일보다는 토끼를 잡는 쪽이 더 수지가 맞겠다는 생각에) 농사일을 집어치우고 매일 밭두둑에 앉아 그루터기를 지키며 토끼가 오기만 기다렸다. 그러나 토끼는 그곳에 두 번 다시 나타나지 않았다. 결국 온 나라 사람들에게 웃음거리만 되고 말았다.

출 전 : 한비자(韓非子)

순망치한
脣亡齒寒

유의어 순치지국(脣齒之國), 순치보거(脣齒輔車),
입술을 잃으면 이가 시리다.
- 脣(순) : 입술. - 亡(망) : 망하다.
- 齒(치) : 이. 나이. - 寒(한) : 차다.

가까운 사이의 한쪽이 망하면 다른 한쪽도 그 영향을 받아 온전치
못함을 비유하여 일컬음.

■ 순치지국(脣齒之國) : 입술과 이 사이처럼 이해관계가 밀접한 두 나
라. 가까운 이웃나라.

■ 순치보거(脣齒輔車) : 입술과 이. 덧방나무와 수레바퀴처럼 서로 의
지하고 도와야 제 구실을 다할 수 있다.

유래

〔진(晉)나라가 우(虞)나라 땅을 지나서 괵(虢)나라를 침공하고자 하
였다.〕진나라의 속셈을 알고 있는 우나라의 궁지기(宮之奇)가 우왕에
게 말하였다.

"괵나라는 우나라의 울타리입니다. 괵나라가 망하면 우나라도 반드
시 따라서 망하게 됩니다. 진나라를 끌어들여서는 안 됩니다. 침략자
와 행동을 같이해서는 안 됩니다. 전에도 한 번 그런 실수를 했는데 똑
같은 실수를 되풀이해서야 되겠습니까? 속담에 소위 '수레의 짐받이
판자와 수레바퀴는 서로 의지하고 입술이 없어지면 이가 시리다'고 한
말이 곧 우나라와 괵나라를 두고 말한 것입니다. (그러므로 진의 군사
를 통과시켜서는 안 됩니다.)"

그러나 우왕은 감언과 뇌물에 마음이 끌려 이 간언을 받아들이지 않
고 진나라 군사를 받아들였다.

출전 : 춘추좌씨전(春秋左氏傳)

시위소찬
尸位素餐

유의어 시록소찬(尸祿素餐). 반식재상(伴食宰相).

자리만 차지하고 녹(祿)만 받아먹는다.
- 尸(시) : 주검. 시체. • 位(위) : 자리.
- 素(소) : 맹탕. 희다. • 餐(찬) : 먹다. 음식.

분수에 걸맞지 않는 높은 자리에 앉아 아무 하는 일 없이 공으로 녹(祿)만 받아먹음.

유 래

'시위(尸位)'의 시(尸)는 시동(尸童)을 말한다. 옛날 중국에서는 제사 지낼 때 조상의 혈통을 이은 어린아이를 조상의 신위에 앉혀 놓고 제사를 지냈는데, 그때 신위에 앉아 있는 아이가 시동이다.

영혼이 아무것도 모르는 어린아이에게 접신하여 그 아이의 입을 통해 마음껏 먹고 마시게 하려는 원시적인 신앙에서 생겨난 습관이었던 것 같다.

'시위'는 그 시동이 앉아 있는 자리이다. 그러므로 아무것도 모르면서, 아무 실력도 없으면서 남이 만들어 놓은 높은 자리에 우두커니 앉아 있는 것을 가리켜 시위라고 한다.

'소찬'은 맛없는 반찬이란 뜻으로 공으로 먹는 것을 뜻한다. 어떤 세력이 오랫동안 주권을 장악하게 되면 부패의 요인이 되고 자연히 '시위소찬'의 현상이 나타나게 마련이다.

출 전 : 한서(漢書) – 주운전(朱雲傳)

약관
弱冠

나이 20세에 관을 쓰다.

* 弱(약) : 약하다. * 冠(관) : 갓. 관.

남자 나이 20세의 일컬음. 곧, 젊은이. 옛날 중국에서는 20세가
되면 관(冠)을 쓰고 관례(冠禮)를 올린 데서 나온 말.

유래

사람이 나서 10년을 유(幼 : 어린이)라 하여 이때부터 글을 배운다.
스물을 약(弱)이라 하여, 갓[冠]을 쓴다. 서른을 장(壯)이라 하며, 아내
[집]를 맞는다. 마흔을 강(強)이라 하고, 벼슬을 한다. 쉰을 애(艾)라 하
며, 중요한 관직을 맡는다. (애(艾)의 원뜻은 쑥잎의 뒷부분처럼 머리
가 희어진다는 뜻이다.) 예순을 기(耆)라 하고, (노인들 축에 들게 되
며) 남에게 명령을 내리고 부린다. 일흔을 노(老)라 하며, 집안일을 자
손에게 맡긴다. (유유자적하는 시기이다.) 여든 · 아흔을 모(耄)라 하
고, 일곱 살 미만의 아이를 도(悼)라 하는데 도(悼)와 모(耄)는 설사 죄
를 저질러도 형벌을 가하지 않는 시기이다. 백 살을 기(期 · 紀)라 하
며, 자손에게 봉양을 받는다.

출전 : 예기(禮記) - 곡례(曲禮)

양두구육
羊頭狗肉

유의어 현우수매마육(懸牛首賣馬肉).
양의 머리를 내걸고 개고기를 판다.
- 羊(양) : 양.　頭(두) : 머리.
- 狗(구) : 개.　肉(육) : 고기. 살. 몸.

겉과 속이 일치하지 않거나, 겉은 훌륭하게 보이나 속은 변변치 않음.

■ 현우수매마육(懸牛首賣馬肉) : 소머리를 내걸고 말고기를 판다.

유래

후한(後漢)의 광무제(光武帝)가 내린 조서(詔書)에, '양두를 걸어놓고 마박을 팔고 있으며, 도척이 공자의 말[語]을 행한다'라는 구절이 지적되고 있다.

여기서 '마박'이란 함은 말고기를 말한 것이요, 도척이 '공자의 말을 행한다'함은 춘추시대 유명한 도둑떼의 두목으로 세상을 휩쓸고 다닌 도척이 넌지시 공자의 말을 자기 말처럼 지껄이며 돌아다닌다는 뜻이다.

도척은 실로 대담무쌍하고 수단방법을 가리지 않는 춘추시대의 대도둑이었다. 그의 형인 유하혜(柳下惠)는 공자와 맹자가 아울러 격찬한 훌륭한 인물이었으나 동생 도척은 수천의 도둑떼를 이끌고 천하를 마구 날뛰며 무고한 백성을 살해하고 재물을 탈취한 무리인데도 제 수명을 다 누리고 죽었기 때문에 사마천 같은 대학자를 개탄케 한 사나이이다.

그가 대규모 강도를 계획하고 실천에 옮길 때, '먼저 들어가는 것은 용(勇)이요, 마지막 나오는 것은 의(義)'라고 호언장담을 했으므로, '도척이 공자의 말씀을 뇌까린다'라고 지적하였던 것이다.

출 전 : 후한서(後漢書)

양약고구 良藥苦口

유의어 충언역이(忠言逆於耳).

좋은 약은 입에 쓰다.

- 良藥(양약) : 좋은 약. · 苦(고) : 쓰다.
- 口(구) : 입.

바르게 충고하는 말은 귀에 거슬리지만 자기를 이롭게 한다는 말.

■ 충언역이(忠言逆於耳) : 바른말은 귀에 거슬린다.

유 래

공자께서 말씀하셨다.

"좋은 약은 입에 써도 병에는 이롭고, 충성된 말은 귀에 거슬려도 행하는 데 이롭다. 은나라 탕(湯) 임금과 주나라 무왕(武王)은 곧은 말을 하는 충신이 있었기 때문에 번창했고, 하나라의 걸(桀)왕과 은나라의 주(紂)왕은 맹목적으로 복종하던 신하들이 있었기 때문에 멸망했다."

"임금으로 말리는 신하가 없고, 아비도 말리는 아들이 없고, 형으로 말리는 아우가 없고, 선비를 말리는 친구가 없으면 과오를 범하지 않는 사람이 없다."

「사기(史記)」에도 장량이 유방을 달랠 때 같은 내용의 말을 하고 있다.

"아직 천하가 통일되기 전입니다. 오히려 해야 할 큰 일과 극복해야 할 고난은 이제부터 시작되는 것이 아니겠습니까? 한시바삐 성 밖으로 나가 진을 치고 군세를 가다듬도록 하십시오."

이렇게 직간을 하였을 때에서야 비로소 유방은 그 뜻을 깊이 깨닫고 지체 없이 왕궁을 떠나 군세(軍勢)를 가다듬었다.

출 전 : 공자가어(孔子家語) 육본편(六本篇). 설원(說苑) - 정간편(正諫篇)

어부지리
漁夫之利

유의어 어인지공(漁人之功). 견토지쟁(犬兎之爭).
어부의 이익.

• 漁(어) : 고기를 잡다. • 夫(부) : 사내.
• 利(리) : 이익.

둘이 다투고 있는 사이에 엉뚱한 사람이(어부가) 애쓰지 않고 이익을 얻게 됨. 또는, 그 이익.

유래

전국시대 연(燕)나라는 중국의 동북 지방에 있었는데, 그 서쪽의 조(趙)나라와 남쪽의 제(齊)나라가 서로 이웃하고 있어서 이 두 나라로부터 끊임없는 위협을 받고 있었다.

조나라는 연나라가 기근으로 큰 곤경에 빠진 약점을 노려 침략하려고 했다.

"이번에 제가 여기에 올 때 역수(易水 : 연나라와 조나라의 국경이 되는 강)를 건너게 되었는데, 문득 강변을 보니까 개펄의 조개〔방, 蚌〕가 입을 떡 벌리고 졸고 있었습니다. 그런데 마침 물새〔휼, 鷸〕란 놈이 그곳에 오더니 조개의 속살을 콕 쪼았습니다. 조개란 놈은 화가 나서 갑작스럽게 껍질을 오므려 그의 부리를 물고 놓지를 않았습니다. 어떻게 되는지 궁금해서 구경하고 있으려니까 물새가 말했습니다.

"오늘도 내일도 비가 오지 않으면 그때는 바싹 말라죽은 조개를 보게 될 것이다."

조개는 조개대로 또, "오늘도 열어 주지 않고 내일도 열어 주지 않으면 그때는 죽은 물새를 보게 될 것이다." 하며 서로 버티고 있었습니다.

그때 마침 지나가던 어부가 광경을 보고 새와 조개를 함께 집어넣고 말았습니다.〔방휼지쟁(蚌鷸之爭)〕

출전 : 전국책(戰國策)

여도지죄
餘桃之罪

유의어 여도담군(餘桃啗君).

먹다 남은 복숭아를 먹인 죄.

- 餘(여) : 남다. • 桃(도) : 복숭아.
- 罪(죄) : 허물. 죄.

어떤 사람에 대한 애정이 있고 없음에 따라 이전에 칭찬받았던 일도 후에 화가 되어 벌을 받게 됨을 일컫는 말.

■ 여도담군(餘桃啗君) : 먹다 남은 복숭아를 과인(임금)에게 먹이다.

유 래

위(衛)나라에 미자하라는 미소년이 있었다. 그는 아름다운 용모 때문에 임금으로부터 각별한 총애를 받았다.

어느 날 어머니가 아프다는 소식을 들은 미자하는 급한 김에 임금의 수레를 타고 어머니 병문안을 다녀왔다. 그 당시 임금의 수레를 몰래 타는 사람은 다리를 자르도록 되어 있었다.

그러나 위왕은 총애하는 미자하의 일인지라 그런 보고를 받고도 오히려 그를 효자라고 칭찬했다.

임금과 미자하는 어느 때인가 과수원에서 노닐고 있었는데 미자하는 자기가 먹던 복숭아의 맛이 너무나 달았으므로 그것을 임금에게 맛보도록 했다. 임금은 이때도 '얼마나 나를 사랑하는가. 자기의 입맛을 잃고 내게 주다니' 운운하며 감격해 했다.

그러다가 세월이 흘러 미자하에 대한 임금의 총애도 그 농도가 점점 엷어져 갔다. 임금은 마침내 '그는 내게 허락도 없이 거짓말로 내 수레를 탔으며, 언젠가는 내게 제가 먹다 남긴 복숭아를 준 일도 있었다'라며 내쳤다.

출전 : 한비자(韓非子) - 세난(說難)

연목구어
緣木求魚

유의어 지천석어(指天射魚).

나무에 올라가 물고기를 구한다.

- 緣(연) : 연줄. 인연. • 木(목) : 나무.
- 求(구) : 구하다. • 魚(어) : 고기.

불가능한 일을 하려함의 비유. 또는, 잘못된 방법으로 목적을 이루려 함의 비유. 수고만 하고 아무 것도 얻지 못함의 비유.

■ 지천석어(指天射魚) : 하늘을 향하여 물고기를 맞힌다.

유 래

선왕은 천하통일이 최대의 관심사였기에 맹자에게 춘추시대의 패자(覇者)였던 제나라의 환공(桓公), 진나라의 문공(文公) 등이 정복자 또는 군략가로서 어떻게 일해 왔는지 알고 싶다고 했다.

그러자 맹자는 패도정치(覇道政治)의 그릇됨을 논하며, 천하통일을 무력만으로 성취하려는 계획은 연목구어(緣木求魚)와 같은 것이라 목적과 수단이 맞지 않으므로 불가능하다고 말했다. 즉 무력으로는 천하를 이룰 수 없다는 게 맹자의 왕도정치론이다.

"그토록 힘 드는 노릇입니까?"

"나무에 올라 물고기를 구하기보다 더 무리한 일입니다. 나무에 올라 물고기를 구하려는 짓은 물고기를 얻지 못하는 정도로 끝이 날 뿐이며 뒤탈이 없습니다. 그러나 폐하처럼 일방적인 무력으로 대망을 성취하려 하신다면 몸과 마음을 다하여 노력하여도 결국은 백성을 잃고 나라가 망하는 큰 재난이 닥쳐올 뿐이지 결코 좋은 결과는 오지 않을 것입니다."

출 전 : 맹자(孟子) - 양혜왕(梁惠王)

연작홍곡
燕雀鴻鵠

유의어 연작안지홍곡지지(燕雀安知鴻鵠之志)
제비나 참새는 기러기나 고니의 마음을 알 수 없다.
- 燕(연) : 제비. ● 雀(작) : 참새.
- 鴻(홍) : 큰 기러기. ● 鵠(곡) : 고니.

소인은 큰 인물의 원대한 뜻을 알지 못함의 비유.

유 래

진승(陳勝)의 자(字)는 섭(涉)으로 하남성 양무현의 농사꾼이었다. 어느 날 동료들과 함께 밭을 갈고 있었다. 진승은 문득 괭이를 집어 던지고 언덕으로 달려 올라가 잠시 창연(悵然 : 슬픈 듯)히 하늘을 쳐다보고 있었다.

"아아, 연작(燕雀)이 어찌 홍곡(鴻鵠)의 뜻을 알겠는가.(제비나 참새 같은 작은 새는 큰 기러기와 고니의 뜻을 모른다)"

이때 진승은 오광(吳廣)과 함께 진(秦)에 반역할 것을 모의했다. 오광(吳廣)의 자는 숙(叔)이요, 양하현의 농사꾼으로 병사들 사이에 신망이 있었다. 진승은 병사들을 진정시키고 호령했다.

"우리는 어차피 죽을 목숨이다. 우리들이 살길은 하나밖에 없다. 그것은 우리들을 괴롭혀 온 진나라에 반역하는 것이다. 우리들의 나라는 우리들의 힘으로 새로운 나라를 일으키자. 우리 백성들만이 벌레 같은 취급을 받을 수는 없지 않는가!"

그리고 또 진승은 소리 높여 외쳤다.

"왕후(王侯)나 장상(將相)이 어찌 씨가 따로 있겠느냐?(훌륭한 인물이란 계보나 혈통에 따라 태어나는 것이 아니고, 노력만 하면 아무나 될 수 있다.)"

출 전 : 사기(史記) - 진섭세가(陳涉世家)

연저지인
吮疽之仁

유의어 지독지애 · 정(舐犢之愛 · 情).

피고름을 입으로 빨아 주는 사랑.
- 吮(연) : 빨다. ● 疽(저) : 종기.
- 仁(인) : 어질다.

부하를 극진히 사랑함의 비유. 순수한 의도라기보다 어떤 목적을 달성하기 위한 가면적인 선행.

■ 지독지애 · 정(舐犢之愛 · 情) : 어미소가 송아지를 핥아주는 사랑.

유래

노나라를 떠난 오기가 위(魏)나라 문후(文侯)의 평판을 듣고 그에게 일을 하겠다고 청원했다.

문후는 오기를 장군으로 맞아들였다. 오기는 진(秦)나라를 공격하여 다섯 도읍을 함락시켰다.

장군으로서의 오기는 언제나 제일 낮은 병사와 똑같은 옷을 입고 똑같은 음식을 먹었다. 잘 때는 자리를 깔지 않았으며 행군할 때는 마차를 타지 않았다. 또한 자기의 식량은 자기가 직접 가지고 다녔다. 이처럼 그는 병사들과 고락을 함께 했다.

어느 날 병사 한 명이 종기가 나서 괴로워하자, 오기는 그 종기의 고름[膿]을 입으로 빨아내어 주었다. 하지만 그 소식을 들은 그 병사의 어머니는 아들을 지휘하는 장군의 호의를 고마워하기는커녕 슬프게 울었다는 것이다. 그것은 전 남편의 예에서와 같이 자식 또한 종기를 빨아 준 은혜에 감격하여 목숨을 아끼지 않고 장군을 위해 싸우다 죽을 것이기 때문이었다.

출전 : 사기(史記) - 손자오기열전(孫子吳起列傳)

오리무중
五里霧中

사방 오 리에 걸친 깊은 안개 속.
- 里(리) : 이수. 마을. • 霧(무) : 안개.

사물의 행방이나 사태의 추이가 어디에 있는지 찾을 길이 막연하거나 갈피를 잡을 수 없음을 일컫는 말. 마음이 뒤숭숭해서 뭔지 알 수 없음.

유래

환관이나 외척이 정치를 좌우하던 후한의 환제 때, 성도 출신 장패(張覇)라는 학자가 있었다. 장패의 아들 장해(張楷)도 역시 춘추, 고문상서 등에 능통한 학자로 그의 문하에 백여 명의 제자를 거느리고 있었다.

장해는 청렴결백한 아버지의 뜻을 받아 세상을 깨끗하고 편하게 살 결심을 하고 있었다. 그가 화음산(華陰山) 밑에 숨어 살 때는 그를 찾아오는 사람이 하도 많아 그가 있는 산 밑에 새로운 저잣거리가 생기기까지 했다.

그는 몇 번이나 나라에서 특사가 내려와 조정으로 들어와 벼슬할 것을 권고 받았으나 끝내 병을 핑계로 응하지 않았다.

그는 학자인 동시에 도술(道術)에도 조예가 깊었다. 귀찮은 사람이 찾아올까 봐서, 때로는 오 리 사방에 안개를 일으켜 자신이 있는 곳을 못 찾게 만들었다.

아

출 전 : 후한서(後漢書) - 장해전(張楷傳)

오월동주
吳越同舟

유의어 오월지사(吳越之思). 동주상구(同舟相救).

오나라 사람과 월나라 사람이 같은 배를 타다.

- 吳越(오월) : 적대 관계에 있는 오나라와 월나라
- 同(동) : 같이 하다. 함께. ● 舟(주) : 배.

원수끼리 함께 있게 되는 경우. 또는, 원수끼리라도 함께 위급한 경우를 당하면 서로 협력하게 됨을 일컫는 말.

유 래

"오나라 사람과 월나라 사람은 서로 미워하는 사이이다. 그렇지만 같은 배를 타고 건너다가, 큰 바람을 만나게 되면 서로 돕기를 좌우의 손이 함께 협력하듯 한다."

'병(兵)을 쓰는 법에도 아홉 개의 지(地)가 있다' — 손자병법에 있는 말이다. 그 구지(九地)의 마지막 것을 '사지(死地)'라 하는데, 서슴지 않고 싸우면 살아나는 길이 있고 겁을 내고 있으면 망하고 마는 필사(必死)의 지(地)가 있다.

'사지에 있을 때는 두말 말고 싸워라.' 나갈 수도 없고 물러날 수도 없는 필사의 경우이다. 병졸은 마음을 하나로 뭉쳐 싸워서 활로를 연다는 것이다.

오(吳)나라와 월(越)나라는 예부터 서로 원수지간이었다. 그 나라는 백성들까지 서로 미워하고 있었다. 그러나 가령 오나라 사람과 월나라 사람이 같은 배를 타고 강을 건넌다고 할 때, 바람이 불어와 배가 뒤집힐 위기에 놓였다면 오나라 사람과 월나라 사람은 평소의 감정을 잊고 서로 좌우의 손이 된 듯이 돕게 될 것이다. 가장 중요한 것은 하나로 뭉쳐진 필사적인 병사의 마음인 것이다.

출 전 : 손자(孫子) - 구지(九地)

옥상옥
屋上屋

유의어 옥하가옥(屋下架屋). 옥상가옥(屋上架屋).

지붕 위에 또 지붕을 얹는다.

- 屋(옥) : 집. 지붕. • 上(상) : 위.
- 架(가) : 시렁. 횃대.

부질없이 더 보태어 하는 일을 비유하여 일컫는 말.

유래

후한말 삼국시대, 촉(蜀)과 오(吳)나라를 멸한 위(魏)나라는 천하를 통일하여 국호를 진(晉)이라 고치고, 도성을 낙양으로 정했다. 한편 망했다고는 하나 오나라의 옛 서울인 건업(建業)은 뒤에 산을 등지고 양자강을 바라보는 풍광이 아름다운 도성으로 가히 강남의 중심지였다.

이 무렵 낙양에 유중(庾仲)이라는 시인 [낙양의 지가(종이 값)를 올린 좌사를 말함]이 있었는데, 화려한 건업의 번영과 풍경을 찬양하는 시를 읊었다.

도성 사람들은 앞을 다투어 이 시를 옮겨 써 벽에 걸어놓고 감상했다. 이로 인해 종이가 모자라게 되어 낙양의 종이 값이 껑충 뛰어오르는 사태까지 빚어내었다. 허나 그 시를 본 태부(太傅) 사안석(謝安石)은 이렇게 비웃었다.

"이 시는 마치 지붕 위에 또 지붕을 얹은 것같이 똑같은 소리만 거듭하고 있을 뿐이 아니냐. 그런 것을 보고 떠들어대는 자들의 속셈을 모르겠다."

결국 남의 것을 모방해서 만든 서투른 문장이란 뜻이다.

출전 : 진서(晉書) - 좌사전(左思傳)

아

온고지신
溫故知新

옛 것을 익히고 새 것을 안다.

- 溫(온) : 따뜻하다. · 故(고) : 예. 옛.
- 知(지) : 알다. · 新(신) : 새롭다.

옛 것을 앎으로써 그것을 통해 새로운 것을 찾아내는 일.

유 래

공자가 말하였다.

"옛 것을 익혀 새 것을 알면 남의 스승이 될 수가 있다."

(남의 스승이 된 사람은 새로운 도리를 깨달아야 된다.)

「중용(中庸)」 27장에서는 '옛 것을 배워 가슴 속에 따뜻하게 품고 있는' 것을 말한다.

옛 것에 대한 올바른 지식이 없이는 오늘의 새로운 사태를 정확히 파악할 수 없고, 새로운 사태를 정확히 인식하지 못한다면 장차 올 사태에 대한 올바른 판단이 설 수 없다.

출 전 : 논어(論語) – 위정편(爲政篇)

와각지쟁
蝸角之爭

유의어 와각상쟁(蝸角相爭), 와우지쟁(蝸牛之爭).
달팽이 뿔 위에서의 싸움.
- 蝸(와) : 달팽이. ● 角(각) : 뿔. 모.
- 爭(쟁) : 다투다. 겨루다.

사소한 일로 벌이는 다툼. 또는, 인간세계의 아무리 큰 다툼이라
해도 우주적인 관점에서 보면 보잘것없는 작은 다툼에 불과하다
는 것의 비유. 아무 이익도 없는 일로 다툼.

유래

"달팽이의 뿔 위에서 무엇을 다투자고 하는가. 아니면 석화(돌이 맞
부딪칠 때 일어나는 불. 몹시 빠른 것의 비유)의 빛 가운데 몸을 의지하겠다
는 말인가?"

(위나라니, 제나라니 떠들어 보았자 아무 것도 아닌 존재일 뿐입니
다.)

위(魏)나라 혜왕(惠王)은 제(齊)나라 위왕(威王)과 동맹을 맺었으나
제나라가 일방적으로 이를 파기하자 제나라에 자객을 보내어 위왕을
암살하려 하였다.

그러자 조정에서는 그러한 고식적인 수단을 쓰지 말고 정정당당히
전장에서 대결을 하자는 의견과 무력을 쓰려는 것부터가 좋지 않은 일
이라는 반대 의견으로 연일 시끄러웠다.

출전 : 장자(莊子) - 칙양(則陽)

아

와신상담
臥薪嘗膽

유의어 회계지치(會稽之恥).

섶에 누워 잠을 자고 쓸개를 맛본다.

- 臥(와) : 눕다. 누워 자다.
- 薪(신) : 섶자리.
- 嘗(상) : 맛보다.
- 膽(담) : 쓸개.

원수를 갚기 위해, 또는, 목적을 달성하기 위해 때를 기다리며 온 갖 고난을 참고 견딤.

■ 회계지치(會稽之恥) : 회계 패전의 치욕.

유래

부차는 자기 나라로 돌아오자 장작 위에 자리를 펴고 자며, 방문 앞에 사람을 세워놓고서 드나들 때마다, "부차야, 너는 월나라 군대가 죽인 아비 원수를 잊었느냐?" 하고 외치게 했다.

부차는 무슨 일이 있더라도 부친의 원수를 갚고야 말겠다는 굳은 결심으로 매일 밤마다 장작더미 섶 위에서 잠자며[臥薪], 부친의 분함을 되새겨 복수심을 더욱 굳혔다.

월나라 왕 구천은 자기 나라로 돌아오자, 일부러 몸과 마음을 괴롭히며, 자리 옆에 쓸개를 달아매어 두고 앉을 때나 누울 때나 늘 쓸개를 씹으며 쓴맛을 되씹었다. 또 음식을 먹을 때에도 쓸개를 씹고 나서, '너는 회계의 치욕을 잊었는가?'라고 자신을 타이르곤 했다.

위의 두 문장 중 앞의 것은 오왕(吳王) 합려(闔閭)가 월(越)의 구천왕(句踐王)에게 패하여 죽은 것에 대한 원수를 갚고자하는 대목이다. 뒤의 문장은 월왕 구천이 패하여 오나라에 끌려가 갖은 고생 끝에 가까스로 풀려나 상담(嘗膽)하는 내용이다.

출전 : 십팔사략(十八史略) - 춘추전국(春秋戰國)

요령부득
要領不得

유의어 부득요령(不得要領).

허리와 목을 온전히 보존하지 못하다.

- 要(요) : 구하다. • 領(령) : 옷깃.
- 不(불·부) : 아니다. • 得(득) : 얻다.

마와 깃 부위를 잡아 올려야 치마와 저고리 전체가 쉽게 걸려온다는 데서 요령을 붙잡는다는 말이 나왔다. 사물의 중요한 부분을 잡을 수 없다는 말로, 말이나 글의 중요한 부분을 잡을 수 없음.

유래

한(漢)나라 무제(武帝)는 즉위하자마자, 대월지국(大月氏國)과 결탁하여 숙적(宿敵)인 흉노(匈奴)를 공격할 것을 계획했다. 흉노의 세력권을 통과하여 대월지국으로 가는 결사적인 사자를 모집하였던 바, 한나라 출신인 장건(張騫)이라는 사람이 있었다.

그러나 장건은 도중 흉노에게 잡혀 10여 년간 포로생활을 하다가 기회를 엿보아 탈출하여 서방으로 몸을 피했다. 천산산맥(天山山脈)의 험준한 골짜기를 누벼 가까스로 대완국(大宛國)에 이르렀다. 거기서 월지(月氏 : 大月氏)가 더 먼 서방에 있다는 사실을 알게 되어 요령(要領)을 얻지 못하고 억류되다가 가까스로 13년 만에 장안으로 돌아왔다.

※ 옛날에는 '요령부득'이 두 가지 다른 뜻으로 쓰였다. '요령(要領)'의 '요(要)'는 허리의 '요(腰)'와 같은 뜻으로 이때의 '요령부득'은 제 명에 죽지 못함을 말한다. 옛날에는 죄인을 사형에 처할 때, 무거운 죄는 허리(腰)를 베고 가벼운 죄는 목(領)을 베었다. 그러므로 '요령부득'은 허리와 목을 온전히 보존하지 못한다는 뜻이다. 그러나 오늘날 우리가 쓰는 '요령'이란 말은 옷의 허리띠와 깃을 말한다. 옷을 들 때는 반드시 허리띠 있는 곳과 깃이 있는 곳을 들어야만 옷을 제대로 들 수 있다. 여기에서 허리띠와 깃이 요긴한 곳을 가리키는 말로 변하게 되었다.

출전 : 사기(史記) - 대완전(大宛傳)

욕속부달
欲速不達

유의어 욕교반졸(欲巧反拙)

* 欲(욕) : 하고자 하다. * 速(속) : 빠르다.
* 不(부 · 불) : 아니다. * 達(달) : 통하다.

일을 속히 하려고 하면 도리어 이루지 못함.

■ 욕교반졸(欲巧反拙) : 일을 너무 좋게 만들려다가 오히려 그대로 둔 것만 못한 결과를 가져옴.

유래

일을 빨리 처리하려 하지 말고 작은 이익을 보지 말라. 빨리 하려 하면 일이 잘 되지 않고, 작은 이익을 보면 오히려 큰 일이 이루어지지 않는다.

공자의 제자로 자하(子夏)가 있었다. 그는 본명이 복상(卜商)이며 자하는 字이다.

자하가 노(魯)나라의 작은 고을 원님으로 취임되어 그 고을에 가게 되어 있었다.

그는 어떻게 하면 그 고을을 잘 다스릴까 궁리하다가 스승인 공자에게 정책을 물었다.

이에 공자는 다음과 같이 일러 주었다.

"정치를 할 때 공적을 올리려고 고을 일을 너무 급히 서둘러서 하면 안 된다. 또한 조그만 이득을 탐내지 말아야 한다. 일을 급히 서둘러 공적을 올리려고 하다가는 도리어 목적을 이루지 못하고 조그만 이득을 탐내다가는 온 세상에 도움이 될 큰일을 이루지 못하는 법이다."

출전 : 논어(論語) - 자로편

우공이산
寓公移山

우공이 산을 옮긴다.
* 愚(우) : 어리석다. 우직하다. * 移(이) : 옮기다.
* 山(산) : 메. 산.

어리석은 사람이 산을 옮긴다는 뜻으로, 아무리 어려운 일이라도 끝까지 노력하면 목적을 달성한다는 말. 약삭빠른 자보다는 우직한 자가 더 큰일을 해냄의 비유.

유래

북산에 우공(어리석은 사람)이란 사람이 나이는 벌써 아흔이 가까운데, 높고 험한 두 산을 마주 대하고 살고 있었다. 그는 산의 북쪽이 길을 막고 있으므로, 출입할 때마다 멀리 돌아다니는 것이 번거롭기도 했지만 마을이 척박하여 가족들을 모아 놓고 상의를 하였다.

"나는 너희들과 같이 힘을 합하여 저 높고 험한 산을 평평한 평야로 만들고, 예주(預州, 하남성)의 남쪽으로 길을 내 한수의 남쪽까지 갈 수 있도록 만들고 싶은데, 너희들 생각은 어떠하냐?"

모두들 찬성을 했지만 부인만은, "참 딱도 하우. 당신 재간으론 작은 언덕 하나도 허물기 어려울 텐데 태행산이나 왕옥산 같은 큰 산을 어떻게 하겠다는 거요. 게다가 파낸 돌과 흙은 어떻게 처리할 것입니까?"라고 했다.

그러나 다른 사람들은, "그 흙이나 돌은 발해(渤海)의 바닷가나 은토(隱土) 끝에 버리면 되잖소." 하고 기세가 등등하여 의논이 결정되었다.

산신령이 이 말을 듣고 언젠가는 산을 꼭 기어이 파헤친다면 큰 야단이겠다 싶어 부랴부랴 옥황상제에게 호소했다. 옥황상제는 우공의 진심과 끈질긴 성의를 갸륵하게 여겨 태행과 왕옥의 두 산을 옮겨 놓도록 했다.

출전 : 열자(列子) - 탕문(湯問)

운우지락
雲雨之樂

유의어 운우지정(雲雨之情), 무산지몽(巫山之夢), 무산운우(巫山雲雨),

구름과 비의 즐거움.

● 雲(운) : 구름. ● 雨(우) : 비. ● 樂(락) : 즐기다.

남녀가 육체적으로 어울리는 즐거움.

유래

옛날 선왕(先王 : 회왕)께서 일찍이 고당에 오셔서 노신 적이 있었습니다. 곤해서 낮잠을 주무시고 계신데 꿈에 한 부인이 나타나더니, '첩은 무산(巫山)의 선녀(仙女)이옵니다. 고당에 놀러왔다가 임금께서 고당에 오셨다는 말을 듣고 왔습니다. 바라옵건대 베개와 자리를 받들어 올릴까 하옵니다.'라고 청했습니다.

그래서 왕께선 그녀를 사랑하시게 되었는데, 그녀가 떠날 때에 말하기를, '첩은 무산 남쪽 높은 절벽 위에 살고 있습니다. 아침에는 아침 구름이 되고 저녁에는 지나가는 비〔行雲〕가 되어 아침과 저녁마다 양대(陽臺) 아래에서 임금님을 그리며 지나가겠습니다.'하는 것이었습니다.

이튿날 아침, 선왕께서 무산 남쪽을 바라보니 과연 여자가 말한 대로 높은 봉우리에는 아침 햇살에 빛나는 아름다운 구름이 걸려 있었습니다. 그래서 왕은 그곳에 사당을 세우고 사당 이름을 조운묘(朝雲廟)라고 불렀습니다.

출전 : 송옥(訟獄) – 고당부(高唐賦)

원교근공
遠交近攻

먼 나라와는 친교를 맺고 이웃 나라는 침략한다.

- 遠(원) : 멀다. 멀리하다.
- 交(교) : 사귀다.
- 近(근) : 가깝다. 친하다.
- 攻(공) : 치다. 공격하다.

멀리 떨어진 나라와는 친하게 지내고, 가까이 이웃하고 있는 나라는 침략해 들어가는 외교정책.

유 래

"왕〔진(秦)의 소양왕(昭襄王)〕께서는, 멀리 떨어져 있는 나라와는 동맹(친교)를 맺은 후, 배후를 견제시키면서 가까운 나라를 공격하는 것이 가장 상책입니다. (이웃 나라라면) 단 한 치 한 자의 땅을 얻게 된다면 그대로 왕의 영토가 되는 것입니다."

범저(范雎)는 위(魏)나라 사람이었는데, 진나라에서 정승이 되었다. 그가 정승이 되어 내세운 정책이 원교근공이었다.

즉, 멀리 초나라와 제나라를 잘 사귀어 둠으로써 그들이 한(韓)·위(魏)·조(趙) 세 나라를 돕지 못하도록 해두고 기회 있는 대로 한·위·조 세 나라를 침략한다는 정책이었다.

아

출 전 : 사기(史記) - 범저(范雎)

원앙지계
鴛鴦之契

유의어　비익연리(比翼連理), 금실상화(琴瑟相和), 해로동혈(偕老同穴).

원앙새처럼 암수가 떨어지지 않고 사는 맺음.

● 契(계) : 맺다. 계약을 맺음.

부부간의 화목하고 즐겁게 삶의 비유.

유 래

춘추전국 시대 송(宋)나라 강왕(康王) 때, 한빙(韓憑)이라는 시종이 있었는데, 한빙의 아내 하씨(河氏)는 보기 드문 미인이었다.

강왕은 한빙을 변방으로 쫓아버리고 하씨를 취했다.

하씨는 죽으면서 부디 시체만은 남편 곁에 묻어달라는 애절한 유언을 남겼다. 그러나 화가 난 강왕은 하씨의 무덤을 그 남편의 무덤 맞은 편에 멀리 바라보도록 만들었다.

얼마의 세월이 지났을 때 사람들은 양쪽의 무덤에서 똑같이 가래나무가 뻗어 나와 마침내 서로가 하나로 뒤엉킨 채 자라는 모습을 보게 되었다.

또 나무 위에는 한 쌍의 원앙이 보금자리를 만들더니 결코 그곳을 떠나지 않고 서로 목을 감은 채 슬피 울었다.

송나라 사람들은 한빙과 하씨의 사랑을 애달프게 여겨 이 나무를 '상사수(相思樹)'라고 이름 붙였다. 서로 생각한다는 말은 여기에서 생겨났다. 그리고 원앙은 이 부부가 새로이 태어난 것이라고 믿었다.

※ 원앙(鴛鴦) : 원앙새의 수컷〔鴛〕과 암컷〔鴦〕. 항상 함께 있으므로, 사이좋은 부부에 비유함.

출 전 : 사기(史記)

원입골수
怨入骨髓

유의어 원철골수(怨徹骨髓). 한입골수(恨入骨髓).

원한이 뼛속까지 들어가 있다.

- 怨(원) : 원망하다. 미워하다. ·入(입) : 들다.
- 骨(골) : 뼈. ·髓(수) : 골.

원한이 뼛속에 사무침. 깊은 원한을 품음.

유래

진(秦)나라 목공(穆公)에게는 훌륭한 충신 백리해(百里奚)와 건숙(蹇叔)이 있었다.

목공은 진(晉)나라 국경을 거쳐 이웃의 정(鄭)나라를 토벌하고자 할 때 두 신하들이 입을 모아 그 무모함을 말렸으나 목공은 끝내 군사를 일으켰다.

진군은 크게 패하여 한 명도 남김없이 전사하거나 포로가 되었다.

세 명의 장군도 물론 사로잡혀 양공 앞에 끌려 나갔다. 그런데 문공의 부인 즉, 양공의 어머니는 진나라 목공의 딸이었으므로 곧 양공에게로 가서 세 명의 구명을 탄원했다.

"저 세 사람을 죽여서는 안 됩니다. 목공께선 싸움을 패전으로 이끈 이 세 사람에 대한 원한이 골수에 배어 있을 것이오. 그러니 저 세 사람을 진나라로 돌려보내어 목공께서 마음대로 하시게끔 해드리도록 하십시오."

양공도 과연 그리리라 생각하고 세 장수를 돌려보냈다.

그런데 진나라의 목공은 성 밖까지 나와 이 세 사람을 맞아들였다.

"내가 정나라를 쳐서는 안 된다는 두 명신의 말을 듣지 않았기 때문에 이리 된 것이오."

출 전 : 사기(史記) - 진본기(秦本記)

월단평 月旦評

유의어 월단(月旦). 월조평(月朝評).

매월 초하루에 하는 인물평.

* 月旦(월단) : 매달 첫날.
* 評(평) : 끊다. 잘잘못을 살피어 정하다.

인물에 대한 평.

유래

허소는 사촌형 허정과 함께 관상을 잘 보기로 명성이 자자했다. 두 사람은 고향 사람들의 인물을 평했는데, 매달 초하루마다 인물에 대한 평을 달리 표현했기 때문에 여남에서는 '월단평'이라는 속어가 생기게 되었다.

조조(曹操)는 젊었을 적부터 호걸들과 교제하는 것을 좋아하였다. 그러던 어느 날, 하남성 여남(汝南)에 들러 허소에게 인물평을 물었다.

"내가 대관절 어떤 사나이인지 비평해 주지 않겠소?"

무서운 난폭한 자로 이름이 알려져 있는 조조인지라 허소는 조심스러워 좀체 말을 하지 않았으나 조조로부터 위협적인 재촉을 받고 마지 못해 입을 열었다.

"당신은 태평성대 세상에서는 간사한 도적이 될 것이요, 그러나 어지러운 세상이라면 영웅〔姦雄〕이 되고도 남을 인물입니다(君淸平之姦敵 亂世之英雄)."

이 말을 듣고 조조는 크게 기뻐하여 일어나 가버렸다.

그러나 「십팔사략」에는 허소가, "그대는 잘 다스려진 세상에서는 능력 있는 신하가 될 것이요, 어지러운 세상에서는 간사한 영웅이 될 것이다(子治世之能臣 亂世之奸雄)."라고 말한 것으로 되어 있다.

출전 : 후한서(後漢書) - 허소전(許劭傳)

월하빙인
月下氷人

월하노인(月下老人). 빙상인(氷上人).
빙인(氷人). 결적승(結赤繩).

달 아래 늙은이와 얼음 밑에 있는 사람.

• 月(월) : 달. 달빛. • 下(하) : 아래. • 氷(빙) : 얼음.

월하로(月下老)와 빙상인(氷上人)이 합쳐진 말로, 결혼을 중매해
주는 사람. 중매인(中媒人).

유래

당(唐)나라 때 위고(韋固)라는 사람이 있었는데 그가 송성(宋城)이
란 고장을 여행하고 있을 때였다.

한 노인이 땅바닥에 놓인 보따리를 몸에 기댄 채 열심히 책장을 넘
기고 있는 것이었다. 그 하얀 수염에도, 팔락팔락 넘기는 책장에도 파
랗게 물들어 버릴 듯한 달빛이 흐르고 있었다.

"무엇을 하고 계십니까?"

"나 말인가? 지금 이 세상의 결혼에 대한 것을 조사하고 있지."

"그 보따리 속엔 무엇이 들어 있습니까?"

"아. 이거 보게나, 이렇게 빨간 끈이 잔뜩 들어있네. 이건 부부를 잇
는 끈이라네. 이 끈으로 한 번 서로 연결하기만 하면 두 사람이 아무리
멀리 떨어져 있더라도, 그리고 다시없는 원수지간이라도 반드시 맺어
지고 만다네."

"나의 아내 될 사람은 지금 어디 있습니까?"

"자네 부인 말인가? 이 송성에 있지. 바로 이 거리 북쪽에서 채소를
팔고 있는 진(陳)이란 할머니가 있잖던가. 그 노파가 안고 있는 세 살
먹은 젖먹이라네."

그리고 14년 뒤, 그녀와 결혼하게 되었다.

출전 : 태평광기(太平廣記), 진서(晉書)

유능제강 柔能制剛

유의어 치망설존(齒亡舌存).
- 柔(유) : 부드럽다. ● 能(능) : 능하다.
- 制(제) : 마르다. ● 剛(강) : 굳세다.

부드러운 것이 오히려 강하고 굳센 것을 이김(제압함).

■ 치망설존(齒亡舌存) : 견고한 이가 깨지고 부드러운 혀가 남는다.

유래

세상에서 부드럽고 약하기는 물보다 더한 것이 없다. 그러나 굳고 강한 것을 공격하는 데는 능히 이보다 나은 것이 없다. 그로써 능히 이를 깨치는 것이 없기 때문이다. 약한 것은 강한 것에 이기고, 부드러운 것이 굳센 것에 이긴다는 것을 천하에 알지 못하는 사람이 없건만, 능히 행하지를 못한다.

사람도 태어남에는 부드럽고 약하나, 그 죽음에 이르러서는 굳고 강해진다. 풀과 나무도 생겨남에는 부드럽고 연하지만, 그 죽음에 이르러서는 마르고 굳어진다.

그러므로 굳고 강한 것은 죽음의 무리이고, 부드럽고 약한 것은 삶의 무리이다. 군대가 강하면 멸망하고, 나무는 강하면 꺾인다. 강하고 큰 것은 아래에 머물고, 부드럽고 약한 것은 위에 머문다.

한 알의 씨앗이 무거운 바위에 단단한 땅을 뚫고 싹을 내밀지 않는가. 정치도 마찬가지다. 무서운 법으로 탄압한다고 사람들이 순종하는 것은 아니다. 강철도 무른 숫돌에 갈아진다.

출전 : 노자(老子) - 36장

유비무환
有備無患

유의어 거안사위(居安思危).

준비가 있으면 근심이 없다.

- 有(유) : 있다. · 備(비) : 갖추다. 구비하다.
- 無(무) : 없다. · 患(환) : 근심. 고통.

미리 준비가 되어 있으면 근심할 것이 없음.

▣ 거안사위(居安思危) : 편안할 때에도 위난을 생각함.

유 래

　모든 일을 그 시기에 맞추어 실행해 나간다면, 거기서 사물에 대한 대비를 할 수 있고, 일에 대한 대비가 되어 있으면, 근심할 것이 없다.

　춘추시대 정나라는 군세가 약한 송나라를 공격하려다 연합군에 의해 불가침 조약을 맺고 초나라가 침략하자 그와도 맹약을 맺었다. 그러나 군세가 강한 진나라에게는 항상 감사하는 뜻으로 많은 값진 보물과 어여쁜 가희(佳姬)를 선물로 바쳤다.

　진왕 도공은 아리따운 가희들을 대장군 위강에게 보내어 싸움으로 인한 고달픔을 일시나마 달래어 주려고 했다. 그러나 위강은 완강히 거부하면서 도공에게 간하였다.

　"편안히 지낼 때에는 항상 위태로움을 생각해야 하고, 위태로움을 생각하게 되면 항상 준비가 있어야 하며, 충분한 준비가 되어 있으면 근심과 재난이 없는 것입니다."

　도공이 이 말을 듣자, 그의 넓은 지략과 이치에 탄복하여 그 가희들을 모두 정나라로 돌려보냈다.

출 전 : 서경(書經) - 열명(說命)

은감불원
殷鑑不遠

유의어 상감불원(商鑑不遠).
은나라가 거울삼아야 할 것이 멀지 않다.

- 殷(은) : 은나라. • 鑑(감) : 거울. 본보기.
- 遠(원) : 멀다.

스스로 반성하여 교훈으로 삼아야 할 실패의 선례는 먼 데 있지 않고 언제나 가까이에 있다는 것. 또는, 남의 실패를 자신의 거울(본보기)로 삼으라는 말.

■ 상감불원(商鑑不遠)의 상(商)은 탕(湯)임금이 하(夏)나라 걸왕(桀王)을 멸하고 세운 나라. 후에 은(殷, 하남성 언사현)으로 도읍을 옮겨 은(殷)나라로 고침.

유래

은나라가 스스로를 반성할 만한 거울이 되는 것은 바로 가까이에 있다. 즉, 전대(前代)인 하(夏)나라의 말기가 그에 해당한다.

하(夏)나라 걸왕이 포학과 방탕으로 망하고 탕왕(湯王)이 은나라를 세웠다.

은나라는 하나라가 어떻게 망했는가를 거울삼아 그런 일을 되풀이하지 말아야 할 것이었다.

그러나 6백 년을 이어온 은나라도 주(紂)대에 이르러 달기(妲己)라는 여자에 의해 주지육림(酒池肉林)과 포락지형(炮烙之刑) 등 음락(淫樂)과 포학으로 망했다.

그러므로 '은감을 삼는다, 상감을 삼는다' 함은 '실패한 것을 보고 교훈을 삼는다'는 뜻이 된다.

출전 : 시경(詩經) - 대아(大雅)

읍참마속
泣斬馬謖

유의어 휘루참마속(揮淚斬馬謖).

울면서 마속의 목을 베다.

* 泣(읍) : 울다. * 斬(참) : 베다. 자름.
* 馬謖(마속) : 가장 신임하는 부하 장수.

사사로운 정에 얽매이지 않고 행하는 공정한 집행. 곧, 기강을 세우기 위해서, 또는 대의(大義)를 위하여 자기가 아끼는 신하나 부하장수를 법에 따라 처단함을 일컫는 말.

유래

군량미의 수송로인 가정(街亭)을 어떻게 지키느냐가 문제였다.

그때 제갈공명과 친한 친구 마량(馬良)의 동생인 마속(馬謖)이 그 중책을 지원하고 나섰다. 마속은 제갈공명이 아끼는 젊은 장수였고, 사마중달과 대결하기에는 아직 어리다고 판단되어 제갈공명이 망설이자 마속은 공명에게, '만약 제가 패하면 저는 물론이고 일가권속(一家眷屬)까지 참형에 처해도 결코 원망하지 않겠습니다.'라고 간청하므로 '좋다. 그러나 군율(軍律)에는 헛말이 없다는 것을 명심하여라.' 하고 그를 파견했다.

그런데 마속은 공명이 그 산기슭의 도로를 사수하라는 지침을 따르지 않고 적을 유인할 생각으로 산 위에 진을 치는 바람에 포위되어 위나라 군대에게 크게 패했다. 그로 인해 촉은 전군(全軍)이 전선에서 후퇴하지 않을 수 없었다. 그리고 공명은 기강을 바로 세우기 위하여 가장 아끼는 부하 장수인 마속의 목을 베지 않을 수 없었다.

출전 : 삼국지(三國志) - 촉서(蜀書), 십팔사략(十八史略)

의심암귀
疑心暗鬼

유의어 절부지의(竊斧之疑).

의심은 없는 귀신도 나오는 듯이 느껴진다.

- 疑(의) : 의심하다. • 心(심) : 마음. 생각.
- 暗(암) : 어둡다. • 鬼(귀) : 귀신.

의심하는 마음을 가지고 사물을 보게 되면, 있지도 않은 두려움을 품게 됨. 선입관은 분별력을 잃게 됨.

유 래

어떤 사람이 갖고 있던 도끼를 잃어버렸는데, 틀림없이 누군가 훔쳐간 것이 분명했다. 생각해 보니 아무래도 이웃집의 아이가 수상쩍었다. 자기와 만났을 때도 흘끔거리면서 도망치듯 가버렸고 표정이나 말투도 여느 때와는 달리 어딘지 겁에 질린 사람 같았다. '도끼는 틀림없이 저놈이 훔쳐갔을 게다!'

그는 이렇게 꼭 믿었다. 그랬는데 실상은 도둑맞은 줄 알았던 도끼는 자기가 밭두렁에 놓고 온 것이었다. 처음엔 몰랐으나 나중에 밭을 갈다가 우연히 발견하게 되었다.

집에 돌아오면서 이웃집 아이의 거동을 보니까 이번에는 거동이 조금도 수상쩍어 보이지 않았다. 즉, 자기의 선입관은 때로 올바른 판단을 그르치게 한다는 것이다.

아

출 전 : 열자(列子) - 설부(說符)

이목지신
移木之信

유의어 사목지신(徙木之信).
반의어 식언(食言).

나무를 옮기기로 한 믿음.
- 移(이) : 옮기다. • 木(목) : 나무. • 信(신) : 믿다.

남을 속이지 않고 약속을 지킴. 신의와 신용을 지킴.

유래

진(秦)나라 효공(孝公) 때 상앙(商鞅)이란 명재상이 있었다. 그는 위(衛)나라의 공족(公族) 출신으로 법률에 밝았다. 특히 법치주의를 바탕으로 한 부국강병책(富國强兵策)을 펴 천하통일의 기틀을 마련한 정치가로 유명했다.

한번은 상앙이 법률을 제정해 놓고도 즉시 공포하지 않았다. 백성들이 믿어 줄지 그것이 의문이었기 때문이다. 그래서 상앙은 한 가지 계책을 내어 남문에 나무를 세워 놓고 이렇게 써 붙였다.

"이 나무를 북문(北門)으로 옮겨 놓는 사람에게는 십 금(十金)을 주겠노라!"

그러나 아무도 옮기려 하는 사람이 없었다.

그래서 오십 금(五十金)을 주겠다고 써 붙였더니 이번에는 옮기는 사람이 있었다. 상앙은 약속대로 즉시 오십 금을 주었다. 그리고 법령을 공포하자 백성들은 조정을 믿고 법을 잘 지켰다.

출 전 : 사기(史記)

이심전심
以心傳心

유의어 염화미소(拈華微笑). 심심상인(心心相印).

마음에서 마음으로 전한다.

- 以(이) : ~로써. ~에 의하여.
- 心(심) : 마음.
- 傳(전) : 전하다.

말이나 글에 의하지 않고 마음에서 마음으로 전달됨. (뜻이 통함).

유래

석가세존께서 가섭존자(迦葉尊者, 摩訶迦葉)에게 불교의 진리를 전했는데, 그것은 이심전심(以心傳心)으로 이루어졌다는 것이다.

어느 날 석가세존께서는 영산에 제자들을 모아놓고 설교를 하였다. 그때 석가께서는 연꽃을 손에 들고 꽃을 비틀어 보였다. 제자들은 그 뜻을 몰라 잠잠히 있었지만, 가섭존자만은 그 뜻을 깨닫고 빙그레 미소 지었다. 염화미소(拈華微笑)가 성립된 것이다. 그리하여 석가께서는 가섭존자를 인정하시고 이렇게 말씀하였다.

"나는 정법안장(正法眼藏 : 사람이 본래 갖추고 있는 마음의 묘한 덕)과, 열반묘심(涅槃妙心 : 번뇌와 미망에서 벗어나 진리를 깨닫는 마음)과, 실상무상(實相無相 : 생명계를 떠난 불변의 진리)과 미묘법문(微妙法門 : 진리를 깨닫는 마음)을 글로 기록하지 않고 가르침밖에 따로 전하는 것이 있는데 이를 가섭존자에게 전한다."고 했다.

이심전심(以心傳心)은 원래 불가의 말이며, '심오한 이치는 말로 표현할 수 없는 것이므로, 마음에서 마음으로 전하여 마음으로 깨닫게 한다'는 뜻이다. 염화미소(拈華微笑)는 그 상징이었다.

출전 : 전등록(傳燈錄)

일거양득
一擧兩得

유의어 일거쌍조(一擧雙鵰). 일석이조(一石二鳥).
반의어 일거양실(一擧兩失).

- 一擧(일거) : 한 번의 동작. • 擧(거) : 들다.
- 兩(양) : 두. 둘. • 得(득) : 얻다.

한 가지 일을 하여 두 가지 이익을 거둠.

■ 일거쌍조(一擧雙鵰) : 화살 한 발에 수리새 두 마리를 떨어뜨린다는
  뜻으로, 한 가지 일로 두 가지 이득을 취함〔수서(隋書)〕.

유 래

  춘추시대 변장자(變莊子)라는 사람이 어느 날 산에 호랑이가 나타났
다고 하는 말을 듣고 잡으러 갈 때 하인이 그를 말리며 말했다.

  "그렇게 서두를 필요가 없습니다. 호랑이 두 마리가 소를 잡아먹으
려고 서로 싸울 것입니다. 둘이 싸우면 힘이 약한 놈은 견디지 못하고
죽을 것이고 힘센 놈도 상처를 입게 될 것입니다. 그때 상처 입은 놈을
잡으면 한 번에 두 마리의 호랑이를 잡게 될 것입니다(一擧兩得)."

  변장자는 그 하인의 말대로 두 마리의 호랑이가 싸우는 것을 지켜보
고 있다가 상처투성이의 이긴 놈을 쉽게 때려잡을 수 있었다.

출 전 : 춘추후어(春秋後語)

아

일명경인
一鳴驚人

유의어 삼년불비 우불명(三年不飛又不鳴).

한 번 울어 사람들을 놀라게 하다.
- 鳴(명) : 울다. - 警(경) : 경계하다.

오랜 침묵 끝에 놀라운 발언을 함. 한 번 시작하면 큰 일을 한다는 말.

유 래

어느 날 순우곤이 위왕을 만났다.

"우리나라에 큰 새가 한 마리 있는데 지금 성상께 기거하시는 궁궐 안에 있는 나무 위에 앉은 지 삼 년이 되었어도 그 동안 날아다니지도 않고 한 번 울지도 않고 그저 맹목적으로 움츠리고만 있는데 성상께옵선 이 새가 왜 그러는지 아십니까?"

위왕은 그 숨은 뜻을 직감하였다. 큰 새란 엄연히 자기를 가리키는 뜻으로 궁정에 몸을 두고 즐거움만 일삼으며 뜻있는 일을 하고자 함이 없는 자신을 질책하는 것을 알았다.

위왕은 한참 침묵을 지키더니 마음속으로 부끄러움을 느꼈던지 순우곤에게 대답을 했다.

"그 새 말인가? 그대는 몰라서 그러는데 그 새가 날지 않아 그렇지 한 번 날개를 치고 나르게 되면 장차 하늘을 찌를 것이고, 울지를 않아 그렇지 한 번 울게 되면 장차 사람들을 깜짝 놀라게 할 것일세!"

그 후부터 위왕은 칼을 뽑아 쇠북과 북 등 악기를 내리쳐 부수고 주색을 끊고 엄숙하게 정사를 보살피게 되었다.

출 전 : 사기(史記)

일모도원
日暮途遠

유의어 일모도궁(日暮途窮). 도행역시(倒行逆施).

해는 저물고 갈 길은 멀고 아득하다.
- 日(일) : 날. 해. ● 暮(모) : 저물다. 해질무렵.
- 途(도) : 길. ● 遠(원) : 멀다.

목적을 달성하는데 시간이 없음. 할 일은 많은데 날이 저물고(늙고 쇠약하여) 목적한 바를 이루지 못했음의 비유. 사태가 급박함.

■ 도행역시(倒行逆施) : 차례를 바꾸어서 행한다.

유래

평왕 7년, 오상은 각오했던 바대로 아버지 오사와 함께 처형당하고 말았으며, 둘째아들 오자서는 송나라로 도주했던 태자 건을 만나 함께 원수를 갚을 것을 다짐하고 군사를 얻고자 하였으나 실패했다. 오히려 태자 건은 정나라에서 처형당하고 오자서는 오나라에 가 대장군이 되었다.

오나라에 망명한 지 7년, 오자서는 합려왕의 명을 받들고 손무(孫武)와 함께 초나라를 공격하여 수도 영(郢)을 함락시켰다. 오자서는 초나라 땅으로 들어서는 순간부터 원한에 사무친 평왕의 무덤을 파헤치고 그 뼈에 곤장 3백 대를 치는 것으로 그 원한을 풀었다[부관참시(剖棺斬屍)].

이 소문을 들은 옛 친구 신포서(申包胥)가 그 일은 '너무 잔인하지 않느냐?'고 오자서에게 충고를 하였다. 그러자 오자서의 답은 '일모도원(日暮途遠)'이었다. 해가 저물었는데 나는 아직 갈 길이 멀다. 즉, 자기는 이제 늙어 가는데 아직 할 일이 태산같이 많은데, 어느 겨를에 이치나 도리 같은 것을 따질 수 있겠느냐는 것이었다.

출전 : 사기(史記) - 오자서열전(伍子胥列傳)

일자천금
一字千金

글자 하나만으로 천금의 가치가 있다.
- 字(자) : 글자. ● 千(천) : 일천(仟과 通用). 천 번.
- 金(금) : 쇠. 금.

아주 빼어난 글씨나 문장을 일컬음.

유 래

전국시대 말기, 열국의 제후들은 앞 다투어 다재다능(多才多能)한 유세객들을 모아들이고 있었다.

제나라의 맹상군은 수천, 초(楚)나라의 춘신군(春申君)은 3천여, 조(趙)나라 평원군(平原君)은 수천, 위(魏)나라 신릉군(信陵君)은 3천, 이렇듯 서로 유세객 수를 과시하였다.

이 무렵 제국에서는 현자(賢者)들이 책을 지었는데, 특히 제(齊)·초(楚)를 섬긴 유가(儒家) 순경(荀卿) 등이 혼탁한 세상을 통탄하여 수만언(數萬言)의 책을 지었다.

여불위(呂不韋)의 집에도 1만 명의 하인이 있었다.

그리하여 식객들을 시켜 팔람(八覽)과 육론(六論), 십이기(十二紀) 등 20만여 자로 된 책을 만들었다.

천지 만물과 고금의 일 등이 모두 갖추어져 있다고 하여 「여씨춘추(呂氏春秋)」라고 이름 지었다. 그리고 이 「여씨춘추」를 서울 함양 성문 앞에 진열시키고, 그 위에 천금(千金)을 매달아 큰 간판을 써 붙였다.

즉 이 책의 문장을 첨삭할 수 있는 자에게는 글자 하나에 대해 천금의 상금을 주겠다는 것이었다.

출 전 : 사기(史記) - 여불위열전(呂不韋列傳)

일패도지
一敗塗地

유의어 간뇌도지(肝腦塗地).

한 번 패하여 간과 뇌가 땅에 뒹군다.

- 敗(패) : 패하다. • 塗(도) : 진흙. 진창.
- 地(지) : 땅.

단 한 번의 패배로 다시는 일어날 수 없게 됨.

유래

유방은 곧 패(沛)의 부로(父老)들에게 편지를 써서 성 안으로 던져 넣었다.

'지금껏 백성들은 포악한 진나라의 탄압으로 고생만 해왔다. 이제 패의 부로(父老)들이 성을 지키고 있으나 머지않아 각처에서 일어 나는 제후들에게 망하고 말 것이다. 그러므로 힘을 합쳐 현령을 죽이 고 대세를 따르라. 그렇지 않으면 성은 피비린내를 풍기며 함락될 것 이다.'

이 격문을 읽은 성 안의 백성들은, 현령을 죽이고 유방을 새로운 현 령으로 추대하고자 했다.

유방은 이를 거절하며 말했다.

"천하가 한창 시끄러워 제후들이 제각각 사방에서 함께 일어나고 있는 지금, 장수를 한 번 잘못 두게 되면 일패도지하고 만다."

그러나 누구도 유방만한 인물이 없었기에 유방은 결국 패공(沛公) 이 되었다. 그는 장량과 소하, 한신 등과 함께 진나라를 멸하고, 한왕 (漢王)이 되어 초(楚)의 항우와 패권을 다퉜다.

출전 : 사기(史記) - 고조본기(高祖本紀)

아

자두연기
煮豆燃萁

유의어 칠보지재(七步之才). 골육상잔(骨肉相殘).

콩을 삶는 데 콩대를 땔감으로 한다.

* 煮(자) : 끓이다. 삶다. * 豆(두) : 콩.
* 燃(연) : 불사르다. * 萁(기) : 콩깍지.

형제를 같은 뿌리에서 생긴 콩과 콩대에 비유하여, 형제가 서로 다투고 죽이려 함의 비유. 형제간의 사이가 나쁨.

■ 골육상잔(骨肉相殘) : 가까운 혈족끼리 서로 싸움.
■ 이혈세혈(以血洗血) : 피로써 피를 씻는다.

유래

조식에게 문제(조비)가 일곱 발자국을 떼는 사이에 시를 지으라[칠보지재(七步之才)]고 하면서 만약에 짓지 못하면 국법으로 다스리겠다고 했다.

조식은 그 말을 듣자 곧 시를 지었다.

"콩을 삶는 데 콩대(콩깍지)를 때니, 콩이 솥 가운데 있어 운다. 본래 이들은 같은 뿌리에서 나왔는데, 서로 삶기를 어찌 그리 급하게 구는가."

위(魏)나라의 조조(曹操)는 큰아들 조비(曹丕)와 셋째아들 조식(曹植)과 함께, 세 부자가 훌륭한 문재(文才)를 타고난 삼조(三曹)라고 불려져 문학을 꽃피웠다. 특히 조식은 당대에 비교할 수 없는 문재라고 알려져, 조조는 그의 문재를 깊이 사랑하고 있었다. 그러나 형제간의 경쟁은 다른 사람들보다 더욱 격렬했다. 맏아들 조비에게로 후계자가 선정되었다. 그러나 조비는 문제(文帝)가 된 뒤에도, 조식에 대한 시기심은 풀 수가 없어 항상 조식을 괴롭혔다.

출 전 : 세설신어(世說新語)

자포자기
自暴自棄

유의어 자포(自暴). 자기(自棄). 포기(暴棄).

스스로 몸을 해쳐 스스로를 버린다.

- 自(자) : 스스로. 몸소. ● 暴(포 · 폭) : 사납다.
- 棄(기) : 버리다. 내버림.

실망이나 불만으로 절망 상태에 빠져서, 자신을 버리고 돌보지
아니함.

유 래

맹자가 말하였다.

"스스로 자신의 몸을 해치는〔自暴〕 사람과는 더불어 말할 수가 없
고, 스스로 자신을 버리는〔自棄〕 사람과도 함께 일을 할 수가 없다. 예
의에 벗어나는 말을 하는 사람은 스스로를 해친다 말하고, 자기의 몸
은 어짊〔仁〕에 살거나 옳음〔義〕에 따르지 못한다고 하는 것은 스스로
를 버린다고 말한다. 仁은 사람이 편안히 살 집이요, 義는 사람이 올바
르게 걸어갈 길이다. 세상 사람들이 편안한 집을 비워 두고서 살지 않
으며, 이 올바른 길을 버리고서 따르지 않으니, 슬픈 일이다."

입을 열면 예의 도덕을 헐뜯는 무리를 자포자(自暴者)라 하고, 인의
(仁義)에 따라 행동하지 못하는 무리를 자기자(自棄者)라고 한다. 이와
같은 사람들과는 더불어 대화를 나눌 수가 없으며, 함께 행동할 수도
없다. 왜냐하면 사람으로서 편안한 집〔宅〕이 있고, 올바른 길〔路〕이 있
는데도 仁義를 버리고 돌보지 않는 것은 참으로 개탄할 일이며 전혀 인
정이 없는 것이기 때문이다.

출 전 : 맹자(孟子) - 이루(離婁)

전전긍긍
戰戰兢兢

반의어 포호빙하(暴虎憑河).

벌벌 떨다.

- 戰(전) : 싸움. 전쟁. 두려워하다.
- 兢(긍) : 삼가다.

'겁을 먹고 떠는 모양과 몸을 삼가 조심하는 모양'을 말하는 것으로, 매우 두려워 벌벌 떨며 조심하는 모양. 몹시 두려워하여 삼가는 것.

■ 포호빙하(暴虎憑河) : 맨손으로 호랑이에게 덤비고 걸어서 황하를 건넌다.

유래

감히 맨손으로 호랑이를 잡지 못하고, 감히 걸어서 황하(黃河)를 건너지는 못한다. 사람은 그 하나만 알고 그 밖의 것을 알지 못한다. 소인(小人)은 하나의 가까운 걱정을 알면서, 다른 먼 두려움을 모른다. 그래서 깊은 못을 들여다볼 때와, 살얼음을 밟을 때처럼 매우 조심하고 두려워하며 삼가야 하는 것이다.

이 시는 포악한 정치를 한탄해서 지은 시이다. 범을 맨주먹으로 잡거나 황하를 배 없이 헤엄쳐 건너는 일은 하지 않지만, 눈앞의 이해에만 눈이 어두워 그것이 다음날 큰 재앙이 되는 것을 알지 못한다. 사람들은 그 무서운 정치 속에서 마치 깊은 못가에 서 있는 듯, 엷은 얼음을 걸어가는 듯 불안에 떨며 몸을 움츠리고 있다.

출전 : 시경(詩經) – 소아(小雅)

전화위복
轉禍爲福

유의어 인화위복(因禍爲福).

화가 바뀌어 오히려 복이 된다.

- 轉(전) : 구르다. 반대로. • 禍(화) : 재앙.
- 爲(위) : 하다. 행하다. • 福(복) : 복. 행복.

어떤 불행한 일이라도 끊임없는 노력과 강인한 의지로 힘쓰면 불행을 행복으로 바꾸어 놓을 수 있다는 말.

유래

월왕(越王) 구천(勾踐)은 오왕(吳王) 부차(夫差)와의 싸움에 패하여 (볼모로 3년을 지냈다. 그 후) 회계(會稽) 땅에서 용서를 구하며 살았다. (그리고 절치부심 기회를 엿보았다.) 오왕이 원정(遠征)을 나간 틈을 타서 오나라를 멸하고 천하의 패자(覇者)가 되었다. 이는 모두 재앙이었던 것이 복을 가져오게 하는 계기로 삼은 예이며, 실패를 성공으로 바꾸어 버린 것이다.

세객 소진(蘇秦)이 한(韓)나라의 선혜왕(宣惠王)에게, '닭대가리가 되어도 소꼬리는 되지 말라'고 설득하여 '합종(合從)'에 동의를 얻었다. 그러나 '전화위복(轉禍爲福)'이라는 말은 '연횡(連衡)'을 권하는 장의(張儀)가 같은 한나라를 찾아가서 합종을 파탄시켰을 때 설득한 말이다.

곧, 한나라 선혜왕이 소진의 설득으로 말미암아, '죽는 한이 있어도 진나라는 섬기지 않겠다'고 맹세한 것도 잠시였다. 선혜왕이 죽고 양왕(襄王)의 치세가 되자, 진나라의 압력에 견디기 어렵게 되었기 때문이다.

출전 : 전국책(戰國策) - 연책(燕策)

절차탁마
切磋琢磨

유의어 절마(切磨).

옥이나 돌 따위를 갈고 닦아 빛을 낸다.
- 切(절) : 끊다. • 磋(차) : 닦다. 옥을 다듬다.
- 琢(탁) : 쪼다. • 磨(마) : 갈다.

학문이나 덕행을 배우고 닦음. 끊임없는 노력에 의해 자기의 역량이나 소질을 힘써 갈고 닦음.

유래

저 기수의 물가를 보니 푸른 대나무가 무성하구나.

빛나는 군자여! 칼로 자른 듯하고, 줄로 슨 듯하고 끌로 쪼인 듯하고, 숫돌로 간 듯하구나(자른 듯하고 슨 듯하다는 것은 학문을 말한 것이고, 쪼인 듯하고 간 듯하다는 것은 스스로 닦는 것이다. 곧, 절차는 학문을 뜻하고 탁마는 수양을 말하는 것이다).

자공이 공자께 다시 여쭈었다.

"시경에 이르기를 끊은 듯이 하고 닦는 듯이 하여, 쪼는 듯이 하고, 가는 듯이 하라고 하였습니다. 바로 이런 것을 두고 한 말입니까?"

공자께서 말씀하셨다.

"사(賜)야, 비로소 더불어 시(詩)를 논할 만하구나. 지난 일들을 일러 주었더니 닥쳐올 일까지 아는구나." 하고 칭찬했다.

「대학(大學)」에서도 이 시가 인용되어 있다.

끊는 것과 같고 닦는 것과 같다는 것은 학문을 말하는 것이고, 쪼는 것과 같고 가는 것과 같다는 것은 스스로 덕을 닦는다(수양한다)는 뜻이다(如切如琢者道學也 如琢如磨者自修也).

출전 : 시경(詩經) - 위풍(衛風)

정중지와
井中之蛙

유의어 정와불가 이어어해(井蛙不可 以語於海).
정저지와(井底之蛙). 감정지와(坎井之蛙).

우물 안 개구리.

* 井(정) : 우물. * 中(중) : 가운데. * 蝸(와) : 개구리.

좁은 우물 속의 개구리는 넓은 세상의 형편을 모름. 소견이 좁은
사람을 말함.

■ 정와불가 이어어해(井蛙不可 以語於海) : 우물 안 개구리에게 바다
에 관해 이야기해 줄 수 없다는 뜻으로, 견문이 좁아 세상 물정을 모
르는 것을 말함. 좁은 세계에 갇혀 있는 사람은 넓은 시야(視野)로
세상을 바라볼 수 없음.

유래

〔황하의 신(神)인 하백이 흐름을 따라 처음으로 바다에 나와, 북해
에까지 가서 동해를 바라보면서, 그 끝이 없는 넓음에 놀라서 북해의
신인 약(若)에게 말했다.

그러자 북해의 신인 약(若)이 이렇게 말했다.〕

우물 안에 살고 있는 개구리에게 바다를 이야기한들 알지를 못한
다. 그것은 개구리가 좁은 환경 속에 얽매여 살고 있기 때문이다.

여름 벌레에게는 얼음 이야기를 해도 알지 못한다. 그것은 그들이
계절이라는 것이 여름뿐인 줄 알고 있기 때문이다. 식견이 좁은 사람
에게는 아무리 진리(眞理)를 말해도 알아듣지 못한다.

그것은 그들이 상식의 가르침에 속박되어 있기 때문이다.

그런데 이제 당신은 좁은 개울에서 나와 큰 바다를 보고 자기의 부
족함과 자신의 어리석음을 깨달았을 것이니 이제는 함께 진리를 말할
수 있을 것 같다.

출전 : 장자(莊子). 순자(荀子). 후한서(後漢書)

자

조강지처
糟糠之妻

유의어 조강지처 불하당(糟糠之妻 不下堂).
술지게미와 쌀겨로 가난한 살림을 해온 아내.
- 糟(조) : 술지게미. - 糠(강) : 겨. 쌀겨.
- 妻(처) : 아내.

가난할 때부터 함께 고생했던 아내. 곧, 첫 번째 장가든 아내를
일컫는 말.

유래

광무제는 그 호양공주가 당시 대사공(大司公) 직책에 있는 송홍(宋
弘)을 전부터 사모하는 것을 알고 있었다. 그러나 아무리 황제라도 맞
대놓고 누님에게 장가들어 달라고 명령할 수는 없었다. 왜냐하면 송홍
에게는 어엿한 아내가 있었기 때문이다.

그래서 미리 누님인 공주를 옆방에 불러놓고 송홍을 궁중에 불러 여
러 잡담 끝에 광무제는 말문을 열었다.

"속담에 부해지면 사귀던 친구를 바꾸고, 귀해지면 아내를 바꾼다
는 말이 있는데 경은 이것을 어떻게 생각하는가?"

그러자 송홍은 분명하게 대답했다.

"아닙니다. 신은 가난한 때의 사귐을 잊어서는 안 되고, 조강지처 또
한 내보낼 수 없다는 말이 옳다고 생각합니다."

이 말을 들은 광무제와 호양공주는 말문이 막혔다.

조(糟)는 술지게미를 뜻하고, 강(糠)은 쌀겨를 뜻하며, 몹시 거친 음
식을 말한다.

조강지처(糟糠之妻)는 그와 같이 거친 음식을 나누어 먹고 온갖 고
생을 함께 한 아내라는 뜻이다.

출전 : 후한서(後漢書) - 송홍전(宋弘傳)

조령모개
朝令暮改

조령석개(朝令夕改). 조변석개(朝變夕改).

아침에 내린 명령을 저녁에 다시 바꾼다.

- 朝(조) : 아침. • 令(령) : 명령. 법령.
- 暮(모) : 저녁. • 改(개) : 고치다.

일관성이 없이 법령이나 명령을 자주 바꿈을 일컬음.

■ 조변석개(朝變夕改) : 아침저녁으로 뜯어고침. 또, 바뀜.

유래

급하게 변조된 정사는 횡포를 부려 잔인하기 그지없다. 조세와 부역은 일정한 시기도 없이, 아침에 명령이 내려오고 저녁에는 또 다른 명령이 고쳐 내려온다(전답 잡힐 것이 있는 사람은 반값에 팔아 없애고, 그것도 없는 사람은 돈을 빌려 원금과 같은 이자를 물게 된다. 이리하여 논밭과 집을 팔고 자식과 손자를 팔아 빚을 갚는 사람이 생겨나게 된다).

※ 조령모개(朝令暮改)란 법령이 나오는 것이 너무 자주해서는 안 된다는 뜻으로 사용되고 있거니와, 청(淸)나라의 왕념손(王念孫)은 후한(後漢)의 순열(荀悅)의 한기(漢紀)에 있는 대로, 조령이모득(朝令而暮得)이라고 고쳐야 한다고 말하고 있다. 조령모득(朝令暮得)이란 '아침에 법령을 내리고 저녁에 거둔다'는 뜻이 된다.

자

출전 : 사기(史記) – 재정경제사장(財政經濟史章)

조삼모사
朝三暮四

아침에 세 개 저녁에 네 개.
- 朝(조) : 아침. - 暮(모) : 저녁.

① 눈앞에 보이는 차이만 알고 결과가 같은 것을 모르는 것의 비유. ② 간사한 꾀를 써서 남을 속임을 일컫는 말.

유래

"지금부터는 도토리 먹이를 아침에 세 개, 저녁에 네 개 주기로 한다." 그러자 여러 원숭이들이 모두 길길이 성을 내며 날뛰었다. 그러자 저공(狙公 : 원숭이를 기르는 사람)이 다시, "그러면 아침에 네 개, 저녁에 세 개를 주면 어떻겠느냐?" 라고 말하자 원숭이들은 뒹굴며 좋아했다.

※ '조삼모사'나 '조사모삼'이 실질적으로는 같은데도 조삼(朝三)을 싫어하고 조사(朝四)를 좋아하였다. 지자(知者)가 우자(愚者)를 농락하고, 성인이 중인(衆人)을 농락하는 것도 저공이 지혜로써 원숭이들을 농락한 것과 같다.

자

출전 : 열자(列子) - 황제(黃帝), 장자(莊子) - 제물론(齊物論)

조 장
助 長

도와서 성장시키다.

• 助(조) : 돕다. • 長(장) : 길다. 오래다.

억지로 성장시키려고 하다. 쓸데없는 짓을 해서 도리어 해를 초래함의 비유. 힘을 보태어 도움.

유래

(어떤 송나라 사람이 자기가 심은 곡식의 싹이 빨리 자라지 않음을 안타까이 생각하여, 그 싹을 뽑아 올린 사람이 있었다. 그는 피곤해 돌아가서 자기 집안 식구들에게 말했다.)

"오늘은 피곤하다. 모가 작기에 모가 빨리 자라도록 내가 도와주고 왔다."

라고 말하자, 그 아들이 놀라 잰걸음으로 밭으로 달려가 보니 새로 심은 모종이 뽑혀서 모두 말라죽어 있었다.

맹자(孟子)는 말하였다.

"호연지기(浩然之氣)를 기르기 위해서는 반드시 부단한 노력과 정진이 필요하다. 그런데 그 노력에 대한 결과를 미리 내다본다거나, 미리 기대하는 것은 바람직하지 못하다. 또 마음에 그 목적을 잊어서는 안 되거니와, 빨리 효과를 올리기 위하여 조장(助長)하는 일은 하지 말아야 한다."

결국 조장(助長)이란 '도와서 자라게 한다'는 뜻으로, 무리하게 쓸데없는 일을 하여 손해를 불러들이는 어리석은 행위를 뜻한다.

자

출전 : 맹자(孟子) - 공손추(公孫丑)

좌 단
左 袒

유의어 좌단고사(左袒故事).

옷의 왼쪽 어깨를 벗는다.

* 左(좌) : 왼쪽. 왼손. 아래. 하위.
* 袒(단) : 웃통을 벗다. 웃통을 벗어 어깨를 드러내다.

어느 한쪽에 편들어 동의함. 또는, 뜻을 같이하여 힘을 보탬.

유 래

"여씨를 위하는 사람은 오른쪽 어깨를 벗고, 유씨를 위하는 사람은 왼쪽 어깨를 벗어라" 했더니, 전군이 왼쪽 어깨를 드러내어 유씨의 편을 들었다.

자기편 쪽으로 붙는 것을 좌단(左袒)한다고 한다.

한고조의 아들 혜제(惠帝)가 즉위한 지 7년 만에 죽자, 그의 어머니인 고조의 황후였던 태후(太后) 여씨(呂氏)는 소리를 내어 울었지만, 한 방울의 눈물도 흘리지 않았다.

장량(張良)의 아들인 장벽강(張辟彊)은 열다섯 살 어린 나이로 시중(侍中)의 벼슬에 올라 측근에서 모시고 있었는데 좌승상 진평(陳平)에게 말했다.

"선제(先帝)에게 장년의 아드님이 없기 때문입니다. 승상을 위시하여 여러 신하들이 실권을 잡게 될까, 태후 폐하는 고독감과 불안을 느끼고 있기 때문입니다. 그러므로 승상께서 태후에게 친정사람들로 근위(近衛)장군을 시키고 궁중의 벼슬에 임명하도록 권장하신다면, 태후 폐하도 안심하고 따라서 중신들도 재앙을 면하게 될 것입니다."

진평은 그 책략을 따랐다. 여후(呂后)는 기뻐하며 비로소 눈물을 흘리면서 울었다.

출 전 : 사기(史記) – 여태후본기(呂太后本紀)

주지육림
酒池肉林

유의어 육산주지(肉山酒池), 육산포림(肉山脯林).
술은 못을 이루고 고기는 숲을 이룬다.
- 酒(주) : 술. • 池(지) : 못. 도랑.
- 肉(육) : 고기. • 林(임) : 수풀. 숲.

호화스럽게 차려놓고 흥청망청하는 술잔치.

유래

폭군의 대명사로 하(夏)의 걸왕(桀王)과 은(殷)의 주왕(紂王)을 들지 않을 수 없다.

이 두 사람은 모두 남달리 뛰어난 재지(才智)와 무용을 지닌 사람들인데도 불구하고, 그 최후는 말희(妺喜)와 달기(妲己)를 사랑해서 이성을 잃고 주색의 향락에 빠져 나라를 망치고 말았다.

걸왕은 말희의 제안에 따라서 궁전 한 모퉁이에 커다란 못을 파게 했다. 바닥에 새하얀 자갈이 깔린 그 못에는 그윽한 향기를 뿜는 미주(美酒)로 가득 채워지고 못 둘레의 둔덕에는 고기로 작은 산을 쌓고 나무에는 육포(肉脯)의 숲을 만들어 입으로 따먹게 하였다.

은나라 주왕의 마음을 사로잡은 것은 유소지(有蘇氏)의 나라에서 바쳐진 역시 세상에 드문 미모와 음탕함을 겸비한 독부(毒婦) 달기(妲己)이다.

이 여인의 욕망을 채워 주기 위해 주왕은 우선 가렴주구(苛斂誅求 : 세금을 혹독하게 징수하고, 강제로 재물을 빼앗음)를 그 수단으로 삼았을 뿐만 아니라 못에는 물 대신 술을 채우고 언덕은 술지게미로 쌓고 고기를 매달아서 숲을 이루었다.

출전 : 사기(史記) – 은본기(殷本紀)

죽마고우
竹馬故友

유의어 죽마지우(竹馬之友). 죽마지호(竹馬之好).
대나무로 만든 목마를 타고 놀던 옛 친구.
- 竹(죽) : 대. 대나무. • 馬(마) : 말.
- 故(고) : 예. 옛. • 友(우) : 벗. 동무.

어릴 때부터 가까이 지내며 자란 친구를 일컫는 말.

유 래

"나는(환온) 어려서 은호와 같이 죽마를 타고 놀았는데, 내가 싫증이 나서 버리면 은호가 언제나 가지고 갔다. 그러므로 그는 내 자리 밑에 앉는 것이 당연하다."

'죽마(竹馬)'란 어린이들이 타고 놀도록 만든 대나무 말을 말한다. 따라서 '竹馬故友'란 어린 시절의 소꿉친구를 이르는 말이다.

진(晉)나라의 은호(殷浩)는 자(字)를 심원(心源)이라 하며 견식과 도량이 있어 젊었을 때부터 평판이 자자하였다.

숙부인 융(融)과 함께 「노자」와 「주역」을 좋아했으며 서로 말을 할 때에는 융이 은호에게 졌으나 글로 쓸 때에는 융이 호를 이겼기 때문에 풍류를 운운하는 자들은 모두 이 두 사람을 조종(祖宗)으로 삼았던 것이다.

은호는 누가 뭐라 하여도 관직에 오르려 하지 않고 10년이라는 긴 세월을 조상 대대의 묘소를 지키며 살았다. 그러나 연이어 공신(功臣)을 잃은 간문제(簡文帝)의 간청을 거약할 수 없어 드디어 건무장군(建武將軍) 양주자사(楊洲刺史)가 되었다.

출 전 : 진서(珍書) - 은호전(殷浩傳)

중구난방
衆口難防

유의어 심어방천(甚於防川).

뭇사람의 말을 다 막기가 어렵다. 제멋대로.

- 衆(중) : 무리. 많다. ● 口(구) : 입.
- 難(난) : 어렵다. ● 防(방) : 막다.

뭇사람의 여러 의견(意見)을 하나하나 받아넘기기 어려움. 또는 여러 사람이 질서 없이 마구 떠들어댈 때 쓰이는 말.

유 래

소공(召公)이 주려왕(周麗王)의 언론 탄압정책에 대해 이렇게 충언하였다.

"백성의 입을 막는 것은 개천을 막는 것보다 더 어렵습니다〔防民之口 甚於防川〕. 내(냇물)는 막혔다가 터지면 사람이 많이 상하게 되는데, 백성들 역시 이와 같습니다. 그러므로 내를 다스리는 사람은 물이 흘러내리도록 하고, 백성을 다스리는 사람은 그들이 생각하는 대로 말을 자유롭게 해야 합니다."

그러나 주려왕은 소공의 충언을 받아들이지 않았다. 그 결과 백성들이 폭동을 일으키기에 이르렀고, 주려왕은 도망하여 평생을 갇혀 살게 되었다.

자

출 전 : 십팔사략(十八史略)

유의어 중원지록(中原之鹿), 중원사록(中原射鹿),
중원〔天下〕에서 사슴〔帝位〕을 쫓다.

- 中原(중원) : 중원. 정권을 다투는 무대.
- 逐(축) : 쫓다. 鹿(록) : 사슴.

중원은 정권을 다투는 무대. 녹은 사슴, 곧 정권·권력을 일컬음.
제왕의 지위를 얻고자 다투는 일.

■ 중원사록(中原射鹿) : 사슴을 쏘아 맞히다.

유래

"폐하, 저는 죽을 만한 죄를 짓지 않았습니다. 진(秦)나라의 기강이
무너지자 산동(山東)이 소란스러워지고 각지에서 영웅호걸들이 무리
를 지어 일어났습니다. 진나라가 사슴〔鹿 : 제위〕를 잃었기 때문에 천
하가 모두 이를 쫓았던 것입니다. 그런데 그 중 가장 뛰어난 폐하께서
이를 잡으셨던 것입니다. 옛날 도척(盜跖)의 개가 요(堯)임금을 보고
짖었다〔跖之狗吠堯〕고 했습니다. 그것은 요임금이 악인이라 짖는 것
이 아니라, 원래 주인이 아니면 누구라도 짖는 것이 개이기 때문입니
다. 말하자면 그 당시 신은 오직 한신만 알고 폐하를 알지 못했기 때문
에 한신 편에 섰던 것입니다. 천하가 어지러워지면 이를 통일하여 왕
이 되고자 하는 영웅호걸은 수없이 많지만, 힘이 모자라 폐하께서 하
신 일을 이룩할 수 없었을 따름입니다. 천하가 평정된 지금, 지난날 난
세에 폐하와 마찬가지로 천하를 도모했다고 해서 일일이 삶아 죽이려
하십니까?"

이 거침없는 사리에 맞는 항변에 한고조는 벌린 입을 다물지 못하고
괴통(蒯通)을 그대로 놓아줄 수밖에 없었다.

출전 : 사기(史記) - 회음후열전(淮陰侯列傳)

지독지애
舐犢之愛

유의어 지독정심(舐犢情深).

어미 소가 송아지를 핥아주는 사랑.

• 舐(지) : 핥다. • 犢(독) : 송아지. • 愛(애) : 사랑.

어버이가 자식을 사랑하는 지극한 정. 자식을 깊이 사랑함.

■ 지독정심(舐犢情深) : 어버이가 자식을 아끼는 정이 깊다.

유래

조조(曹操)가 군사를 이끌고 한중(漢中)에서 유비의 대군과 맞서 치열한 싸움이 벌어졌는데, 너무 오랫동안 싸움에 지쳐 있었다.

저녁 식사에 닭고기가 올려졌는데 국에 몇 덩이의 계륵(鷄肋)이 들어 있었다. 조조는 그것을 보고 그날 밤 암호명을 '鷄肋'이라고 명령을 내렸다. 이때 양수(楊修)가 보따리를 주섬주섬 싸면서 동료들에게도 행장을 꾸려 돌아갈 준비를 하라고 했다.

양수가 말하길, "계륵은 맛은 없지만 버리긴 아까운 것이다. 한중을 여기다 비유한 것으로 승상께서는 일단 철수하기로 결정한 것이다."라고 했다.

조조는 양수가 자신의 마음을 꿰뚫는 지혜에 시기와 분노를 참지 못해 군심을 어지럽혔다는 죄명을 씌워 죽였다.

조조가 허창(許昌)으로 돌아와 양수의 부친 양표(楊彪)의 수척한 모습을 위로했다. 양표는, "저는 김일단(金日磾)같이 긴 안목이 없는 것을 부끄럽게 여기고 노우 지독지애(老牛舐犢之愛 : 늙은 소가 자기 새끼를 핥아주는 깊은 사랑)가 없었던 것을 한탄할 뿐입니다."라고 말했다.

출전 : 후한서(後漢書)

자

지록위마
指鹿爲馬

유의어 위록위마(謂鹿爲馬).

사슴을 가리켜 말이라고 우긴다.

• 指(지) : 손가락. 가리키다. • 鹿(록) : 사슴.
• 爲(위) : 하다. • 馬(마) : 말.

윗사람을 농락하여 권세를 마음대로 휘두르는 짓을 일컫는 말.
억지를 써서 남을 궁지에 빠뜨리는 짓.

유래

조고(趙高)는 모반을 일으키려고 생각했지만 여러 신하들이 따라주지 않을 것을 두려워하여, 먼저 의중을 떠보기 위해 사슴을 가지고 진나라의 2세 황제(호해)에게 바치면서 말했다.

"이것은 말(馬)입니다."

그러자 2세 황제가 웃으면서 말했다.

"승상이 잘못 본 것이요. 사슴(鹿)을 가리켜 말이라고 하다니?"

(하며 좌우에 있는 중신들에게 물었다. 좌우에 있던 사람 중 어떤 자는 잠자코 말하지 않았고, 어떤 사람은 말이라고 말하여 조고에게 아첨하여 따랐으며, 어떤 사람은 사슴이라고 말하였다. 조고는 사슴이라고 말한 사람들을 법으로써 얽어 가둬버렸다. 그러자 뒤에 여러 신하들은 모두 조고를 두려워하게 되었다.)

출전 : 사기(史記) - 진시황본기(秦始皇本紀)

지피지기
知彼知己

유의어 지피지기 백전불태(知彼知己 百戰不殆).

적을 알고 나를 알다.

- 知(지) : 알다. - 彼(피) : 저. 저기.
- 己(기) : 몸. 자기.

적의 형편 나의 힘을 잘 알면, 결코 싸움에 지는 법이 없다는 말.

■ 지피지기 백전불태(知彼知己 百戰不殆) : 적을 알고 나를 알면 백 번
싸워도 두렵지 않다.

유래

"적의 실정을 알고 아군의 실정도 안 다음 싸운다면 백 번을 싸워도
위태롭지 않다. 적의 실정을 알지 못하고 아군의 실정만 안다면 한 번
은 이기고 한 번은 진다. 그러나 적군을 알지 못하고 아군도 알지 못하
면 싸울 때마다 모두 질 것이다."

「손자(孫子)」는 전국시대에 편찬된 병가(兵家)의 서적이므로 당연
히 전쟁에서 이기기 위한 기술이 서술되어 있지만, 실제로 싸움터에서
군대의 세력을 전개시켜서, 피로 물든 격투를 한 뒤에 적군에게 이기
는 것은 하지하(下之下)라고 말하고 있다. 즉 싸움을 하지 않고서 승리
하는 것, 이것이 孫子가 이상으로 삼는 전략이다.

「손자(孫子)」 제1편 시계편(始計篇)에서는 전쟁이 국가와 백성들에
게 주는데 대한 손실에 대하여 서술한 다음, 부득이하여 전쟁을 시작
했을 경우에는 되도록 빨리 전쟁을 끝내야 하는 필요성을 말하고, 제3
편 모공편(謀攻篇)에서는 적군에게 이기는 방법, 즉 여러 가지 승리하
는 방법이 실려 있다.

출전 : 손자(孫子) - 모공(謀攻)

진선진미
盡善盡美

착함을 다하고 아름다움을 다한다.

* 盡(진) : 다하다. * 善(선) : 착하다. 좋다.
* 美(미) : 아름답다. 맛나다.

착함과 아름다움을 더함. 더할 수 없이 잘 됨. 아무런 결점도 없이 완전무결함.

유 래

순(舜)임금의 악곡인 소(韶)에 대해 말하였다.

"더없이 아름다움을 다하고 또 착함을 다했다."

또 주(周)나라 무왕(武王)의 악곡인 '무(武)'에 대하여도 말하였다.

"아름다움을 다하고 착함은 다하지 못했다."(은나라의 주왕을 친 무왕이 아직은 천하를 태평으로 이끌지 못했으므로, 여기에서 美는 이룬 결과를 말하고, 善은 그 동기와 과정을 말한다.)

순임금은 요임금에게 천하를 물려받고 이것을 다시 우임금에게 물려주었다. 순임금의 그러한 일생을 음악에 실어 나타낸 것이 '소'라는 악곡이었다. 그러므로 그 이상 아름다울 수도 착할 수도 없는 일이었다. 공자는 이 악곡을 들으며 석 달 동안 고기 맛을 몰랐다고 한다.

무왕은 은나라 주(紂)를 무찌르고 주(周)나라를 창건한 사람이다. 그가 세운 공은 찬란하지만, 혁명(革命)이란 방법을 택하지 않으면 안 되었던 그 과정은 완전히 착한 일은 될 수 없었다.

창업수성
創業守成

창업은 쉬우나 지켜 이루어 나가기는 어렵다.

• 創(창) : 비롯하다. 시작하다. 만들다. • 業(업) : 업. 일. 사업. • 守(수) : 지키다. • 成(성) : 이루다.

사업(일)을 시작하는 것은 쉽지만 일단 이룩된 사업을 지켜 나가기는 어렵다는 것.

유 래

"방현령은 옛날 나를 따라 천하를 평정하는 사업에 참가하여, 어렵고 쓴맛을 낱낱이 맛보아가며 죽을 고생을 몇 번이고 되풀이해 왔기 때문에 사업을 처음으로 일으켜 시작하는 것이 어려운 일이라고 보았다.

그러나 위징은 나와 함께 우리 제국을 안정하려 노력하고 있기 때문에, 교만하고 게으른 마음이 일어나면 반드시 국가가 위기에 빠지게 되는 것을 걱정하였기 때문에 옛사람들이 이루어놓은 일을 지키는 것이 더 어려운 일이라고 하는 것이다(그러나 남은 것은 수성뿐이니 우리 다같이 조심하자)."

당(唐)나라 제국을 세운 것은 고조(高祖) 이연(李淵)이었지만, 그 건국의 정책의 기초를 확실하게 다지는 데 실질적으로 작용한 것은 이연의 둘째아들 이세민[李世民 : 뒤의 당태종(唐太宗)]이라고 말할 수 있다.

차

출 전 : 정관정요(貞觀政要) - 군도(君道)

채미가 采薇歌

유의어 수양지미(首陽之薇).

고비나 고사리를 캐는 노래.

- 采(채) : 캐다. 채취하다 • 薇(미) : 고비(고사리).
- 歌(가) : 노래. 노래하다.

백이(伯夷) · 숙제(叔齊)가 지은 노래.

유래

"저 서산〔수양산(首陽山)〕에 올라 고사리를 캐어 먹자.

포학함으로 포학함을 바꾸고도 그 잘못을 모르나니,

신농의 소박함과 순(舜)임금 · 우(禹)임금 같은 아름다운 풍속이 흔적 없이 사라졌으니, 나는 장차 어디로 가야 할까. 아아! 슬프도다. 나는 가노라, 우리의 운명 또한 기박하구나."

백이와 숙제는 중국 은(殷)나라 말기 역성(易姓) 혁명에 반대하는 사상을 투영한 전설상의 인물이다. 곧 백이와 숙제는 고죽국(孤竹國) 고죽(孤竹)의 아들이었다. 고죽은 막내아들인 숙제에게 자기의 뒤를 잇게 할 생각이었다. 그러나 부친이 죽은 뒤, 숙제는 자기가 부친의 뒤를 잇는 것은 예절에 어긋나는 것이라 생각하고 형 백이에게 양보하려고 했다. 그러나 백이는 부친의 뜻을 어기는 것은 아들된 도리가 아니라고 이를 수락하지 않았다.

신의(信義)를 지켜 주나라의 곡식을 먹지 않겠노라 결심한 두 사람은 수양산(首陽山)에 숨어 고사리를 캐먹으며 연명하다가 굶어 죽었다.

출 전 : 사기(史記) - 백이열전(伯夷列傳)

천고마비
天高馬肥

하늘은 높고 말은 살찐다.
- 天(천) : 하늘. - 高(고) : 높다.
- 馬(마) : 말. - 肥(비) : 살찌다.

풍성한 가을의 좋은 시절. 또는 활동하기 좋은 계절을 일컬음.

유래

흉노는 언제나 무리지어 바람처럼 습격해 와서 화살을 비 오듯 퍼부어 인마(人馬)를 살상하고 재물을 약탈하고는 바람처럼 사라지곤 했다. 그들의 주거는 중국 본토의 북쪽에 퍼져 있는 광대한 초원으로 방목과 수렵이 주된 일상생활이었다.

봄에서 여름에 걸쳐 초원에서 배불리 풀을 뜯어먹은 말은 가을에 접어들 무렵이면 살이 찌기 마련이었다. 그리곤 풀이 마르고 초원에는 추운 겨울이 닥쳐와 시월에 접어들면 한낮에도 추워서 방목(放牧)할 수가 없었다.

높게 자란 풀은 가을바람에 알맞게 마르고 말은 다시 살이 찌기 시작한다. 겨울이 오기 전 초원에는 한동안 맑은 날씨가 계속된다. 가을 하늘은 어디까지나 높다. 흉노들은 겨울의 양식을 찾아 북쪽의 바람을 타고 따뜻한 남쪽 본토로 들이닥친다. 살찐 말을 타고, 잘 정비된 활과 화살을 갖추어 흉노는 달려왔다가 달려간다. 그러므로 가을이 되면 북방에 사는 중국인들은 두려워했다.

출전 : 두심언시(杜審言詩)

천금매소 千金買笑

천금을 주고 웃음을 사다.
- 千金(천금) : 많은 돈이나 비싼 값의 비유.
- 買(매) : 사다. 구매하다. ● 笑(소) : 웃다. 웃음.

비싼 대가를 치르고 여자의 웃음을 짓게 하다.

유래

포학한 임금의 대명사로 걸주유려(桀紂幽厲)란 말이 있다.

걸은 말희(妹喜)로 인해 하나라를 망친 임금, 주는 달기(妲己)로 인해 은나라를 망친 임금, 그리고 유는 서주(西周)의 마지막 임금 유왕으로 견융(犬戎)으로 불리는 오랑캐의 칼에 맞아 죽었고, 여는 유왕의 할아버지인 여왕(厲王)으로 백성들의 폭동에 밀려난 임금이다.

유왕은 포사(褒姒)에게 빠져 그녀의 환심과 웃음을 사고자 봉화까지 올려 제후들을 골탕 먹였다.

그 뒤 얼마 안 가, 폐비 신씨의 친정아버지 신후(申侯)가 끌어들인 견융주(犬戎主)의 칼에 유왕이 개죽음 당한 것은, 여산에 아무리 봉화를 올려야 또 속는 줄 알고 제후들이 달려오지 않았기 때문이었다.

차

출전 : 동주열국지(東周列國誌)

천려일실
千慮一失

유의어 지자일실(智者一失).
반의어 천려일득(千慮一得).
천 가지 생각 가운데 한 가지 실책.
• 慮(려) : 생각하다. • 失(실) : 잃다. 잘못.

지혜로운 사람이라도 많은 생각을 하다보면 하나쯤은 실수가 있을 수 있다는 말. 생각지도 않던 실수를 일컬음.

■ 천려일득(千慮一得) : 아무리 어리석은 사람일지라도 많은 생각을 하다보면 한 가지쯤은 좋은 생각을 얻는다는 말.

유래

회음후 한신(韓信)이 조(趙)나라를 치게 되었을 때, 광무군 이좌거(李左車)는 성안군(城安君)에게 한신이 오게 될 좁은 길목을〔형(陘)〕끊게 해달라고 요구했다.

그러나 성안군은 이좌거의 말을 듣지 않고, 후방으로 좌천시켰다. 그리고 한신의 군대가 다 지나오기만을 기다리고 있다가 패해 죽었다.

한신은 조나라를 평정하고 이좌거의 포박을 풀어 준 뒤 상석에 앉혀 주연을 베풀어 위로했다. 그리고 한나라의 천하통일에 마지막 걸림돌로 남아 있는 연(燕), 제(齊)에 대한 공략책을 물었다. 그러나 이좌거는 "패한 장수는 병법을 논하지 않는 법(敗軍將 兵不言)"이라며 입을 굳게 다물었다. 한신이 재삼 정중히 청하자 그는 이렇게 말했다.

"패장이 듣기로는 지혜로운 사람이라도 많은 생각을 하다보면 반드시 하나쯤은 실책이 있다고(智者千慮 必有一失)했습니다. 그러니 패장의 생각 가운데 하나라도 득책이 있으면 이만 다행이 없을까 합니다."

그 후 이좌거는 한신의 참모가 되어 크게 공헌했다.

출전 : 사기(史記) - 회음후열전(淮陰侯列傳)

천의무봉
天衣無縫

선녀(仙女)의 옷은 바느질 자리가 없다.

* 天衣(천의) : 선인(仙人)의 옷. * 無(무) : 없다.
* 縫(봉) : 꿰매다. 솔기.

시가(詩歌)나 문장이 꾸밈없이 퍽 자연스러워 흠잡을 데가 없음.
또는, 사물이 완전무결하여 흠이 없음.

유 래

곽한(郭翰)이 어느 여름 밤 뜰에 누워 바람을 쏘이고 있는데. 아득히
하늘 한 모퉁이에서 일찍이 볼 수 없었던 미인이 덩실덩실 춤을 추며
그의 곁으로 내려왔다.

"당신은 대체 누구십니까?"

놀란 듯이 몸을 일으켜 묻는 말에 그 여자는 이렇게 답하는 것이었
다.

"저는 보다시피 하늘에서 잠시 지상에 다니러 온 선녀입니다."

곽한은 가까이 다가가서 훑어보았다. 만지기만 하면 금세 녹아버릴
듯한 가벼운 치맛자락을 위시하여, 마치 푸른 비취를 부어서 만든 것
같은 선녀의 의복은 어디를 보나 실을 가지고 꿰어 맨 자국이 없었다.

그는 몇 번이나 군침을 삼키며 혀를 차지 않을 수 없었다. 바늘 자국
이나 실밥이 없다면, 의복을 만드는 데 감을 잘라 마르지 않고 바느질
도 하지 않은 채 천을 짤 때 그 천이 그대로 옷 모양으로 짜여져 나왔단
말인가! 아무리 둘러보고 생각해 보아도 알 수 없는 노릇이었다.

출 전 : 태평광기(太平廣記) – 여선(女仙)

천재일우
千載一遇

유의어 천재일시(千載一時), 천재일회(千載一會).
천 년에 한 번 만난다.
- 千載(천재) : 천년. 오랜 세월. 천세(千歲)
- 遇(우) : 만나다. 알현.

좀처럼 얻기 어려운 좋은 기회나 어쩌다가 혹 한 번 만남을 일컬음.

유 래

"천 년에 한 번 좋은 기회를 만나게 된다는 것은 현인과 지혜 있는 사람의 아름다운 만남이다. (이런 기회를 만나면 그 누가 기뻐하지 않으며, 이를 놓치면 그 누가 한탄하지 않겠는가.)"

대저 백락(伯樂)을 만나지 못하면, 천 년이 지나도 천리마(驥) 한 필을 찾아내지 못한다.(夫未遇伯樂 則千載無一驥)

※ 백락일고(伯樂一顧) : '백락이 한 번 뒤돌아보다', 즉 '명마(名馬)가 백락을 만나 세상에 알려진다'는 뜻으로 자기의 재능을 남이 알아주어 인정받는 것을 일컫는 말. 말에 대하여 안목이 높은 백락(伯樂)을 만나지 못한다면, 천 년이 지나도 한 마리의 천리마를 발견할 수 없다는 것은, 현군(縣君)과 명신(名臣)의 만남이 결코, 쉽지 않다는 것을 말한다.

차

출 전 : 원굉(袁宏) - 삼국명신서찬(三國名臣序贊)

강안(强顔). 면장우피(面張牛皮).
후안무치(厚顔無恥).

쇠처럼 두꺼운 낯가죽.

• 鐵(철) : 쇠. ▪ 面(면) : 얼굴. • 皮(피) : 가죽. 겉가죽.

뻔뻔스럽고 염치를 모르는 사람을 일컬음.

- ▣ 강안(强顔) : 낯가죽이 두껍다.
- ▣ 면장우피(面張牛皮) : 얼굴에 쇠가죽을 발랐다.
- ▣ 후안무치(厚顔無恥) : 뻔뻔스러워 부끄러움이 없음.

유 래

진사인 왕광원은 권세가 호족(豪族)들에게 잘 보이려 찾아다니며 인사를 드렸는데, 혹은 회초리로 내쫓기는 굴욕을 당해도, 그것을 후회하는 일이 없었다. 그러자 당시 사람들이 말하길, "광원의 얼굴이 두껍기는 열 겹의 무쇠철갑과 같다."고 하였다.

왕광원(王光遠)은 학문과 재능이 있어서 과거에도 급제를 했다.

그런데 그는 오로지 출세주의에 눈이 멀어 상사에게는 말할 나위도 없거니와 권세 있는 사람에게는 어떤 연줄을 타고서라도 아첨하기를 일삼았다.

빤히 속이 들여다보이는 말을 예사로이 할 뿐만 아니라 옆에 있는 사람이 어떤 표정을 짓건 도무지 개의치 않았다.

"자네는 창피한 줄도 모르나? 뭇사람들 앞에서 그런 짓을 당하고도 잠자코 있다니?" 이렇게 말하자 광원은 태연스럽게, "그래, 하지만 그 사람에게 잘 보여서 해로울 건 없지 않은가." 하고 말했으므로 친구는 기가 막혔다.

출 전 : 북몽쇄언(北蒙瑣言)

철부지급
轍鮒之急

유의어 원수불구근화(遠水不救近火).
학철부어(涸轍鮒魚).

바퀴자국에 생긴 웅덩이에 있는 붕어의 급함.

轍(철) : 수레바퀴. ● 鮒(부) : 붕어. ● 急(급) : 급하다.

물이 적어서 허우적거리는 상태. 곧, 눈앞에 닥친 다급한 위기나 처지를 일컬음.

유래

장자(莊子, 莊周)는 집이 가난했기 때문에, 감하후(監河侯)라는 사람에게 양식을 꾸러갔다. 그러자 감하후는 이렇게 말했다.

"며칠 후 내 고을에서 세금이 들어오는 대로 3백 금을 빌려드리겠소. 그만하면 됩니까?"하는 것이었다.

장자는 화가 치밀어 정색하며 말했다.

"어제 이리로 오는 도중에 나를 부르는 자가 있었습니다. 돌아보니 수레바퀴가 지나간 자국에 붕어가 있지 않겠소. 어찌된 일이냐고 물었더니, '나는 동해 물결의 신하입니다. 어찌 한두 바가지 물로 나를 살려주지 않겠습니까?' 하는 것이었습니다."

"나는 오(吳)나라와 조(趙)나라 왕을 만나게 될 텐데 그때 서강의 물을 여기까지 끌어들여, 그대를 살려내기로 하겠다. 괜찮은가? 하자, 붕어가 화를 내더군요."

"나는 당장에 필요한 물이 없어서 곤란에 처한 입장으로 한두 바가지 물이 있기만 하면 도움이 될 것입니다. 그런데도 당신은 태평스런 말만 하는구려. 차라리 일찌감치 나를 건어물 가게에 가서 찾는 편이 나을 것입니다." 하였다.

출전 : 장자(莊子) - 외물(外物)

철저마침
鐵杵磨針

유의어 십벌지목(十伐之木).

쇠뭉치를 갈아 바늘을 만든다.

• 鐵(철) : 쇠. • 杵(저) : 절굿공이. • 磨(마) : 갈다.
• 針(침) : 바늘. 침.

일을 성취하기 위해 모든 정성을 다 기울이는 성실한 모습을 일컬음.

■ 십벌지목(十伐之木) : 열 번 찍어 안 넘어가는 나무 없다.

유 래

이백(李白)이 공부를 하다가 힘이 들어 중도에 포기하고 집으로 돌아오게 되었다. 마침 작은 시냇물을 건너는데 한 노파가 쇠뭉치를 숫돌에 갈고 있는 것을 보았다.

"할머니, 그걸 갈아서 무엇 하시렵니까?"하자 노파가, "바늘을 만들려고 그러는 거지."했다.

"할머니 그게 어디 될 법이나 한 일인가요? 공연히 헛수고하지 마세요."

그러자 노파가 정색을 하며 말했다.

"쉬지 않고 꾸준히 갈다보면 왜 성공하지 못하겠는가?"

노파의 말에 이백은 크게 깨달아 그 길로 마음을 다잡아 공부를 열심히 했다. 그리고 어려운 일에 부딪칠 때마다 그 노파의 말을 되새겨보면서 꾸준히 노력하여 마침내 위대한 시인이 되었던 것이다.

출 전 : 이백(李白)

청 담
清 談

유의어 죽림칠현(竹林七賢), 청담(淸譚),
속되지 않은 이야기.
- 淸(청) : 맑다. 온화하다. 조용하다.
- 談(담) : 이야기. 말씀. 설화.

세속을 떠나 속되지 않은 고상한 이야기. 또는, 남의 이야기를 높여 일컫는 말.

유 래

위진(魏晉)의 시대는, 정치가 불안정하고 인심이 고르지 못하여 말과 행동을 자칫 잘못했다가는 큰코다치기 일쑤였다.

그런데 '죽림(竹林)의 칠현(七賢)'은 정치권력에 염증을 느낀 나머지 대나무 숲 속을 몰려다니며 노장(老莊)의 철학이나 고상한 한담, 즉 청담(淸談)으로 술과 자연을 즐기며 때 묻은 세상을 등지고 살아 크게 이름을 떨쳤다.

그 일곱 사람은 다음과 같다.

산도(山濤) 자(字)는 거원(巨源), 완적(阮籍) 자(字)는 사종(嗣宗), 혜강(嵇康) 자(字)는 숙야(叔夜), 완함(阮咸) 자(字)는 중용(仲容), 유령(劉伶) 자(字)는 백륜(伯倫), 상수(向秀) 자(字)는 자기(子期), 왕융(王戎) 자(字)는 준중(濬仲).

이들은 당시의 정치정세와 변천을 냉정한 입장에서 바라보고 또 정치적 권력자와 그들을 추종하는 세속적 관료들의 비열한 생활태도에 염증을 느끼기도 했다.

차

출 전 : 후한서(後漢書) - 정태전(鄭太傳)

청운지지
靑雲之志

유의어 청운지교(靑雲之交), 청운지사(靑雲之士).
청운의 뜻.
• 靑雲(청운) : 푸른 구름(사람들이 잘 볼 수 없는 귀한 구름). 출세. • 志(지) : 뜻. 의향.

고결하여 속세를 벗어나고 싶은 마음. 또는, 큰 공을 세우고자 하는 뜻. 입신출세(立身出世)를 바라는 마음.

- 청운지교(靑雲之交) : 함께 관직에 나아간 사람끼리의 사귐.
- 청운지사(靑雲之士) : 학덕을 갖춘 높은 사람. 고위 고관으로 지위가 높은 사람. 뜻이 높은 사람에게 두루 쓰인다.

유 래

"그 옛날 청운의 뜻을 품고 벼슬길에 나아갔건만 뜻을 이루지 못하고 다 늙은 지금에 와서 차질을 빚게 되었다. 거울 속에 비친 그림자와 서로 마주보며 서글퍼하는 마음을 그 누가 알아줄 사람이 있으리오."

장구령은 당나라 현종(玄宗) 때 조정의 재상을 지냈는데, 이림보(李林甫)의 모략으로 밀려나 초야에서 여생을 보낸 사람이다. 이 시는 재상직에서 물러났을 때의 감회를 읊은 것이다.

그러나 왕발(王勃)은 '늙음을 당하면 더욱 씩씩해야 한다. 어찌 흰머리의 마음을 알랴! 궁하여지면 또한 더욱 굳어져야 한다. 청운(靑雲)에 뜻은 떨어지지 않는다.〈老當益壯 寧知白首之心 窮且益壁 不墜靑雲之志〉라고 썼다.

출 전 : 장구령(張九齡)의 조경견백발(照鏡見白髮)

청천백일 靑天白日

맑게 갠 하늘에서 밝게 비치는 해.
- 靑(청) : 푸르다. ● 天(천) : 하늘.
- 白(백) : 희다. 깨끗하다. ● 日(일) : 날. 해.

환하게 밝은 대낮. 또는 죄의 혐의가 모두 풀려 뒤가 깨끗함. 곧,
결백함의 비유.

유 래

당나라의 문호(文豪)인 한유(韓愈)의 '최군(崔群)에게 보내는 글〔與
崔群書〕에서 나온 말로써,' 당송팔가문(唐宋八家文)에 실려 있는 글이
다.

한유는 훌륭함을 비유로 하여 '봉황새와 지초', '푸른 하늘의 밝은 해'
를 인용하고 있다. 즉 비유의 목적은, 최군의 인품이 맑고 밝다고 하는
데 있는 것이 아니라, 푸른 하늘, 둥근 해의 맑고 밝음은 노예까지도 인
정하는 것처럼, 최군의 훌륭함은 만인들이 깨닫는 바라고 말하고 싶었
던 것이다.

그러나 '靑天白日'이란 말을 맑고 밝게 갠 하늘의 태양에 비유하여,
아무런 부끄러움도 뒤가 어두운 것도 없는 결백함, 나아가서 죄가 없
음이 판명되어 무죄의 몸이 되었다는 뜻으로 풀이한다.

또 朱子는 '朱子全書'에서 孟子의 인품을 평하여, 靑天白日과 같고, 씻
어내야 할 때도 없고, 찾아내야 할 흠도 없이 완벽하고 순결하다고 칭
찬하고 있다.

출 전 : 한유(韓愈) - 여최군서(與崔群書)

차

청천벽력
青天霹靂

맑게 갠 하늘의 날벼락.
- 青天(청천) : 푸른 하늘. 청공(青空).
- 霹(벽) : 벼락. 천둥. · 靂(력) : 벼락. 천둥.

뜻밖에 일어난 큰 변동. 전혀 예상치 못한 재난이나 변고.

유 래

음력 9월은 가을이 끝남에 가깝다. 여름에서 가을까지 병상에 누워 지낸 방옹(放翁)은, 어느 날 아침에 닭보다 일찍 눈을 뜨고 병을 이기는 기분으로 일어났다.

'취묵(醉墨)'은 술에 취한 감흥을 타고 붓을 옮기는 것을 말하거니와, 여기에서는 오랜 병으로 몸이 부들부들 떨리는 것을 재미있게 말한 것이다.

부들부들 떨면서 오랜만에 붓을 잡고서, 놀라운 세력으로 쓰기 시작하는 것이다. '정히 오래 칩거한 용과 같이'의 구칩용(久蟄龍)은 오랫동안 구멍에 파묻혀 있던 용이란 뜻이다.

용은 구멍에서 나와 하늘로 올라간다. 용이 하늘로 올라갈 때는 하늘이 진동하는 격렬한 천둥과 번개를 동반한다.

자기는 그 용이며, 기세에 맡기어 쓰는 그 모습은 번쩍번쩍 빛나는 번개와 같다고 했다. 곧 자신의 필치(筆致)를 가리킨다.

'청천벽력(青天霹靂)'은 한편으로는 붓을 움직이는 형세의 놀라움을, 또 한편으로는 병든 사람의 갑작스러운 행동을 표현했다고 해석된다.

출 전 : 육유(陸游) - 9월 4일 계명기작(九月四日 鶏鳴起作)

청출어람
青出於藍

유의어 출람(出藍). 출람지예(出藍之譽).

쪽에서 나온 푸른빛이 쪽빛보다 더 푸르다.

• 靑(청) : 푸르다. • 出(출) : 나다. • 於(어) : 보다(비교). • 藍(람) : 쪽(물감의 원료). 남빛.

제자가 스승보다 더 나음을 일컫는 말.

유래

군자가 말하였다.

"학문이란 중도에 그쳐서는 안 된다. 푸른 빛깔은 쪽에서 나왔지만 쪽보다 더 푸르고, 얼음 또한 물이 만들지만 물보다 차다." (학문에 힘쓰기를 계속하면 제자가 스승보다 뛰어나다.)

학문에 뜻을 둔 사람은 끊임없이 발전과 향상을 목표로 하여 잠시도 게을리 해서는 안 된다. 그렇게 함으로써 그 사람의 학문은 더욱 깊어지고 순화되어, 한 걸음 완성에 가까워질 수 있는 것이다. 그 예로 쪽이란 풀로 푸른색을 내지만, 사람의 노력이 가해짐으로써 그 쪽 자체보다 더 깨끗하고 아름다우며 진한 빛깔을 낼 수 있는 것이다.

얼음도 물을 얼림으로써 만들어지거니와, 그 얼음은 물보다도 더욱 차갑다. 두 가지 모두 사람에게 있어서는 학문과 마찬가지로 그 과정을 거듭 쌓음으로써, 그 성질이 더욱 깊어지고 순화되어 가는 것이다.

※ 청람(靑藍) : 쪽의 잎에 들어 있는 천연 색소. 물과 알칼리에 녹아들지 않는 푸른 가루로 감색의 물감으로 씀.

출전 : 순자(荀子) - 권학(勸學)

차

촌철살인
寸鐵殺人

한 치밖에 안 되는 칼로 사람을 죽인다.
- 寸(촌) : 마디. 치(길이의 단위). • 鐵(철) : 쇠.
- 殺(살) : 죽이다. • 人(인) : 사람.

간단한 경구(警句)나 단어로 사물의 급소를 찌름의 비유.

유래

"중자의 간략한 말이나 사설은 한 치밖에 안 되는 작은 날붙이로 사람을 죽이는 식이다."

간단한 한마디 말과 글로써 상대방을 제압하거나 한 구절의 글로써 사회에 끼치는 영향이 큼을 일컫는 말이다.

옛날 중국에서는 흔히 성인 남자의 손가락 한 개의 폭을 한 치[寸]라고 했다. 鐵은 칼날이나 무기를 뜻한다. '寸鐵'이란 한 치도 되지 못하는 칼날을 말한다. 한 걸음 더 나아가 '殺人' 대신 '活人'을 응용하면, 간단한 말 한마디로 '사람의 목숨을 살리거나 정곡(正鵠)을 찔러 상황을 제압하는 것'을 뜻한다.

차

출 전 : 학림옥로(鶴林玉露)

추선자
秋扇子

유의어 추풍선(秋風扇). 하로동선(夏爐冬扇).

가을 부채.

- 秋(추) : 가을. • 扇(선) : 부채.

서늘한 바람이 불어 아무도 거들떠보지 않는 부채. 즉, 남자의 사랑을 잃은 여자. 곧, 실연당한 여자나 소박맞은 아낙네를 일컬음.

■ 하로동선(夏爐冬扇) : 여름의 화로와 겨울의 부채란 뜻으로, 철에 맞지 않거나 격에 어울리지 않는 사물의 비유. 필요한 때는 대접을 받다가 쓸모가 없으면 버려짐.

유래

새로이 짓는 제(齊)나라의 흰 비단옷
맑고 깨끗하기 서리와 같구나.
이리저리 잘라서 맞춘 합환(合歡)의 부채
둥글둥글한 명월(明月)을 닮았네.
임의 품속을 드나들면서
움직일 때마다 미풍(微風)을 일으키는구나.
못내 두려운 가을철이 오고
서늘한 바람이 더위를 쫓으니
장롱 속에나 던져지는 신세
은정(恩情)이 중도에서 끊이졌구나.

출 전 : 원가행(怨歌行)

유의어 각축(角逐), 미지록사수수(未知鹿死誰手), 중원축록(中原逐鹿).

사슴을 쫓는다.

• 逐(축) : 쫓다. • 鹿(록) : 사슴.

제위 또는 정권 · 지위 등을 얻으려고 다투는 일.

유래

'사리사욕에 미혹된 사람은 도리를 잊어버린다.'는 것을 비유로 '사슴을 쫓는 자는 산을 보지 못한다.'고 말한다. 즉 짐승을 잡으려고 산에 들어간 사람은 짐승에만 생각이 가 있어서 산이 눈에 보이지 않는다. 욕심에 눈이 어두워있기 때문이다.

사슴을 쫓는 자는 토끼를 돌아보지 않고 천금의 물건을 흥정하는 사람은 돈 몇 냥의 값을 놓고 다투지 않는다.(逐鹿者不顧兔. 決千金之貨者 不爭銖兩之價).

결국 큰 것에 뜻이 있는 사람은 사소한 일에 구애받지 않는다는 뜻이다.

※ 축록자 불견산(逐鹿者不見山) : '사슴을 쫓는 자는 산을 보지 않는다'는 뜻으로, 명예나 욕심에 사로잡힌 사람은 도리를 저버리거나 눈 앞의 위험을 돌보지 않음의 비유. 또는, 큰일을 이루려는 사람은 작은 일에 사로잡히지 않음을 비유해 일컫는 말.

※ 축록자 불고토(逐鹿者不顧兔) : 큰 짐승인 사슴을 잡으려는 사람은 작은 토끼 따위에는 눈길도 주지 않음. 큰 돈을 얻으려는 사람은 하찮은 가치 때문에 다투지 않는다는 말.

출전 : 사기(史記) - 회음후열전(淮陰侯列傳)

춘추필법
春秋筆法

〔춘추〕에 필삭(筆削)을 더한 비판 방법.
* 春(춘) : 봄. * 秋(추) : 가을.
* 筆(필) : 붓. 쓰다. * 法(법) : 법.

대의명분을 밝혀 세우는 사필(史筆)의 논법. 공정한 태도로 준엄하게 비판하는 것.

유래

「춘추(春秋)」라는 책은 공자의 손으로 이루어진 노(魯)나라의 연대기이다. 오늘날 흔히 말하는 역사서와는 달리 단순히 사실을 나열하여 기록했을 뿐이며, 기사 가운데 일체 비평이나 설명을 포함시키지 않았다.

역사 서술이라기보다는 오히려 연대표에 가깝다.

서두의 은공(隱公) 원년부터 예를 들어 보면,

'3월, 공이 주(邾)의 의부(儀父)와 멸(蔑)에서 동맹하다.'

여름 5월, 정백(鄭伯)이 단(段)에서 언(鄢)을 어기다.'

이것만 읽으면 아무 맛도 없고 재미도 없으나 이 글자 뒤 행간에 '춘추필법(春秋筆法)'에 의한 역사에 대한 비평이 곁들여 있다고 한다. 즉 공자가 그곳에 기재 사실의 선택, 표현 방법에 의하여 잘 잘못을 나타냈다는 것이다.

그러나 춘추필법은 공자의 인(仁)을 기초로 하는 유교사상을 대의로 삼아 역사적 사실을 포폄(褒貶 : 칭찬과 비방)하여 기록함을 뜻한다.

출전 : 두예(杜預) - 춘추좌씨(春秋左氏)

측은지심 惻隱之心

유의어 사단(四端).

측은하게 여기는 마음.
- 惻(측) : 슬퍼하다. • 隱(은) : 숨다.
- 心(심) : 마음. 생각.

사단(四端)의 하나. 남의 불행을 불쌍히 여기고 깊이 동정하는 마음.

유 래

맹자(孟子)는 왕도정치 근저에 흐르고 있는, 소위 성선설(性善說)을 강조하셨다.

성선설이란 사람의 본성은 착한 것이라고 보고, 그 마음을 확대하여 나가면 인의예지(仁義禮智)의 네 가지 덕을 완성하여, 다시 이 덕행으로 천하의 백성들을 교화시킴으로써, 왕도정치가 실현된다는 것이다.

그리고 맹자께서는 다음과 같이 말했다,

"사람들에게 이 사단(四端)이 있다는 것은 마치 사지(四肢)가 있는 것과 같다. 이 사단이 있으면서 스스로 능하지 못하다고 말하는 사람은 스스로를 해치는 사람이다. 무릇 나에게 사단이 있는 것을 다 확충시켜 나갈 줄을 안다면, 불이 처음에 타오르고 샘물이 처음에 솟아오르는 것과 같다. 진실로 능히 이것을 확충시켜 나간다면, 온 사해(四海)를 보전하기에도 넉넉하지만, 진실로 이것을 확충시켜 나가지 않는다면, 자기 부모를 섬기기에도 부족할 것이다."

출 전 : 맹자(孟子) - 공손추(公孫丑)

칠거지악
七去之惡

반의어 삼불거(三不去).

아내를 버릴 수 있는 일곱 가지 죄악.

● 去(거) : 버리다. ● 惡(악) : 악하다. 나쁘다.

(지난날) 아내를 버릴 수 있는 이유가 되는 일곱 가지. '시부모에게 불순할 때, 자식을 낳지 못할 때, 음탕할 때, 질투할 때, 나쁜 병이 있을 때, 말이 많을 때, 도둑질할 때'를 일컬음.

■ 삼불거(三不去) : 칠거의 악이 있는 아내를 버리지 못하는 세 가지 경우. 곧 갈 곳이 없거나 부모상을 같이 치렀거나 가난하다가 부귀하게 된 경우.

유래

첫째, 시부모의 말에 순종하지 않는 것이다. 즉, 「불순부모거(不順父母去)」라는 것이다.

둘째, 「무자거(無子去)」다. 자식을 낳지 못하면 보낸다는 것이다. 불효 가운데 뒤를 이을 자식이 없는 것을 가장 큰 것으로 알던 고대 사회에서는 너무도 당연한 일이었을지 모른다.

셋째, 「음거(淫去)」이다. 부정한 행동이 있으면 보내는 것이다.

넷째, 「유악질거(有惡疾去)」다. 전염될 염려가 있는 불치의 병 같은 것을 말한다.

다섯째, 「투거(妬去)」다. 첩 꼴을 보려고 하지 않는다던가, 공연히 남편의 일에 강짜를 부리는 그런 여자는 돌려보내도 좋다는 것이다.

여섯째, 「다언거(多言去)」다. 말이 많은 여자는 보내도 좋다는 것이다.

끝으로 「도거(盜去)」다. 손이 거친 여자는 보낸다는 것이다. 그런데 여기에도 보내지 못하는 세 가지 조건이 있다. 이른바 삼불거(三不去)라는 것이다.

출 전 : 의례(儀禮)

차

침어낙안
沈魚落雁

유의어 폐월수화(閉月羞花).

물고기가 잠기고 기러기가 떨어진다.

- 沈(침) : 잠기다. 가라앉다. • 魚(어) : 고기.
- 落(락) : 떨어지다. • 雁(안) : 기러기(鴈과 通用).

너무나 아름다워 물고기가 물 속으로 숨어들고 기러기는 황홀해서 하늘에서 떨어져 버릴 정도로 아름다운 미인을 일컬음.

■ 폐월수화(閉月羞花) : 달을 구름 속에 숨게 하고 꽃을 부끄럽게 만든다.

유래

(월왕이 사랑했던) 모장이나 (진나라 헌공의 애첩) 여희는 세상에 이름 높은 미인이었다. (그녀를 보면 아름다운 달도 구름 사이로 모습을 감추고 꽃은 부끄러워한다). 또 물고기는 그 모습을 보면 물 속 깊이 숨어 버리고, 새는 그들을 보면 하늘 높이 날아가 버리며, 사슴은 그들을 보면 재빨리 달아나 버릴 정도였다.

(그런데 이 말은 잘못 쓰였다. 물고기나 새, 사슴은 미인이기에 부끄러워 달아난 것이 아니라 두려워 도망친 것이라 보아야 한다.)

※ 역사상 나라를 망친 여인들 : 하나라 걸왕의 말희, 은나라 주왕의 달기, 주나라 유왕의 포사, 월나라 구천의 서시, 당나라 현종의 양귀비 등.

※ 연민의 정으로 사라진 여인들 : 삼국지의 동탁과 여포 사이의 초선, 초한지 항우의 우희 등.

출전 : 장자(莊子) - 제물론(齊物論)

쾌도난마
快刀亂麻

잘 드는 칼로 엉클어진 삼실을 자른다.

● 快(쾌) : 쾌하다. 마음이 상쾌하다. ● 刀(도) : 칼.
● 亂(난) : 얽히다. ● 麻(마) : 삼.

어지럽게 뒤얽힌 사물이나 말썽거리 사건 따위를 단번에 시원하게 처리함의 비유.

유 래

고조는 자식들이 얼마나 총명한지 의식을 살피기 위해 엉켜 있는 실타래를 각자 나누어주면서 누가 가장 빨리 추리는지 보겠다고 하였다. 그때 문선제(文宣帝)만은 잘 드는 칼로 엉켜져 있는 실타래를 단칼에 베어 버리며, "질서를 어지럽힌 자는 베어야 한다[난자필참(亂者必斬)]."고 말하였다.

그 뒤부터 위정자들이 백성들을 가혹하게 탄압하는 것을 가리켜 쾌도난마라고 하게 되었다.

카

출 전 : 북제서(北齊書) - 문선제기(文宣帝紀)

유의어 강태공(姜太公).

태공이 애써 기다리고 있던 인물.

- 太公(태공) : 강태공(姜太公).
- 望(망) : 바라다. 기다리다. 원망하다.

중국 주(周)나라의 재상인 태공망이 낚시질을 즐겼다는 데서, 낚시질을 좋아하는 사람을 일컬음.

유래

주(周)나라 문왕(文王)이 즉위하여 왕위에 올라 서백(西伯)이 되었을 무렵, 그 덕망이 널리 퍼져 사람들은 그를 천자가 될 군주라고 불렀다. 그 무렵 동해 바닷가에 여상(呂尙)이라는 사람이 있었는데 가난하고 나이 들었으나 서백을 흠모하여 낚시를 하면서 위수(渭水) 북쪽 강기슭으로 거슬러 올라갔다.

그때 서백은 사냥하려고 사냥감을 점쳤더니, '오늘의 사냥감은 용도 아니고 곰도 아니다. 패왕에게 도움이 될 귀인을 만날 것이다.' 였다. 과연 서백은 여상을 위수(渭水) 북쪽 강가에서 만났다.

"나의 선군 태공께서 말씀하시기를, '성인이 있어 주나라로 올 것이다. 주나라는 이로 인해 나라를 빛나게 해줄 것이다'라고 하셨는데, 실로 이를 두고 하신 말씀인 것 같습니다. 태공께서는 실로 오랫동안 기다렸지요."

태공(太公)이 오랫동안 기다리고 기다린 사람이란 뜻으로, 여상을 가리키는 말이다.

서백은 그를 자기 수레에 태우고 돌아가 스승으로 섬겼다.

타

출전 : 사기(史記) - 제태공세가(齊太公世家)

태산북두
泰山北斗

유의어 산두(山斗). 태두(泰斗).
태산과 북두칠성.

• 泰(태) : 크다. • 斗(두) : 말(용량의 단위). 구기. 별이름.

중국 제일의 명산인 '태산과 북두칠성'. 세상 사람들로부터 가장 우러러 존경받는 사람.

유 래

한유가 죽은 후로, 그의 학설이 세상 사람들 사이에 크게 퍼지게 되어, 학자들이 이를 우러러보기를, '태산과 북두칠성과도 같았다'고 하였다.

한유(韓愈)는 자(字)를 퇴지(退之)라 하며 중국 문학사상 최대의 문장가로 손꼽혔다. 한유는 이백·두보·백거이(白居易)와 더불어 당대(唐代)의 4대 시인 가운데 하나이기도 하다.

그는 특히 육경(六經 : 易, 詩, 書, 春秋, 禮記, 樂記)의 문장으로 모든 학자를 가르치고 인도하는 스승이 되었으며, 노장(老壯)의 도교와 불교를 배척하고 유교를 높이 떠받들었다. 그리하여 한유가 죽은 뒤에는 그의 학문과 문장이 더욱 흥성해서 사람들은 그를 태산북두(泰山北斗)처럼 우러러 존경하였다.

※ 태산(泰山) : 높고 큰 산. 크고 맑음을 가리키는 말. 〔태산 명동(鳴動)에 서일필(鼠一匹) : 크게 떠벌리기만 하고 실제의 결과는 작은 것의 비유〕

타

출 전 : 당서(唐書) - 한유전(韓愈傳)

토사구팽
兎死狗烹

유의어 교토사주구팽(狡兎死走狗烹).
토끼가 죽으면 사냥개가 삶아 먹힌다.
- 兎(토) : 토끼. • 死(사) : 죽다. • 狗(구) : 개.
- 烹(팽) : 삶다(亨과 通用).

필요할 때 요긴하게 쓰던 사람이나 물건이 필요 없어지면 버림을
받게 되는 경우를 일컬음.

■ 교토사주구팽(狡兎死走狗烹) : 토끼를 다 잡으면 사냥개를 삶는다는
뜻으로, 필요할 때는 소중히 여기다가도 쓸모가 없어지면 버려진다.
적국이 망하고 나면, 충신도 쓸모가 없어져서 죽임을 당함을 비유함.

유 래

(한신은 지난날 항우의 맹장 종리매(鍾離昧)의 목을 가지고 한고조
를 배알했다. 고조는 곧 군에 명령을 내려 한신을 포박해 수레에 싣게
했다. 이때 한신이 말했다.)

"과연 예부터 내려오는 말과 같다. 날랜 토끼가 죽으면 좋은 개가 삶
기고, 높은 새가 없어지면 좋은 활이 광 속에 들어가고 (적국이 파하면
모신(謀臣)이 죽는다고 했다.) 천하가 이미 정했으니, 나도 삶기는 것
은 원래 당연한 일이다.

춘추 말기 월나라 범려가 대부(大父) 종(鍾)에게 보낸 편지에도 같은
말이 나온다.

"나는 새가 다하면 좋은 활이 들어가고, 날랜 토끼가 죽으면 개가 삶
긴다(飛鳥盡良弓藏 狡兎死走狗烹). 월나라 임금의 사람됨이 목이 길고
입이 까마귀처럼 생겼다(長頸烏喙). 환난은 같이할 수 있어도 즐거움
은 같이 할 수 없다. 그대는 어찌하여 떠나가지 않는가?'

출 전 : 한신(韓信) - 회음후전(淮陰侯傳)

타

퇴 고
推 敲

밀다. 두드리다.
- 推(추 · 퇴) : 옮다. 밀다.
- 敲(고) : 두드리다.

시문(詩文)을 지을 때, 자구(字句)를 여러 번 생각하여 고침. 글을 짓는 데에 고심함을 일컬음.

유래

"인적 드문 곳에 한가한 집, 잡초에 묻힌 황폐한 정원으로 통한다. 새는 연못가 나뭇가지에서 잠들고 스님은 달 아래 문을 두드린다."

추고(推敲)라고 쓰며 추고, 퇴고의 두 가지 음으로 읽는다.

당(唐)나라 가도(賈島)라는 시인이 있는데, 하루는 노새를 타고 가던 도중에 기가 막히게 좋은 시구(詩句)가 떠올랐던 것이다.

閑居少隣竝 草徑入荒園 鳥宿池邊樹

여기까지는 제법 단숨에 뽑아냈으나 마지막 끝 구절, 즉 넷째 줄에 가서 그만 막히고 말았던 것이다.

敲月下門

'스님이 달 아래 문을 두드린다〔敲〕'라고 하느냐 '문을 밀친다〔推〕'로 하느냐 하는 글자 한 개를 놓고 망설이기 시작했던 것이다. 이렇게 한 번 망설이기 시작하니 어느 쪽을 택해야 할지 도무지 판단할 수가 없었다.

타

출 전 : 당시기사(唐詩紀事) - 가도(賈島)

투 향
偸 香

아름다운 향을 훔친다.

• 偸(투) : 훔치다.
• 香(향) : 향기. 향기롭다.

남녀간에 사사로이 정을 통함.

유 래

진(晉)나라 가충(賈充)이 잘 생긴 한수(韓壽)가 마음에 들어 속관(屬官)을 시켜주고 곧잘 함께 이야기하는 것을 가충의 딸이 보고 연정을 일으켰는데, 그 애절한 마음을 시로 엮으며 번뇌했다.

그것을 눈치 챈 시녀가 한수를 만나 아기씨의 간절한 생각을 전하고 아기씨의 아름다움을 말했다. 그 말을 들은 한수는 마음이 동해 시녀를 따라 아기씨의 방에 찾아들어 마침내는 떨어질 수 없는 사이가 되고 말았다.

그러던 어느 날 가충은 집안에 속관들을 모아놓고 이야기를 하고 있을 때 한수의 몸에서 명향(名香)의 향기가 풍겼다.

그 명향을 폐하로부터 하사받은 사람은 자기와 진건(陳騫)뿐이었으므로, 가충은 옳거니 하고 느끼는 바가 있어 딸의 시녀를 조사하여 내막을 알게 되었다. 그래서 가충은 사건을 비밀에 붙여 밖에 알리지 않고 딸을 한수에게 시집보내어 사건을 해결했다.

그 후부터 남의 집 딸과 밀통(密通)하는 것을 투향(偸香)이라고 하게 되었다.

타

출 전 : 요재지이(聊齋志異)

<table>
<tr><td>파 경
破 鏡</td><td>**유의어** 파경부조(破鏡不照).
깨어진 거울.
• 破(파) : 깨뜨리다. • 鏡(경) : 거울.</td></tr>
</table>

부부의 금실이 좋지 않아 이별하게 되는 일. 한 번 헤어진 부부는 다시 결합하기 어려움. 또는, 이지러진 달을 비유한 말.

■ 파경부조(破鏡不照) : 깨어진 거울은 다시 비추지 않는다.

유래

남북조시대, 남조(南朝)의 마지막 왕인 진(陳)이 멸망했을 때 태자사인(太子舍人 : 시종)이었던 서덕언(徐德言)은 간신히 살아남을 수 있었지만 그의 아내는 수나라 병사에게 사로잡혀 생이별하게 되었다. 서덕언은 손거울을 반으로 쪼개어 한쪽을 아내에게 건네주며 말을 이었다.

"이것을 잘 지니고 있다가 정월 보름날 시장에서 파시오. 만일 내가 살아남는다면 반드시 돌아오리다."

정월 보름이 되자 서덕언은 아내와의 약속대로 시장으로 갔다. 얼마 지나자 한 장사꾼이 그 깨진 거울을 팔고 있었다. 그냥 주어도 가져가지 않을 물건을 팔고 있으니 누구도 거들떠보지 않았다.

서덕언은 아내의 심부름으로 나온 그 사내에게서 거울을 사고 아내가 살아 있음을 확인했다. 서덕언의 아내는 그 날로 식음을 전폐하고 눈물만 흘릴 뿐이었다. 이 사실을 전해들은 양소는 두 사람의 애절한 사랑에 감동되어 이윽고 서덕언 부부를 함께 고향으로 돌려보냈다.

※ 파경중원(破鏡重圓) : 깨어진 거울이 거듭 둥글게 되었다는 뜻으로 생이별한 부부가 다시 만난다는 말.

출전 : 태평광기(太平廣記)

파과지년
破瓜之年

참외를 깨는 나이.
- 破(파) : 깨뜨리다. 부수다. 깨지다. 격파.
- 瓜(과) : 오이. 참외. 모과(木瓜).
- 年(년) : 해. 나이. 때. 시대.

여자의 나이 16세(첫 월경이 있게 되는 나이) 또는, 남자의 64세 (瓜자를 파자하면 八八이 되는 데서 연유함).

유 래

"푸른 구슬 참외를 깨칠 때에
임은 사랑을 못 이겨 넘어졌네.
감격에 겨워 부끄러움도 내던지고
몸을 돌려 임의 품에 안겨버렸네."

여기에서 '외를 깨뜨리는 파과시〔破瓜時〕'란 처녀를 바치던 때를 말한다. 혹은 첫 생리가 시작되었을 때 곧 홍조(紅潮)를 보게 된다는 의미하기도 한다.

그런가 하면 '과'를 둘로 나누면 '팔(八)'자가 둘이 된다고 해서 여자 나이 16세를 가리키기도 하고, 8을 서로 곱하면 64가 되므로 남자의 64세를 일러 '파과'라고도 한다.

출 전 : 손작(孫綽) - 정인벽옥가(情人碧玉歌)

파죽지세
破竹之勢

대나무를 쪼개는 기세.
- 破(파) : 깨뜨리다. 부수다.
- 竹(죽) : 대. 대나무.
- 勢(세) : 기세.

세력이 강대하여 적을 거침없이 물리치고 쳐들어가는 당당한 기세.

유래

지금 우리 군사의 사기는 하늘을 찌를 듯하오. 그것은 마치 대나무를 쪼개는 것과 같아서, 처음 두세 마디만 쪼개면 그 다음부터는 칼날이 닿기만 해도 저절로 쪼개지므로 다시 손댈 필요 없이 공격만 남아있을 뿐이오. (이리하여 곧장 오나라 수도 건업(建業 : 남경)을 향해 진군했다.)

위(魏)·오(吳)·촉(蜀) 삼국시대가 지나고 사마염이 진(晉)으로 통일할 때의 이야기이다. 그 무렵 촉한(蜀漢)은 이미 망했고, 천하는 위(魏)의 뒤를 이은 진과 남방의 오나라와의 대립이었다.

진남 대장군 두여는 왕준의 군사와 힘을 합쳐 무창(武昌)을 함락시킨 후 곧장 오나라의 도성 건업으로 쇄도하여 마침내 이를 공략하였다.

오나라 왕 손호(孫皓)는 수레에 관(棺)을 싣고 팔을 뒤로 묶어 사죄(死罪)의 뜻을 표하고 항복했다. 진의 통일은 이렇게 이루어졌다.

풍수지탄
風樹之嘆

유의어 풍목지비(風木之悲), 풍수지감(風樹之感).

나무는 고요하기를 원하나 바람이 부는 것을 한탄한다.

● 風(풍) : 바람 ● 樹(수) : 나무. ● 嘆(탄) : 탄식하다.

어버이가 돌아가시어 효도하고 싶어도 할 수 없는 슬픔. 또는, 어찌할 수 없는 한탄.

유래

"아무리 나무가 가만히 있으려 하나 몰아치는 바람에 멎지를 않습니다. 자식이 효도를 다하고자 하나 그때까지 부모는 기다려 주시지 않습니다. 돌아가시고 나면 만나뵐 수 없는 것이 부모입니다."

※ 수욕정이풍부지(樹欲靜而 風不止) : 나무는 가만히 조용해지려고 하지만, 불어오는 바람이 가만히 내버려두지 않는다는 뜻으로, 자식이 어버이를 봉양하고자 하나 어버이는 이미 돌아가시고 이 세상에 계시지 않음을 한탄하여 일컫는 말. 또는 외부로부터 오는 유혹으로 말미암아 내적인 평정을 얻지 못함.

파

출전 : 한시외전(漢詩外傳)

필부지용
匹夫之勇

소인배의 혈기로 덤비는 용기.
- 匹(필) : 미천한 사람. 짝.
- 夫(부) : 사내. 일꾼.
- 勇(용) : 날래다.

좁은 소견에 계획도 방법도 없이 혈기만 믿고 함부로 덤비는 소인배의 용기.

유래

사마천은 「사기(史記)」를 쓸 때 「항우본기」에서 항우를 비평했다. "의제를 내쫓고 관중을 버린 잘못이 있었고 자신에 넘치는 긍지를 가지고 자신의 지혜만을 믿고 천하를 경영한 데 그 과오가 있었다."고 했다.

그리고 유방은 그가 성공하여 황제가 된 후 대신들에게 이렇게 말했다.

"과인이 성공하여 천하를 얻을 수 있었던 것은 사람을 알고 사람을 잘 썼기 때문이다. 그러나 짐은, 장막 안에서 작전과 계책을 내고 천리의 승전을 얻은 장량만 못하고, 양곡을 마련하여 재정을 정리하여 나라를 잘 지켜 백성이 잘 살 수 있도록 한 소하를 못 따르며, 전장에 나아가 백만 대군을 진두지휘하여 반드시 적을 무찔러 필승하는 한신에 뒤떨어진다. 이 세 사람들은 인중지걸(人中之傑)이며 짐은 이 인중지걸을 잘 쓸 수 있었기 때문에 천하를 얻었다. 그러나 항우는 오직 한 사람뿐인 모사 범증이 있었지만 그를 쓰지 못했던 관계로 짐은 항우를 이길 수 있었던 것이다."

출전 : 사기(史記) - 항우본기(項羽本記)

한단지몽
邯鄲之夢

유의어 일침지몽(一枕之夢). 한단침(邯鄲枕).
한단에서의 꿈
* 邯(한) : 땅 이름. * 鄲(단) : 조(趙)나라 서울. 땅 이름.
* 夢(몽) : 꿈.

인생의 부귀영화가 덧없음을 비유한 말.〔노생(盧生)이 한단에서 여옹(呂翁)의 베개를 베고 자다 꿈을 꾼 고사에서 유래.〕

유 래

당(唐)나라 현종 때 여옹(呂翁)이 한단(邯鄲 : 조나라의 옛 도읍)으로 가던 도중 주막집에서 쉬고 있었는데, 노생(盧生)이라는 젊은이가 찾아와 신세타령을 늘어놓다가 여옹에게서 빌린 베개를 베고 잠이 들었다.

잠자는 동안 노생은 명문 집안의 딸을 아내로 맞고 과거에 급제하고 승승장구하여 만인지상 재상으로 있다가 역적으로 체포되어 죽을 지경에 이르렀다. 그리고 50년의 부귀를 누린 끝에 세상을 떴다.

노생이 잠에서 깨어 살펴보니 잠들기 전에 주막집 주인이 메조를 씻고 있었는데 아직 밥이 되지 않았다.

"아아, 꿈이었구나……."

한탄처럼 중얼거리는 그에게 여옹은 웃으며 말하길, "인생이란 모두가 그런 것이라네."

"일이 잘 되고 안 되고 하는 과정도, 번성하거나 망하거나 하는 이치도, 또한 살아 있거나 죽을 때의 마음까지도 모든 것을 경험했습니다. 이것도 모두 선생님께서 저의 욕망을 막아 주시려는 것인 줄 압니다. 앞으로도 결코 이 일을 잊지 않겠습니다."

노생은 잠시 멍하니 앉아 있다가 정신을 차린 다음 여옹에게 절을 하고 감사를 드렸다.

출 전 : 침중기(枕中記)

한단지보
邯鄲之步

유의어 한단학보(邯鄲學步).
한단에 가서 걷는 방법을 배우다.
• 邯鄲(한단) : 조나라의 옛 도읍. • 步(보) : 걸음.

〔연나라의 한 청년이 한단에 가서 걷는 방법을 배우려다가 본래의 걸음걸이까지도 잊어버리고 기어 돌아왔다는 고사에서〕, 자기의 분수를 잊고 함부로 남의 흉내를 내다보면 다 잃어버린다는 말.

유래

"당신은 걷는 법을 배우러 수릉(壽陵)의 젊은이가 한단(邯鄲 : 조나라 수도)으로 갔다는 이야기도 듣지 못하였는가? 그 젊은 사람은 아직 조나라 걸음걸이를 다 배우기도 전에 원래 걷고 있던 걸음걸이마저 잊어버리고 설설 기며 겨우 고향으로 돌아갔다지 않은가. 당장 그대가 가지 않는다면 장차 그대의 방법을 잊고, 그대의 본분마저 잃어버릴 것일세."

장자의 선배인 위(魏)나라 공자 위모(魏牟)가 장자의 사상을 이해하기 힘들다는 공손룡(公孫龍)에게 한 말이다.

"도대체 그 지혜가 이 세상의 옳고 그름을 다투고 있는 어리석음을 깨닫지 못하고 있으면서, 장자의 말씀을 이해하고 싶다는 자네의 생각은 마치 모기의 등에 산을 지우고 그 산을 옮겨 놓겠다는 것과 같네. 자네는 장자의 뜻 알기를 대통〔竹筒〕을 사용하여 하늘을 보고, 송곳을 써서 땅을 재는 것이라고 할 수 있네. 그러니 어서 본분을 잃기 전에 돌아가게." 라고 하였다.

출전 : 장자(莊子) - 추수(秋水)

유의어 합종(合縱). 연횡(連衡).

종(남북)으로 합치고 횡(동서)으로 잇대다.

* 合(합) : 합하다. * 縱(종) : 세로.
* 連(연) : 잇다. * 衡(형·횡) : 저울대.

중국 전국 시대 때 소진의 합종설과 장의의 연횡설로서, 여러 가지 외교 수단을 동원하여 정략(政略)을 꾸미는 일.

유래

소진은 장의와 더불어 전국시대 중엽의 대책사(大策士)였다. 당시에는 일곱 나라(燕, 齊, 趙, 韓, 魏, 楚, 秦)가 있었다.

소진이 오랜 수행(修行) 끝에 여기저기를 유람하고 낙양의 자기 집으로 돌아왔다.

초라한 모습으로 문간에 와 선 소진을 보고 아내는 짜고 있던 베틀에서 내려오지 않았고 형수는 밥도 차려주지 않았다.

천덕꾸러기로 집에서 머무르기를 약 1년, 소진은 또다시 집을 뛰쳐나가 주왕(周王)을 찾아갔으나 상대를 해주지 않았다. 다음에 진(秦)나라에 갔으나 역시 상대를 해주지 않았다.

조(趙)나라에 갔으나 거기서도 헛걸음을 하고 다시 멀리 북쪽에 있는 연(燕)나라로 가서 변설을 휘둘렀다.

여기서는 그의 변설이 효과를 발생하여 거마금백(車馬金帛)의 상금을 받았다.

소진이 연왕(燕王)에게 진언한 정책은 합종(合縱)으로 연과 조, 제, 위, 한, 초가 세로[縱─從]로, 즉 남북으로 손을 잡고 강국(强國)인 진나라에 대항하는 것이었다. 이들 여섯 나라는 당시 급진적으로 강대해져 가고 있던 진나라를 극도로 두려워하고 있었다.

출전 : 사기(史記)

해어화
解語花

말을 알아듣는 꽃.
- 解(해) : 풀다. - 語(어) : 말씀.
- 花(화) : 꽃(華와 通用).

미인을 일컬음. 또는 화류계의 여인을 일컫기도 함.

유 래

　명황(明皇 : 당나라 현종) 가을(8월)에, 태액지에 천 잎사귀의 흰 연꽃이 있었다. 그 중 몇 가지에는 꽃이 무성하게 피었다. 황제는 양귀비와 더불어 잔치하고 감상했는데, 연못가의 모든 사람들은 저마다 감탄의 소리가 터져 나왔다. 그때 연꽃을 바라보던 현종이 양귀비를 가리키며 좌우에게 일러 말했다.

　"이 꽃들의 아름다움이 내 말을 알아듣는 꽃과 견줄 만하도다."

　(여기서 말을 알아듣는 꽃이란 물론 양귀비를 두고 한 말이다.)

　이 아름다운 비가 양귀비(楊貴妃)이다. 당나라 현종이 어느 날 여산(驪山)의 온천궁(溫泉宮)에 갔을 때 일이다. 자기 아들인 수왕(壽王)의 비였던 양귀비(楊貴妃)한테 그만 넋을 잃었다. 현종은 견딜 수가 없어 그녀를 수왕에게서 끌어내어 자기 후궁으로 삼았던 것이다.

　현종은 치세의 전반에 훌륭한 업적을 쌓았지만 후반에 가서는 양귀비와의 사랑에 빠져 정사를 제대로 돌보지 않아 〈안녹산의 난〉을 맞이하고 비극으로 생을 마감했다.

출 전 : 개원천보유사(開元天寶遺事)

형설지공
螢雪之功

유의어 형설(螢雪). 차형손설(車螢孫雪).
반딧불과 눈[雪] 빛으로 공부한 공.
* 螢(형) : 반딧불이. * 雪(설) : 눈. * 功(공) : 공로.

온갖 고생하며 공부해서 얻은 성공(좋은 결과)를 일컬음.

■ 차형손설(車螢孫雪) : 차윤과 손강의 형설.

유 래

진(晉)나라의 차윤은 신중하고 근면하며, 학문을 게을리 하지 않아, 모든 문헌에 널리 통달해 있었다. 집이 가난하여 기름을 구할 수 없었다. 여름철이 되면 비단 주머니에 반딧불을 수십 마리 잡아넣고, 그 불빛으로 책을 비추어 밤낮없이 공부하였다.

여름에는 반딧불로, 겨울에는 창가에 앉은 눈[雪] 빛에 애써 공부한 보람이 있었다는 뜻으로, 어렵게 공부하는 것을 두고 말한다.

그 주인공은 동진(東晉)의 차윤(車胤)과 손강(孫康)이다.

두 사람은 어렵게 공부한 보람이 있어 후세의 수험생에게 표본이 되었다.

차윤(車胤)은 여름철에 반딧불로 공부해서 이부상서(吏部尙書 : 내무장관)에 오르고 손강(孫康) 또한 차윤과 같이 가난하여 등불에 쓸 기름을 구할 수가 없었다. 그래서 그는 늘 눈 빛으로 책을 읽었다. 그도 훗날 어사대부(御史大夫)에 올랐다.

※ 현두자고(懸頭刺股) : 학업에 전심전력함. 상투를 들보에 매달아[懸頭] 잠을 쫓고, 송곳으로 허벅지를 찌르며[刺股] 공부함.

출전 : 진서(晉書) – 차윤전(車胤傳)

호가호위
狐假虎威

유의어 가호위호(假虎爲狐). 안자지어(晏子之御).

여우가 호랑이의 위엄을 빌리다.

• 狐(호) : 여우. • 假(가) : 거짓.
• 虎(호) : 호랑이. • 威(위) : 위엄. 세력.

남의 권세를 빌어 위세를 부림의 비유.

■ 안자지어(晏子之御) : 재상 안자의 말을 부리는 사람의 위세. 곧 하찮은 지위에 만족하여 뻐기는 못난 사람의 비유.

유래

"호랑이는 자기가 무서워서 달아나는 줄을 모르고, 정말 여우를 보고 무서워서 달아나는 줄 알았다."

호랑이는 모든 짐승의 왕이다. 한 번은 여우가 호랑이에게 붙들렸는데 여우가 말하길, "그대는 감히 나를 잡아먹지 못하리라. 옥황상제께서는 나를 백수(百獸)의 어른으로 만들었다. 만일 그대가 나를 잡아먹으면 이것은 하늘을 거역하는 것이 된다. 만일 내 말이 믿어지지 않거든, 내가 그대를 위해 앞장서서 갈 터이니 그대는 내 뒤를 따라오며 잘 살펴보아라. 모든 짐승들이 나를 보고 감히 달아나지 않는 놈이 있는가를", 그러자 호랑이는 과연 그렇겠다싶어 여우를 앞세우고 같이 갔다. 그러자 모든 짐승들이 보기가 무섭게 달아났다.

출전 : 전국책(戰國策) - 초책(楚策)

호시탐탐
虎視眈眈

범이 먹이를 탐내어 노려본다.

- 虎(호) : 범. 호랑이.
- 視(시) : 보다.
- 眈(탐) : 즐기다.

욕망을 채우기 위해 기회를 노리고 가만히 정세를 관망함. 또는, 그런 모양.

유래

"(윗사람이 아랫사람의 도움을 받고) 거꾸로 길러져도 좋다. 호랑이가 날카로운 눈초리로 내려다보고 있듯이, 언제나 그 욕심이 한이 없더라도 상관이 없다."

이 글의 뜻은 호시탐탐 그 욕심이 마구 발동하나 아무런 허물도 할 수가 없다는 말로, 욕심이 사나워도 그것이 옳은 일이라면 아무 허물할 바가 없다는 뜻이다.

곧, 부모가 자식을 기르는 것이 도리이고 임금이 백성의 생활을 보장하는 것이 정치이다. 그러나 자식이 장성한 다음에는 범이 위엄을 갖추고, 자식들의 봉양을 계속해서 받아도 좋다. 그리고 또한 나라가 태평하다면 임금이 나라의 권위를 유지하기 위하여 사치하는 것쯤 나쁠 것이 없다는 말이다.

출전 : 역경(易經) - 이괘(頤卦)

호연지기
浩然之氣

유의어 정대지기(正大之氣). 정기(正氣).

하늘과 땅 사이에 가득찬 넓고도 큰 기운.
- 浩(호) : 넓다. • 然(연) : 그러하다.
- 氣(기) : 기운. 숨기.

도의에 뿌리를 두고 공명정대하여 조금도 부끄러울 바 없는 도덕적 용기. 사물에서 해방되어 자유스럽고 유쾌한 마음.

유래

'호연지기란 무엇인가'하면, 호연지기란 말로 표현하기 난해하지만, 그 기운됨이 더없이 크고 강하고 바른 것인데, 이것을 올바로 길러서 해침이 없으면 하늘과 땅 사이를 꽉 채우게 된다.

〔이 기운은 의(義)와 도(道)로서 기르는 바, 그것이 없으면 곧 시들어버리고 만다. 잠시도 마음이 떠나서는 안 되며 무리하게 욕심을 내어서도 안 된다.〕

그제야 공손추는 맹자가 말하는 호연지기가 어떤 것인지를 알았다.

이 말은 맹자와 그의 제자 공손추(公孫丑)의 문답 가운데 나온다.

'호연'이란 넓고 풍부한 것을 형용한 말로, 호연지기(浩然之氣)란 아무런 사물에도 구애됨이 없이 넓고 풍부한 마음, 좀더 어렵게 표현하면 꺾이지 않고 흔들림이 없는 도덕적인 용기(勇氣)를 가리키는 말이다.

호연지기는 곧 우주 사이에 꽉 차 있는 자연과 마음이 하나가 되어 버린 도(道)의 경지이다.

출전 : 맹자(孟子) - 공손추(公孫丑)

하

유의어 장주지몽(莊周之夢).
나비가 된 꿈.
• 胡(호) : 오랑캐. • 蝶(접) : 나비.
• 夢(몽) : 꿈

인생의 덧없음. 인생관과 우주관을 동시에 말해주는 말. 장자가 꿈에, 자신이 나비가 된 것인지 나비가 자신인지 모를 만큼 즐거이 놀았다'는 고사에서, 현실과 꿈을 분간하기 어려움의 비유.

> ■ 장주지몽(莊周之夢) : 장자(莊子)가 나비가 된 꿈을 꾸었는데 꿈이 깬 뒤에 자기가 나비가 된 것인지 나비가 자기가 된 것인지 분간이 가지 않았다는 고사(故事)에서, 자아(自我)와 외계(外界)와의 구별할 수 없는 경지를 말함.

유 래

장주(莊周)가 꿈을 꾸었는데 훨훨 나는 나비였다. 스스로 즐겨서 뜻하는 대로 가고 있어 내 자신임을 알지 못했다. 갑자기 깨어나니 곧 장주인 자신이 되어 있었다. 도대체 인간인 내가 꿈에 나비가 된 것인지 나비가 꿈에(인간인) 장주 내가 된 것인지를, 인간인 장주와 나비와는 반드시 구별이 있다. 이것이 이른바 만물의 변화인 물화(物化)이다.

장자는 제물지론(齊物之論), 소요지유(逍遙之遊), 즉 모든 것을 동등하게 보고 만물즉일(萬物卽一)의 절대적 구경적(究竟的) 세계에 마음을 소요시켜야 한다는 사고방식을 우화로 표현하고 있는 것이다.

'하늘과 땅은 나와 같이 생겨나고, 만물은 나와 함께 하나가 된다(天地與我竝生 而萬物與我爲一)'고 말하고 있다. 그와 같이 만물이 하나로 된 절대의 경지에 서 있게 되면, 인간인 장주가 곧 나비일 수 있고, 나비가 곧 장주일 수도 있다. 결국 장주나 나비나, 현실이나 꿈이나, 삶과 죽음도 구별이 없다.

출 전 : 장자(莊子) - 제물론(齊物論)

홍익인간
弘益人間

널리 인간을 이롭게 함.
- 弘益(홍익) : 널리 이롭게 함.
- 人間(인간) : 사람이 사는 세상.

「삼국유사」에 나오는 단군의 건국이념으로 우리나라 정치, 교육의 기본 정신.

유 래

"지금으로부터 2천 년 전에 단군왕검이란 사람이 있어서 도읍을 아사달에 세우고 나라를 처음 만들어 이름을 조선이라 불렀다."

고기(古記)에는 말하기를, 옛날 환인(桓因 : 하느님이란 뜻)의 서자 환웅(桓雄)이 자주 천하에 뜻을 두고 인간 세상을 탐내어 찾았다.

아버지가 아들의 뜻을 알고, 아래로 삼위태백(三危太伯)을 굽어보니 인간을 널리 유익하게 할 수 있었다(昔有桓因庶子桓雄 數意天下 貪求人世 父知子意 下視三危太伯 可以弘益人間).

그래서 천부인(天符印) 세 개를 주어 그리로 보내 가서 다스리게 했다.

환웅은 부하 3천 명을 거느리고 태백산 꼭대기의 신단나무 아래로 내려와 이름하여 신시(神市)라 했다.

이를 일러 환웅천왕(桓雄天王)이라 한다고 했다"고 나와 있다.

이 환웅천왕과 곰〔熊〕과의 결혼에 의해 태어난 아들이 단군(檀君)이다.

출 전 : 위서(魏書)

하

화광동진
和光同塵

유의어 동기진(同其塵).

빛을 주변의 먼지와 같게 한다.

- 和(화) : 조화됨. · 光(광) : 빛.
- 同(동) : 한가지. · 塵(진) : 티끌. 흙먼지.

자기 자신의 재주를 감추고 세속을 좇음. 불교에서, 부처·보살의 중생을 제도하기 위해 본색을 감추고 인간계에 섞여 나타나는 것을 말함. 세상 사람들과 함께 어울림을 뜻함.

유래

진정으로 아는 사람은 그 지혜를 말하지 않고, 그것을 말하는 사람은 알지 못한다. 그 감정의 구멍〔兌 : 귀·눈·코·입〕을 막고, 그 욕정의 문을 닫으며, 그 날카로움을 무디게 하고, 그 얽힘을 풀며, 그 빛을 흐리게 하고, 그 티끌(세속)을 같이 한다. 이것을 오묘(奧妙)한 동화(同化)라고 한다.

여기에서 화광(和光)이란 빛을 부드럽게 늦추는 일이고, 동진(同塵)이란 속세의 티끌과 같이 한다는 의미를 담고 있다. 따라서 '화광동진'이란 '빛'을 부드럽게 해 속세의 먼지와 함께 함. 곧 자신의 지혜와 덕을 밖으로 드러내지 않고 속인과 어울려 지내면서 참된 자아를 보여 준다는 의미를 담고 있다.

출전 : 노자(老子) - 제4장

화룡점정
畫龍點睛

용을 그릴 때 눈을 그려 완성한다.

- 畫(화) : 그림. 그리다. • 龍(룡) : 용.
- 點(점) : 점. 점찍다. • 睛(정) : 눈동자.

사물의 가장 요긴한 곳. 가장 요긴한 부분을 마치어 일을 완성시킴.

〔양(梁)나라〕 장승요가 금릉(남경)에 있는 안락사의 벽에 두 마리 용을 그렸는데, 눈동자를 점찍지 않았다.

그가 항상 이야기하길 여기 눈동자에 점을 찍으면 날아가 버린다고 했다. 사람들이 그 말을 믿지 않고 그 한 마리에 눈동자를 그려 넣으니 순간 뇌성을 치며 벽을 부수고 용이 하늘로 올라갔다.

점을 찍지 않은 한 마리는 그대로 남아 있었다.

그리고 언젠가 벽에다 울창한 숲을 그려두었더니, 이튿날 많은 새들이 그 벽 밑에 와 죽어 있었다. 새들은 그것이 정말 숲인 줄 알고 날아들다가 벽에 부딪쳐 죽은 것이다.

우리나라 신라 진흥왕 때 솔거(率居)가 그린 황룡사 노송도(老松圖) 벽화에 참새들이 날아와 머리를 부딪쳐 떨어져 죽었다는 얘기와 비슷한 이야기이다.

출 전 : 역대명화기(歷代名畫記)

하

화서지몽
華胥之夢

화서지국(華胥之國).

화서 나라의 꿈을 꾼다.

- 華(화) : 빛나다. 아름답다.
- 胥(서) : 서로. 함께. • 夢(몽) : 꿈. 꿈꾸다.

좋은 꿈이나 낮잠을 일컬음. 무심코 꾼 꿈에서 생의 진리를 깨달음. 황제가 화서의 나라로 가서 진리를 깨닫게 되었다는 고사에서 좋은 꿈을 가리킴.

유래

그때였다. 황제는 낮잠을 자는 동안 꿈에 태고시절 무위의 제왕인 화서의 나라로 가서 놀게 되었다. (화서의 나라는 정신에 의해서만 갈 수 있는 곳이었다.) 그 나라에는 지배자가 없이 자연 그대로였다.

태고적 성왕(聖王)으로 알려진 황제(皇帝)가 꿈 속에서 화서(華胥) 나라에 노닐었다는 고사로서 길몽, 또는 널리 꿈을 수식하여 '화서지몽(華胥之夢)'이라 한다.

황제는 꿈에서 깨어나자 문득 깨달은 바가 있었다. 그래서 사람들을 가까이 불러 꿈 이야기를 하고 이렇게 했다.

"나는 요 석 달 동안 들어앉아 오로지 심신을 수양하며 내 몸을 보양하고 사물을 다스릴 연구를 거듭했으나 끝내 좋은 생각이 떠오르지 않았다. 그런데 마침 피곤해서 잠이 살짝 든 동안에 꾼 꿈이 이것이었다. 과연 도(道)의 극치란 제아무리 슬기로운 궁리와 연구를 해본들 얻을 수 있는 것이 못 되었다. 그런데 나는 무심한 꿈 속에서 비로소 그 도를 터득한 듯한 생각이 들었다. 글쎄 그걸 너희들에게 말로 전해 줄 수 없는 것이 안타깝구나."

그 후 천하는 크게 다스려져서, 거의 화서의 나라와 같았다.

출전 : 열자(列子) – 황제편(黃帝篇)

유의어 변화지벽(卞和之璧). 완벽(完璧).

화씨가 발견한 구슬.

• 和氏(화씨) : 초나라 화씨. • 璧(벽) : 옥.

천하제일의 보배로운 구슬.

유 래

초나라 화씨(和氏 : 卞和)가 산 속에서 옥돌 원석을 주워 와서 초나라 여왕(厲王)에게 바쳤다.

여왕이 옥공에게 감정을 시켜보니 옥이 아니라 그저 돌이라고 했다. 왕은 임금을 속인 죄를 물어 화씨의 왼쪽다리를 자르게 했다.

여왕이 죽고 무왕(武王)이 즉위하자 화씨는 다시 그 원석을 바쳤다. 역시 옥공에게 감정시킨 결과 옥이 아닌 돌이라는 판정이 내려졌다. 이번에는 그의 오른발을 자르게 했다.

무왕이 죽고 문왕이 즉위했다. 그러자 화씨는 또다시 그 원석을 품에 안고 밤낮 사흘을 소리 내어 울었다.

그러자 화씨는, "다리가 잘린 것이 슬퍼 우는 것이 아닙니다. 보배 구슬이 돌로 불리고, 곧은 선비가 속이는 사람이 된 것이 슬퍼 우는 까닭입니다." 하고 대답했다.

이리하여 문왕은 옥공에게 그 원석을 다듬고 갈게 하여, 천하에 다시없는 보물을 얻게 되었다. 그리고 그 구슬을 '화씨벽'이라 이름을 붙였다.

출 전 : 한비자(韓非子) - 화씨편(和氏篇)

환골탈태 換骨奪胎

뼈를 바꾸고 태를 빼앗는다.

- 換(환) : 바꾸다.
- 骨(골) : 뼈.
- 奪(탈) : 빼앗다.
- 胎(태) : 아이를 배다.

얼굴이 전보다 변해 아름답게 됨. 또는, 남의 시나 문장 따위의 발상이나 표현을 본뜨되, 자기 나름의 창의(創意)를 보태어 자작(自作)처럼 꾸밈.

유 래

황산곡이 말하였다.

"시의 뜻은 그 끝이 없으나, 사람의 재주는 한이 있다. 유한한 재주로써 무궁한 뜻을 바라는 것은, 도연명(陶淵明)이나 소릉(小陵 : 두보)일지라도 그 교묘함을 얻지 못한다. 그러나 그 뜻을 바꾸지 않고 그 시를 만드는 것, 이것을 환골법(換骨法)이라 하며, 그 뜻을 규모로 하여 이를 형용하는 것을 탈태법(奪胎法)이라고 한다."

(여기에서 탈태는 시인의 시상이 마치 어머니의 태내에 아기가 있는 것 같은데 그 태를 나의 것으로 삼아 시경으로 변화시키는 것을 의미한다.)

황정견(黃庭堅)이 말하길, '두보의 붓 끝에 걸리면 평범한 경치도 곧 아름다운 자연으로 바뀌는데, 이는 마치 연금술사가 한 알의 영단(靈丹)을 넣어서 쇠를 황금으로 변화시키는 것과 같다'고 하였다.

출 전 : 냉재야화(冷齋夜話)

효빈 效顰

찡그림을 본받다.

- 效(효) : 본받다.
- 顰(빈) : 찡그리다.

무언지도 모르고 덩달아 흉내 냄. 남의 결점을 장점인 줄로 알고 본뜬다는 말.

유래

"서시가 가슴앓이의 고통으로 얼굴을 찡그리자, 그 마을의 추한 여자가 그 모습을 보고 아름답게 여겨 집에 돌아와 자신도 가슴을 받치고 얼굴을 찡그렸다. 그러자 그 마을의 부자는 그 모습을 보고 굳게 문을 닫고 나오지 않았고, 가난한 사람은 그 모습을 보고 처자들을 이끌고 도망쳤다. 그녀는 찡그림을 아름답다고 알았을 뿐, 찡그림의 아름다운 까닭을 알지 못했다."

춘추시대 말기에 월(越)나라의 미녀 서시(西施)가 가슴을 앓아, 그 통증 때문에 눈썹을 찡그리고 걸어갔다. 그것을 본 추녀(醜女)가 자기도 그렇게 하면 아름답게 보일 것이라고 생각하고 흉내를 냈기 때문에, 마을 사람들이 모두 도망쳐 버렸다는 고사에서, 옳고 그름과 착하고 악함을 생각지 않고 함부로 남의 흉내를 내는 것을 비유하여 효빈(效顰)이라고 한다.

※ 서시(西施) : 오나라와 월나라가 다투고 있을 때, 월나라 왕 구천이 오나라 왕 부차를 방심시키기 위해 바친 미녀로 부차의 총애를 받았다.

출전 : 장자(莊子) - 천운(天運)

효 시
嚆 矢

우는(소리 나는) 화살.
- 嚆(효) : 울다. 부르짖다.
- 矢(시) : 화살.

사물의 시초. 온갖 사물의 맨 처음 시작, 혹은 사건의 처음 일어남의 비유.

유 래

효(孝)로 유명한 증삼(曾參)과 강직하기로 유명한 사추(史鰌)가 폭군인 걸왕(桀王)과 가장 큰 도둑인 도척(盜跖)의 효시가 아님을 어찌 알겠는가. 그러므로 '성인을 없애고, 지혜를 버리면 천하가 크게 다스려진다.'고 말하는 것이다.

'효시'란 우는(소리 나는) 화살이란 뜻으로, 향전(響箭)이라고도 한다. 쏘아 보내면 소리가 울리므로 싸움터에서 개전(開戰)의 신호로 삼았다. 여기에서 '효시'라고 하면 사물의 처음, 혹은 최초의 선례 등을 가리키는 비유가 되었다.

출 전 : 장자(莊子) - 재유(在宥)

하

한자숙어 대백과

가

- **가가대소(呵呵大笑)** 껄껄 웃음. 대단히 우스워서 큰소리로 껄껄 웃는 웃음.

- **가계야치(家鷄野雉)** 집에서 키우는 닭보다 들에 있는 꿩을 탐낸다는 뜻으로, 집안에 있는 귀한 것을 버리고 밖에 있는 쓸데없는 것을 탐함. 본처(本妻)보다 첩(妾)을 더 사랑함의 비유.

- **가고가하(可高可下)** 어진 사람은 높은 지위에 있어도 교만하지 않고, 낮은 지위에 있어도 떳떳함을 잃지 않음.

- **가담항어(설)(街談巷語(說))** 길거리나 항간에 떠도는 소문, 세상의 하찮은 이야기나 뜬소문.

- **가동주졸(街童走卒)** 길거리에서 노는 철없는 아이. 또는, 일정한 목적이나 주견 없이 그저 돌아다니는 졸장부.

- **가롱성진(假弄成眞)** 실없이 한 말이 참말 된다는 뜻으로, 처음에 장난삼아 실없이 한 말이 나중에 진심으로 한 것같이 정말로 됨을 일컬음.

- **가빈즉사양처(家貧則思良妻)** 집안이 가난해지면 살림을 알뜰하게 꾸려 주던 어진 아내를 생각하게 된다는 뜻으로, 곤란한 일에 처하면 그것을 도와 줄 사람을 기다리게 됨을 일컬음.

- 가정맹어호(苛政猛於虎) 가혹한 정치는 호랑이보다 더 무섭다는 뜻으로, 혹독한 정치의 폐가 큼을 비유하여 일컬음.

- 가화만사성(家和萬事成) 가정이 화목하면 모든 일이 잘 이루어짐.

- 각곡유목(刻鵠類鶩) 고니를 그리려다가 잘못되어도 집오리는 된다는 뜻으로, 학문에 열중하면 그만큼 정진이 있다는 말.

- 각골난망(刻骨難忘) 뼈에 사무치도록 못 잊는다는 뜻으로, 입은 은혜에 대한 고마움을 뼈에 새기어 결코 잊지 아니함.

- 각골명심(刻骨銘心) 뼈에 새기고 마음에 새겨 둔다는 뜻으로, 영원히 잊어버리지 않는 마음.

- 각골통한(刻骨痛恨) 사무친 원한이라는 뜻으로, 뼈에 사무치도록 마음속 깊이 맺힌 원한을 일컬음.

- 각인자소문설전(各人自掃門雪前) 자기 집 앞 눈치우기. 각자가 스스로 문 앞의 눈을 쓴다는 뜻으로, 자기가 할 일은 자기가 하고 남의 일에 간여하지 않는다는 말.

- 각자도생(各自圖生) 각자의 자기의 삶을 꾀한다는 뜻으로, 인생은 제각기 살아 나갈 방도를 꾀함.

- 각축(角逐) '角(각)은 겨루다, 逐(축)은 쫓는다'는 뜻으로, 승리를 위하여 서로 경쟁함.

- 간난신고(艱難辛苦) 어렵고, 맵고, 쓰다는 뜻으로, 몹시 힘들고 고생스러움.

- 간뇌도지(肝腦塗地) 간장과 뇌수로 땅바닥을 칠한다는 뜻으로, 끔찍하게 죽은 모습. 또는 나라를 위하여 목숨을 돌보지 아니하고 힘씀. 전란 중의 참혹한 죽음.

- 간담초월(肝膽楚越) 간과 쓸개가 초나라와 월나라 사이만큼 멀다는 뜻으로, 보는 관점에 따라 비슷한 것일지라도 서로 전혀 다르게 보이고, 가까운 것일지라도 아주 멀리 보인다는 것을 일컬음.

◆ 간두(竿頭) 장대의 끝이라는 뜻으로, 매우 위험한 지경을 일컬음.

◆ 간발이즐(簡髮而櫛) 머리카락을 한 가닥 한 가닥 골라서 빗질을 한다는 뜻으로, 본래의 목적에서 벗어나 자질구레한 일에 얽매이는 것으로, 힘이 많이 들고 효과가 적은 일.

◆ 간불소향(揀佛燒香) 부처를 골라 향을 피운다는 뜻으로, 사람을 차별해서 대우함을 일컬음.

◆ 간불용발(間不容髮) 머리카락 한 올이 들어갈 만한 틈이 없다는 뜻으로, 사태가 매우 급박함의 비유, 또는 매우 치밀하여 조금도 빈틈이 없음을 일컬음.

◆ 간성지재(干城之材) 방패와 성의 구실을 하는 인재라는 뜻으로, 나라를 지키는 믿음직한 인재를 뜻함.

◆ 간세지재(間世之材) 여러 세대를 통하여 세상에 드문 인재.

◆ 간신적자(奸臣賊子) 간사한 신하와 어버이의 뜻을 거스르는 자식.

◆ 간악무도(奸惡無道) 간사하고 악독하며 도리에 어긋남.

◆ 간어제초(間於齊楚) 제나라와 초나라 사이에 끼어 있다는 뜻으로, 약자가 강자 사이에 끼어 당하는 괴로움.

◆ 갈불음도천수(渴不飮盜泉水) 아무리 목이 말라도 도천〔不義〕의 샘물을 마시지 않는다는 뜻으로, 어떤 곤경을 당해도 의롭지 않은 일을 하지 않음.

◆ 갈이천정(渴而穿井) 목이 말라서야 우물을 판다는 뜻으로, 미리미리 일을 준비하지 않고 일이 생긴 뒤에야 아무리 서둘러 본들 이미 때가 늦어서 이루지 못함.

◆ 갈충보국(竭忠報國) 몸과 마음을 다하여 나라의 은혜에 보답함.

◆ 감개무량(感慨無量) 감개가 한이 없다는 뜻으로, 지난 일이나 자취에 대해 느끼는 회포가 한량없이 깊고 크다는 말.

◆ 감당지애(甘棠之愛) 임금의 덕을 우러러 사모한다는 뜻으로, 주

(周)나라 소공(召公)의 선정(善政)에 감격한 백성들이 그가 잠시 쉬었던 팥배나무를 소중히 가꾸었다는 고사.

◆ **감로(甘露)** 달콤한 이슬이라는 뜻으로, 태평세월에 내린다는 이슬. 도리천(忉利天)에 있다는 달콤한 영액(靈液 : 한 방울만 먹어도 괴로움과 번민이 없어지고 불로장생하며, 죽은 자도 다시 살아난다 함).

◆ **감불생심(敢不生心)** 감히 엄두도 내지 못함.

◆ **감언이설(甘言利說)** 달콤한 말과 이로운 조건이라는 뜻으로, 남의 비위에 들도록 꾸민 달콤한 말과 이로운 조건을 내세워 꾀는 말.

◆ **감정지와(坎井之蛙)** 우물 안 개구리라는 뜻으로, 견문이나 식견이 좁은 사람의 비유.

◆ **감지봉양(甘旨奉養)** 맛있는 음식으로 부모를 봉양함.

◆ **감천동지(憾天動地)** 천지를 뒤흔든다는 뜻으로, 활동이 매우 눈부심을 일컬음.

◆ **감탄고토(甘呑苦吐)** 달면 삼키고 쓰면 뱉는다는 뜻으로, 사리의 옳고 그름에는 관계없이 자기 비위에 맞으면 좋아하고 맞지 않으면 싫어함.

◆ **감홍난자(酣紅爛紫)** 가을 단풍이 울긋불긋하게 한창 무르익은 풍경. 오색 단풍이 물든 가을 경치.

◆ **갑검유등(匣劍帷燈)** 갑 속의 검과 휘장 안의 등불이라는 뜻으로, 칼날의 날카로움과 등불의 밝음은 감출 수 없음을 일컬어 명확한 사실은 감출 수 없다는 말.

◆ **갑남을녀(甲男乙女)** 이 남자와 저 여자라는 뜻으로, 신분이나 이름이 알려지지 아니한 평범한 사람을 일컫는 말.

◆ **갑론을박(甲論乙駁)** 서로 자기 의견을 주장하여 남의 의견을 반박한다는 뜻으로, 말다툼이 되어 논의가 되지 않음을 일컬음.

- **강구연월(康衢煙月)** 태평한 시대의 평화로운 풍경. 태평성대를 일컬음.

- **강남귤화위지(江南橘(化爲枳)** 강남의 귤을 강북으로 옮겨 심으면 탱자가 된다는 뜻으로, 사람도 장소 환경에 따라 품성이 달라진다는 말.

- **개과불린(改過不吝)** 허물을 고침에 인색하지 않는다는 뜻으로, 잘못이 있으면 고치는 데 주저하지 않음.

- **개세지재(蓋世之才)** 온 세상을 뒤덮을 만큼 뛰어난 재주. 또는 그런 재주를 가진 인재(人材).

- **객반위주(客反爲主)** 손(객)이 도리어 주인 행세한다는 뜻으로, '주되는 것과 부차되는 것이 뒤바뀌었음을 일컬어 사물의 경중이나 완급, 또는 중요성에 비추어 앞뒤의 차례가 서로 뒤바뀜.

- **거관유독(居官留犢)** 벼슬아치란 재임 중에 낳은 송아지조차도 물러날 때에는 가지고 돌아가지 않는다는 뜻으로, 청렴결백한 벼슬아치의 비유.

- **거두절미(去頭截尾)** 머리와 꼬리를 잘라 버린다는 뜻으로, 앞뒤의 잔설을 빼고 요점만을 말함.

- **거세개탁(擧世皆濁)** 온 세상이 다 흐리다는 뜻으로, 지위의 고하를 막론하고 모든 사람이 다 올바르지 아니함.

- **거안사위(居安思危)** 살기 편할 때에는 위난이 닥칠 때를 생각한다는 뜻으로, 재난에 대한 준비가 되어 있으면 화를 당하지 않음.

- **거이기양이체(居移氣養移體)** 사람은 처한 위치에 따라 기상이 달라지고 환경과 음식에 따라 기품이 갖추어진다는 뜻.

- **거자불추내자불거(去者不追來者不拒)** 가는 사람 붙들지 말고 오는 사람을 물리치지 말라.

- **거자일소(去者日疎)** 죽은 사람에 대해서는 점점 잊게 된다는 뜻으

로, 서로 멀리 떨어져 있으면 사이가 소원해짐을 일컬음.

◆ **거재두량(車載斗量)** 물건을 수레에 싣고 말로 된다는 뜻으로, 물건이나 인재 등이 아주 흔함을 일컬음.

◆ **걸해골(乞骸骨)** 해골을 돌려 달라(자신의 몸이나 해하지 말고 돌아가게 해 달라)는 뜻으로, 늙은 재상이 벼슬자리에서 물러나기를 임금께 청하던 일.

◆ **격세지감(隔世之感)** 한 세대 사이가 뜬 느낌이라는 뜻으로, 많은 진보나 변화를 겪어서 아주 딴 세상이나 또는 다른 세대처럼 여겨짐. 딴 세대와도 같이 아주 달라진 느낌.

◆ **격화소양(隔靴搔癢)** 신을 신은 채 가려운 데를 긁는다는 뜻으로, 어떤 일을 하느라고 애를 쓰는데 성에 차지 않음을 일컬음.

◆ **견강부회(牽強附會)** 억지로 끌어다 갖다 붙인다는 뜻으로, 가당치 않은 말을 억지로 끌어다 붙여서 조건이나 이치에 맞추려고 우겨댐을 일컬음.

◆ **견리사의(見利思義)** 이로움을 보면 의리를 생각하라는 뜻으로, 눈앞에 이끗(재물의 이익이 되는 실마리)이 보일 때, 먼저 그것을 취하는 것이 의리에 합당한지를 생각하라는 뜻.

◆ **견마지로(犬馬之勞)** 개나 말의 하찮은 수고라는 뜻으로, 윗사람에게 바치는 자기의 노력을 낮추어 말할 때 쓰는 말.

◆ **견문발검(見蚊拔劍)** '모기를 보고 칼을 뺀다'는 뜻으로, 아주 하찮은 일에 너무 크게 성내어 덤빔.

◆ **견물생심(見物生心)** 물건을 보면 그것을 가지고 싶은 욕심이 생김.

◆ **견원지간(犬猿之間)** 개와 원숭이의 사이라는 뜻으로, 서로 사이가 나쁜 두 사람의 관계를 일컬음.

◆ **견위수명(見危授命)** 나라가 위태함을 보고는 자기 목숨을 내놓음. 곧, 나라가 위급한 상황에 처하면 목숨을 아끼지 않고 나라를 위

하여 싸움.

- ◆ **견위치명(見危致命)** 위태로움을 만나면 목숨을 다하라는 뜻으로, 나라가 위태로울 때 자기의 목숨을 나라에 바침.
- ◆ **견인불발(堅忍不拔)** 굳게 참고 견디어 마음이 흔들리지 아니함.
- ◆ **견토지쟁(犬兎之爭)** 개와 토끼의 다툼이라는 뜻으로, 쓸데없이 다투는 것으로, 양자의 싸움에서 제삼자가 이득을 봄.
- ◆ **결자웅(決雌雄)** 자웅을 정한다는 뜻으로, 자웅(이김과 짐)을 결단하거나 결정하는 것으로, 승부를 겨룸.
- ◆ **결자해지(結者解之)** 일을 맺은 사람이 풀어야 한다는 뜻으로, 자기가 저지른 일에 대해서는 자기가 그 일을 해결해야 함.
- ◆ **겸양지덕(謙讓之德)** 겸손한 태도로 남에게 사양하는 미덕.
- ◆ **겸인지용(兼人之勇)** 혼자서 몇 사람을 상대할 만한 용기.
- ◆ **경거망동(輕擧妄動)** 경솔하고 망령되게 행동한다는 뜻으로, (깊이 생각해 보지 않고) 경솔하게 함부로 행동함. 또는, 그 경솔한 행동.
- ◆ **경당문노(耕當問奴)** 농사짓는 일은 머슴에게 물어봐야 한다는 뜻으로, 무슨 일이든 그 방면의 전문가에게 물어야 한다는 뜻.
- ◆ **경산조수(耕山釣水)** 산에서 밭을 갈고 물에서 낚시질을 한다는 뜻으로, 속세를 떠나 자연을 벗 삼으며 한가로운 삶을 즐김.
- ◆ **경세제민(經世濟民)** 세상을 다스리고 백성을 구제함.
- ◆ **경세지재(經世之才)** 세상을 다스릴 만한 재주. 또는 그런 사람.
- ◆ **경이원지(敬而遠之)** 존경하기는 하되 가까이 하지는 아니하다는 뜻으로, 겉으로는 공경하는 체하면서 가까이 하지는 아니함. 꺼리어 멀리함.
- ◆ **경적필패(輕敵必敗)** 적을 가볍게 보고 업신여기면 반드시 패함.
- ◆ **경조부박(輕佻浮薄)** 언어 행동이 경솔하고 진중하지 못함. 경박부허(輕薄浮虛).

◆ **경천동지(驚天動地)** 하늘을 놀라게 하고 땅을 뒤흔든다는 뜻으로, 세상을 깜짝 놀라게 함.

◆ **경천애인(敬天愛人)** 하늘을 공경하고 사람을 사랑함.

◆ **경천위지(經天緯地)** 온 천하를 잘 다스림.

◆ **계궁역진(計窮力盡)** 꾀와 힘이 다하여 더 이상 어찌할 방도가 없게 됨.

◆ **계란유골(鷄卵有骨)** 계란에도 뼈가 있다는 뜻으로, 운수가 나쁜 사람은 모처럼 좋은 기회를 만났어도 역시 일이 잘 안 될 때를 일컬음. 공교롭게도 일에 마가 낀다(방해됨)는 말.

◆ **계포일락(季布一諾)** 계포의 믿을 수 있는 확실한 승낙이라는 뜻으로, 계포의 약속은 절대적인 것으로 확실히 믿을 수 있다는 말. 곧 '한 번 약속을 하면 반드시 지킨다'는 뜻.

◆ **고고지성(呱呱之聲)** 고고(呱呱)의 소리. 아기가 세상에 처음 나오면서 우는 소리. 젖먹이 어린 아이의 울음소리.

◆ **고관대작(高官大爵)** 지위가 높은 큰 벼슬자리라는 뜻으로, 높은 벼슬자리. 또는, 그 직위에 있는 사람.

◆ **고굉지신(股肱之臣)** 팔다리와 같이 중요한 신하라는 뜻으로, 임금이 가장 믿고 중히 여기는 신하.

◆ **고군분투(孤軍奮鬪)** 외로운 군대가 힘겹게 적과 싸운다는 뜻으로, 수가 적고 지원이 없는 외로운 군대가 힘겨운 적과 싸움. 또는, 홀로 여럿을 상대로 싸움.

◆ **고금동서(古今東西)** 예와 지금, 그리고 동쪽과 서쪽이라는 뜻으로, 때와 지역을 통틀어 일컫는 말. 시공(時空)을 아우르는 말.

◆ **고담준론(高談峻論)** 고상하고 준엄한 언론. 또는, 잘난 체하고 과장하여 말함을 일컬음.

◆ **고대광실(高臺廣室)** 높은 댓돌 위에 있는 넓디넓은 집이라는 뜻으

로, 굉장히 크고 좋은 집.

- ◆ **고량진미(膏粱珍味)** 기름지고 살찐 고기와 좋은 곡식으로 만든 맛 있는 음식.

- ◆ **고려공사삼일(高麗公事三日)** '고려의 정책이나 법령은 사흘 간격 으로 바뀐다'는 뜻으로, 곧 정령(政令)을 조령모개(朝令暮改)함을 비꼰 말. 시작한 일이 오래 가지 못함의 비유.

- ◆ **고립무원(孤立無援)** 외톨이, 즉 홀로 외따로 떨어져 도움을 받을 데가 없는 처지를 일컬음.

- ◆ **고목생화(枯木生花)** 마른 나무에 꽃이 핀다는 뜻으로, 곤궁한 사 람이 뜻밖의 행운을 만나게 됨의 비유.

- ◆ **고봉준령(高峯峻嶺)** 높이 솟은 산봉우리와 험준한 산마루.

- ◆ **고사성어(故事成語)** 옛날부터 전해 내려오는 유서 깊은 일. 또는 그것을 표현한 교훈적인 어구(語句).

- ◆ **고성낙일(孤城落日)** 외로운 성에 지는 해라는 뜻으로, 세력이 다 하여 의지할 데가 없는 외로운 처지를 일컬음.

- ◆ **고성방가(高聲放歌)** 큰소리로 마구 떠들고 노래를 부름.

- ◆ **고성준론(高聲峻論)** 목소리를 높이어 엄숙하면서도 날카롭게 말함.

- ◆ **고식지계(姑息之計)** 아녀자나 어린이가 꾸미는 계책이라는 뜻으 로, 근본 해결책이 아닌 임시로 편한 것을 취하는 계책. 잠시 모 면할 일시적인 방편.

- ◆ **고왕금래(古往今來)** 예로부터. 이제까지의 동안.

- ◆ **고장난명(孤掌難鳴)** 외손바닥으로는 울리기 어렵다는 뜻으로, 혼 자서는 일을 이루지 못함. 또는 맞서는 사람이 없으면 싸움이 되 지 않음을 일컬음.

- ◆ **고진감래(苦盡甘來)** 쓴 것이 다하면 단 것이 온다는 뜻으로, 고생 끝에 낙이 옴을 일컬음.

- **고침단금(孤枕單衾)** 외로운 베개와 이불이라는 뜻으로, 젊은 여자가 홀로 쓸쓸하게 자는 것을 일컬음.

- **고침안면(高枕安眠)** 베개를 높이 하여 편히 잘 수 있다는 뜻으로, 아무 근심 없이 편안히 잘 잠을 일컬음.

- **고희(古稀)** 예부터 드물다는 뜻으로, 사람의 나이 '일흔 살', 또는 '일흔 살이 된 때'를 일컬음.

- **곡굉지락(曲肱之樂)** 팔을 베개 삼아 누워 자는 가난한 생활이라도 도(道)에 살면 그 속에 즐거움이 있다는 뜻으로, 물질을 추구하며 살기보다는 정신을 중시해서 사는 편이 나음을 일컬음.

- **곡학아세(曲學阿世)** 배운 학문을 굽혀 가며 세상에 아첨한다는 뜻으로, 바른 길에서 벗어난 학문으로 시세(時勢)나 권력자에게 아첨하여 인기를 얻으려는 언행(言行)을 함.

- **골육상잔(骨肉相殘)** 같은 혈육끼리 서로 다툰다는 뜻으로, 부자(夫子)나 형제 등 혈연관계에 있는 사람끼리 서로 해치며 싸우는 일. 또는 같은 민족끼리 해치며 싸우는 일을 일컬음. 골육상쟁(骨肉相爭). 골육상전(骨肉相戰).

- **골육지친(骨肉之親)** 부모 · 형제 · 자매 등의 가까운 혈족.

- **공경대부(公卿大夫)** 공경(公卿)이나 대부(大夫)의 자리에 있는 사람. 곧 벼슬이 높은 사람들.

- **공명수죽백(功名垂竹帛)** 공명을 죽백에 드리운다는 뜻으로, 공을 세워 널리 이름을 떨치고 역사에 길이 남김.

- **공명정대(公明正大)** 마음이 공평하고 사심이 없으며 밝고 큼.

- **공서양속(公序良俗)** 공공의 질서와 선량한 풍속.

- **공수래공수거(空手來空手去)** 빈손으로 왔다가 빈손으로 간다는 뜻으로, 사람의 일생이 허무함을 일컬음. 또는 재물을 모으려고 너무 욕심을 내지 말라는 말.

- **공전절후(空前絶後)** 비교할 만한 것이 이전에도 없고 이후에도 없을 것으로 생각됨. 전무후무.
- **공존공영(共存共榮)** 함께 살고 함께 번영한다는 뜻으로, 함께 잘 살아감을 일컬음.
- **공중누각(空中樓閣)** 공중에 떠 있는 누각이라는 뜻으로, 아무런 근거나 현실적 토대가 없는 가공(架空)의 사물을 일컬음.
- **공평무사(公平無私)** 공평하고 사사로움이 없음.
- **과공비례(過恭非禮)** 지나치게 공손함은 예(禮)가 아니라는 뜻으로, 지나친 공손은 오히려 예의에 벗어남을 일컬음.
- **과대망상(誇大妄想)** 자기의 위치를 사실보다 지나치게 높이 평가하는 망상이라는 뜻으로, 자기의 현재 상태를 턱없이 과장해서 사실인 것처럼 믿는 생각을 일컬음.
- **과유불급(過猶不及)** 정도를 지나침은 미치지 못함과 같다는 뜻으로, 지나친 것이나 모자란 것이 다 좋지 않음. 중용(中庸)이 중요함을 일컫는 말. 미치지도 않고 지나치지도 않은 중용을 시중(時中)이란 말로 표현됨.
- **과즉물탄개(過則勿憚改)** 잘못이 있으면 즉시 고치기를 꺼려하지 말라는 뜻.
- **관견(管見)** 붓대롱 속으로 내다본다는 뜻으로, 바늘구멍 같은 좁은 소견. 넓지 못한 식견. 자기 소견의 겸사말. 자기가 보는 것만을 전부인 줄 알고 있는 사람을 일컬음.
- **관인대도(寬仁大度)** 마음이 너그럽고 인자하여 도량이 넓음.
- **관존민비(官尊民卑)** 관리는 높고 귀하며, 백성은 낮고 천하다는 사고방식.
- **괄목상대(刮目相對)** 눈을 비비고 다시 본다는 뜻으로, 주로 아랫사람의 학식이나 재주 따위가 놀랍도록 향상된 경우에, 이를 놀

라워하는 뜻으로 쓰인다.

- ◆ **광음여류(光陰如流)** 세월이 흐르는 물과 같다는 뜻으로, 세월이 물과 같이 빠르고 한 번 지나면 되돌아오지 않음을 일컬음.

- ◆ **광풍제월(光風霽月)** 맑은 날 바람처럼, 비 갠 뒤 달처럼이라는 뜻으로, 고결하고 맑은 인품 또는 태평세월을 일컬음.

- ◆ **교각살우(矯角殺牛)** 쇠의 뿔을 바로 잡으려다가 소를 죽인다는 뜻으로, 결점이나 흠을 고치려는 일이 지나쳐 도리어 일을 그르침.

- ◆ **교왕과직(矯枉過直)** 구부러진 것을 바로잡으려다가 지나치게 곧게 한다는 뜻으로, 잘못을 바로잡으려다가 지나쳐서 오히려 나쁘게 됨을 일컬음.

- ◆ **교주고슬(膠柱鼓瑟)** 비파나 거문고의 기둥을 아교풀로 고착시켜 버리면 한 가지 소리밖에 나지 않는다는 뜻으로, 융통성이 없이 소견이 꽉 막힌 사람을 일컬음. 고집불통.

- ◆ **교천언심(交淺言深)** 사귄 지 얼마 되지 않는 사람에게 함부로 지껄여 어리석다는 뜻.

- ◆ **교칠지교(膠漆之交)** 아교와 옻칠처럼 끈끈한 사귐. 서로 착 달라붙어 떨어질 줄을 모른다는 뜻으로, 아주 친밀하여 서로 떨어질 수 없는 교분을 일컬음.

- ◆ **교토사주구팽(狡兎死走狗烹)** 토끼를 다 잡으면 사냥개를 삶는다는 뜻으로, 필요할 때는 소중히 여기다가도 그 일이 끝나 쓸모가 없어지면 버려지고 마는 것. 적국이 망하고 나면, 충신도 쓸모가 없어져서 죽임을 당하고 마는 것을 비유함.

- ◆ **교학상장(教學相長)** 가르치는 일과 배우는 일을 서로 길러 준다는 뜻으로, 가르치며 배우고 배우는 자에게서도 가르침을 받는다는 뜻을 일컬음.

- ◆ **구곡간장(九曲肝腸)** 굽이굽이 깊이 서린 간과 창자라는 뜻으로,

깊은 마음속, 또는 시름이 쌓인 마음속을 비유하여 일컬음.

◆ **구두선(口頭禪)** 입으로만 하는 참선이라는 뜻으로, 불교에서 경문 (經文)을 읽기만 할 뿐, 진정으로 불도를 수행하지 않는 일. 또는, 실행이 따르지 않는 빈말을 일컬음.

◆ **구상유취(口尙乳臭)** 입에서 아직도 젖내가 난다는 뜻으로, 말과 하는 짓이 유치한 것을 비유하여 일컬음.

◆ **구안투생(苟安偸生)** 구차하게 일시적인 편안을 꾀하여 헛되이 살 아감을 일컬음.

◆ **구이지학(口耳之學)** 귀로 들은 것을 그대로 입으로 옮기는 학문이 라는 뜻으로, 남에게서 들은 것을 그대로 남에게 전할 정도밖에 되지 않는 천박한 학문. 조금도 자기 것으로 만들지 못하는 학문 을 일컬음. 도청도설(道聽塗說)의 학문.

◆ **구전문사(求田問舍)** 부칠 논밭과 살 집만 구한다는 뜻으로, 국가 대사에는 뜻이 없고 일신상의 이익만 쫓음.

◆ **구절양장(九折羊腸)** 꼬불꼬불하게 굽어진 양의 창자라는 뜻으로, 세상이 복잡하여 살아가기 어려움의 비유.

◆ **구화지문(口禍之門)** 입이 재앙을 불러들이는 문이 됨.

◆ **국리민복(國利民福)** 나라의 이익과 국민의 행복.

◆ **국사무쌍(國士無雙)** 천하제일의 인물이라는 뜻으로, 온 나라에서 둘도 없는 가장 뛰어난 사람을 일컬음.

◆ **국천척지(跼天蹐地)** 머리가 하늘에 받힐까 두려워 허리를 굽힌 채 걷고, 땅이 꺼지지 않을까 걱정하여 살금살금 걷는다는 뜻으로, 두려워 몸을 움츠림. 몸 둘 곳을 모를 정도로 겁을 먹고 두려워 함을 일컬음.

◆ **국태민안(國泰民安)** 나라가 태평하고 백성이 살기가 편안함.

◆ **군계일학(群鷄一鶴)** 무리지어 있는 닭 가운데 있는 한 마리의 학

이라는 뜻으로, 여러 평범한 사람들 가운데 있는 뛰어난 한 사람을 일컫는 말.

◆ **군령태산(軍令泰山)** 군대의 명령은 태산같이 무겁고 엄함.

◆ **군명유소불수(君命有所不受)** 임금의 명령도 받아들여지지 않을 때가 있다는 뜻으로, 국가의 전쟁을 수행 중에 있는 장수는 경우에 따라 임금의 명령도 거역할 수 있음을 일컬음.

◆ **군웅할거(群雄割據)** 여러 영웅들이 제각각 한 지방씩을 차지하여 세력을 떨침. 중국 전국 시대의 사회 상태.

◆ **군자대로행(君子大路行)** 군자는 큰길을 택해서 간다는 뜻으로, 군자는 숨어서 일을 도모하거나 부끄러운 일을 하지 않고 옳고 바르게 행동함으로써 남의 본보기가 된다는 말.

◆ **군자불기(君子不器)** 군자는 일정한 용도로 쓰이는 그릇과 같은 것이 아니라는 뜻으로, 군자는 한 가지 일에만 뛰어날 뿐만 아니라, 전체를 바라보는 시야와 인격이 필요함(지도자에게는 폭넓게 살필 줄 아는 시야가 필요함).

◆ **군자여소인(君子與小人)** 군자와 소인이라는 뜻으로, 인격자와 비인격자를 일컬음.

◆ **군자표변(君子豹變)** 군자의 언행은 표범의 무늬처럼 선명하게 변한다는 뜻으로, ① 군자는 잘못을 깨달으면 곧바로 분명하게 고침. ② 표범의 무늬가 두드러지듯 (명리를 위해) 성질과 태도가 급변함을 일컬음.

◆ **굴정취수(堀井取水)** 우물을 파서 물을 얻는다는 뜻으로, 굳센 의지로 땅을 뚫고 내려가듯이 한 가지 일에 몰두함을 일컬음.

◆ **궁서설묘(窮鼠嚙猫)** 궁지에 몰린 쥐가 고양이를 문다는 뜻으로, 약자라도 궁지에 몰리면 필사적으로 강적에게 대항함의 비유.

◆ **궁여일책(窮餘一策)** 매우 궁한 나머지 짜낸 한 가지 방책이라는

뜻으로, 막다른 처지에서 짜내는 한 가지 계책을 일컬음.

◆ **궁인모사(窮人謀事)** '빈궁한 사람이 꾸미는 일'이란 뜻으로, 일이 뜻대로 되지 아니함을 일컫는 말.

◆ **궁조입회(窮鳥入懷)** 쫓기던 새가 사람의 품안으로 날아든다는 뜻으로, 궁지에 몰린 때에는 적에게도 의지한다는 뜻.

◆ **권모술수(權謀術數)** 권세와 모략과 중상 등 온갖 수단과 방법을 쓴다는 뜻으로, 목적을 위해 남을 교묘하게 속이는 모략이나 술수를 일컬음.

◆ **권불십년(權不十年)** 권세는 십 년을 넘지 못한다는 뜻으로, 권력이나 세도가 오래 가지 못하고 늘 변함을 일컬음.

◆ **권선징악(勸善懲惡)** 착한 일을 권하고 악한 일을 징계함을 일컬음.

◆ **궤사(詭詐)** 간사스러운 거짓. 교묘하게 속임.

◆ **귀감(龜鑑)** 어떤 사물의 기준이 되는 것. 사물의 거울과 본보기가 될 만한 것.

◆ **귀거래(歸去來)** 귀거래사. 되돌아간다는 뜻으로, 벼슬을 그만두고 고향으로 돌아감. 벼슬에서 물러나 자신의 뜻에 따라서 자연을 사랑하는 생활로 되돌아감의 비유.

◆ **귀곡천계(貴鵠賤鷄)** '고니를 귀히 여기고 닭을 천하게 여긴다'는 뜻으로, 드물고 먼 것을 귀하게 여기고 흔하고 가깝게 있는 것을 소홀히 여김.

◆ **극구광음(隙駒光陰)** 광음(세월)이 달리는 말을 문틈으로 보는 것과 같다는 뜻으로, 세월이 빨리 흐름을 뜻함. 인생의 덧없고 짧음을 일컬음.

◆ **극기복례(克己復禮)** 자기 자신의 사사로운 마음을 극복하고, 인간으로서의 기본적인 생활 습관으로 되돌아간다는 뜻으로, 지나친 욕심을 누르고 예의범절을 좇음을 일컬음.

- 근묵자흑(近墨者黑) 먹을 가까이 하면 검어진다는 뜻으로, 나쁜 사람을 가까이 하면 물들기 쉽다는 말.

- 근화일조몽(槿花一朝夢) 하루아침의 영화라는 뜻으로, 인간의 덧없는 영화를 일컬음.

- 금과옥조(金科玉條) 금옥(金玉)과 같은 법률이라는 뜻으로, 금과 옥같이 소중히 여기고 지켜야 할 규칙이나 교훈이라는 뜻.

- 금란지계(金蘭之契) 금과 난(蘭) 같은 맺음이라는 뜻으로, '사이좋은 벗끼리 마음을 합치면 단단한 쇠도 자를 수 있고, 우정의 아름다움은 난의 향기와 같다'는 뜻으로, 아주 친밀한 친구 사이임을 일컬음.

- 금석지감(今昔之感) 지금과 옛날을 비교할 때 차이가 매우 심하게 느껴지는 감정.

- 금석지교(金石之交) 쇠와 돌의 사귐이라는 뜻으로, 쇠와 돌처럼 변함없는 굳은 사귐.

- 금성철벽(金城鐵壁) 방비가 아주 견고한 성. 아주 견고한 사물의 비유. 금성탕지(金城湯池).

- 금슬상화(琴瑟相和) 작은 거문고와 큰 거문고가 어울려서 좋은 소리를 낸다는 뜻으로, 부부의 정이나 형제의 사이가 썩 좋음. 금슬지락(琴瑟之樂).

- 금오옥토(金烏玉兎) 금까마귀와 옥토끼라는 뜻으로, 해 속에는 금까마귀 무늬가 있고 달 속에는 옥토끼 문양이 있는 듯 보여, 해와 달을 가리키는 말.

- 금지옥엽(金枝玉葉) 황금빛 나뭇가지와 옥빛 나는 잎사귀라는 뜻으로, 임금의 자손이나 집안, 또는 귀여운 자식. 또는 아름답고 상서로운 구름의 비유.

- 급어성화(急於星火) 별똥의 불빛 같이 급하고 빠르다는 뜻.

- **기고만장(氣高萬丈)** 기운의 높이가 만 길이라는 뜻으로, 일이 뜻 대로 잘 되어 기세가 대단하거나, 또 화를 낼 때 지나치게 자만 하는 형세.
- **기복염차(驥服鹽車)** 천리마가 소금 수레를 끈다는 뜻으로, 썩 훌 륭한 인재가 낮은 지위에 있거나 하찮은 일에 쓰임의 비유.
- **기상천외(奇想天外)** 기이한 발상이 세상 밖이라는 뜻으로, 보통으 로는 생각할 수 없는 기발하고 엉뚱한 생각을 일컬음.
- **기승전결(起承轉結)** 일이 일어나고 발전하고 변하고 끝나는 과정 이라는 뜻으로, 한시(漢詩) 구성법의 한 가지, 시의를 일으키는 '기(起)', 받아주는 '승(承)', 변화를 주는 '전(轉)', 전체를 마무리하 는 '결(結)'을 일컬음.
- **기암괴석(奇巖怪石)** 기묘한 바위와 괴상하게 생긴 돌.
- **기왕불구(旣往不咎)** 이미 지난 일은 탓하지 아니함. 지난 잘못을 책망해도 소용없음을 일컬음.
- **기우(杞憂)** (장래의 일에 대한) 쓸데없는 걱정이나 부질없는 근심 을 일컬음
- **기호지세(騎虎之勢)** 호랑이를 타고 달리는 기세라는 뜻으로, 중도 에 포기할 수 없는 상태. 일단 시작한 일은 도중에서 그만두지 못하고 기세를 타고 그대로 밀고 나감. 내친걸음.
- **기화(奇貨)** 기이한 보화라는 뜻으로, 요긴하게 이용할 수 있는 뜻 밖의 물건이나 기회를 일컬음.

나

- **낙극애생(樂極哀生)** 즐거움도 극에 달하면 슬픔이 생김.
- **낙담상혼(落膽喪魂)** 낙담하여 넋을 잃음. 상혼낙담(喪魂落膽).

- **낙락장송(落落長松)** 가지가 아래로 축축 길게 늘어지고 키가 큰 소나무.
- **낙방거자(落榜擧子)** 과거에 떨어진 선비. 성공하지 못한 사람.
- **낙백(落魄)** 넋이 달아난다는 뜻으로, 모든 일이 뜻대로 되지 않아 형편이 말이 아닌 상태.
- **낙생어우(樂生於憂)** 즐거움은 근심하는 가운데에서 생긴다는 말.
- **낙이불음(樂而不淫)** 즐기되 빠지지 아니한다는 뜻으로, 즐거움의 도가 지나치지 않게 함.
- **낙화유수(落花流水)** 떨어지는 꽃잎과 흐르는 물이라는 뜻으로, 지나가는 봄 경치. 또는, 서로 그리워하는 남녀의 심정이나 관계를 일컬음. 또는, 사람이나 사회가 영락(零落)하고 쇠퇴해 가는 것을 뜻함.
- **난공불락(難攻不落)** 공격하기 어려워 좀처럼 함락되지 않음.
- **난세지영웅(亂世之英雄)** 어지러운 세상을〔전란(戰亂)을 만난 세상〕 틈타 큰일을 이루는 인물.
- **난신적자(亂臣賊子)** 나라를 어지럽히는 무리. 또는, 임금을 해치는 신하와 어버이를 해치는 자식을 일컬음.
- **난형난제(難兄難弟)** 누구를 형이라 하고 누구를 아우라 하기 어렵다는 뜻으로, 두 사물이 서로 엇비슷하여 낫고 못함을 가리기 어려움.
- **날조(捏造)** 없는 사실을 있는 것처럼 꾸밈.
- **남대문 입납(南大門 入納)** 주소가 불명한 편지나 이름도 모르고 집을 찾는 것을 조롱하는 말.
- **남부여대(男負女戴)** 남자는 등에 지고 여자는 머리에 인다는 뜻으로, 가난한 사람이나 재난을 당한 사람들이 살 곳을 찾아 이리저리 떠돌아다님.

- **남상(濫觴)** 잔을 담그다, 모든 사물의 처음과 출발점이라는 뜻으로, 큰 배를 띄우는 강물도 그 첫 물줄기는 겨우 술잔을 띄울 정도의 적은 물이라는 뜻. 매사는 시초, 출발이 중요함을 깨우치는 말. 시작(始作), 기원(起源), 연원(淵源).

- **남존여비(男尊女卑)** 사회적 지위가 '남성은 높고 귀하고 여성은 낮고 천하다'는 말. 또는 그 생각.

- **낭중지추(囊中之錐)** 주머니 속의 송곳이라는 뜻으로, 재능이 뛰어난 사람은 숨어 있어도 그 재능이 드러나게 된다는 말.

- **낭중취물(囊中取物)** 주머니 속의 물건을 얻다라는 뜻으로, 손쉽게 얻을 수 있는 물건을 일컬음.

- **내우외환(內憂外患)** 안으로 근심이, 밖으로 걱정이 있다라는 뜻으로, '내우'는 국내의 근심거리·재앙·내란이며, '외환'은 외국 또는 외적에 의한 불안과 환난으로, 나라 안팎의 근심거리가 있음을 일컬음.

- **내유외강(內柔外剛)** 안으로 부드럽고 겉으로 강하다라는 뜻으로, 겉으로 보기에는 강해 보이지만 속마음이 고움. 또는, 마음이 여리면서 겉으로는 강한 체함.

- **내조지공(內助之功)** 안에서 도와주는 공이라는 뜻으로, 아내가 집안일을 잘 다스려 밖에서 사회활동을 하는 남편을 돕는 일. 또는, 그 공.

- **노류장화(路柳墻花)** 길가의 버들과 담 밑의 꽃이라는 뜻으로, 아무나 쉽게 겪을 수 있는 '길가의 버들과 담 밑의 꽃'이란 뜻으로, 기생이나 창녀를 일컫는 말.

- **노발대발(怒發大發)** 몹시 크게 성을 냄.

- **노심초사(勞心焦思)** 애를 쓰고 속을 태움.

- **노이무공(勞而無功)** 애는 썼으나 애쓴 보람이 없음.

◆ 노익장(老益壯) 늙을수록 더욱 씩씩해진다라는 뜻으로, 늙었어도 의욕이나 기력은 젊은이 못지않게 장하고 왕성함.

◆ 녹림(綠林) 푸른 숲이라는 뜻으로, (굶주린 백성을 모아 도적이 된) 도적떼의 소굴을 일컬음.

◆ 녹음방초(綠陰芳草) 나뭇잎이 푸르고 우거진 향기 좋은 풀이라는 뜻으로, 여름철의 자연 경치를 일컬음.

◆ 녹의홍상(綠衣紅裳) 연두색 저고리와 다홍치마라는 뜻으로, 젊은 여인의 고운 옷차림을 일컫는 말.

◆ 논공행상(論功行賞) 공을 따져 상을 준다라는 뜻으로, 논공이란 공로의 크고 작음을 조사하는 것으로, 공(功)이 있고 없음이나 크고 작음을 따져 거기에 알맞은 상을 줌.

◆ 농가성진(弄假成眞) 장난삼아 한 것이 참으로 한 것같이 됨. 가롱성진(假弄成眞).

◆ 농단(壟斷) 깎아지른 듯이 높이 솟은 언덕이라는 뜻으로, 시장에서 높은 곳에 올라 좌우를 둘러보고, 자기 물건을 팔기에 적당한 곳으로 가서 시장의 이익을 독차지함. 이익을 혼자 차지함. 권력을 독점하여 국정을 좌우지함.

◆ 농자천하지대본(農者天下之大本) 농사는 온 세상 사람들이 생활해 나가는 근본이라는 뜻으로, 농업을 장려하는 뜻에서 쓰임.

◆ 뇌정벽력(雷霆霹靂) 격렬한 천둥과 벼락.

◆ 누란지위(累卵之危) 쌓아올린(포개 놓은) 새알이라는 뜻으로, 쌓아올린 새알처럼 매우 불안정하고 위험한 상태를 일컬음. 누란지세(累卵之勢).

◆ 능서불택필(能書不擇筆) 글씨를 잘 쓰는 사람은 붓을 가리지 않고 탓하지도 않는다라는 뜻으로, '일 못하는 목수가 연장 탓한다', '서투른 무당이 장구 탓한다'라는 말에 반대되는 말.

◆ **능지처참(陵遲處斬)** 대역죄를 범한 자에게 과하던 극형. 곧, 머리
· 몸 · 손 · 팔다리를 토막 치는 극형.

다

◆ **다사다난(多事多難)** 여러 가지 일도 많고 어려움도 많음.
◆ **다사다망(多事多忙)** 일이 많아 매우 바쁨.
◆ **다사제제(多士濟濟)** 훌륭한 인재가 많다라는 뜻으로, 여러 선비가
모두 다 뛰어남. 훌륭한 인재가 많음을 일컬음.
◆ **다정다감(多情多感)** 인정이 많고 느낌이 많다라는 뜻으로, 감수성
이 예민하여 감동하기 쉬움을 일컬음.
◆ **다정다한(多情多恨)** 애틋한 정도 많고 한스러운 일도 많음.
◆ **다정불심(多情佛心)** 정이 많아 자비스러운 부처님 같은 마음.
◆ **단도직입(單刀直入)** 혼자서 칼을 휘두르며 적진으로 바로 쳐들어
간다는 뜻으로, 말을 하거나 글을 쓸 때 바로 본론으로 들어감을
일컬음.
◆ **단사표음(簞食瓢飮)** 도시락밥과 표주박의 물이라는 뜻으로, 변변
찮은 음식, 또는 청빈한 생활을 비유하여 일컫는 말.
◆ **단순호치(丹脣皓齒)** 붉은 입술과 흰 이라는 뜻으로, 여자의 아름
다운 얼굴. 매우 아름다운 여인을 일컬음.
◆ **당구풍월(堂狗風月)** 서당 개 삼 년에 풍월을 한다는 뜻으로, 비록
무식한 사람이라도 유식한 사람들과 오래 사귀게 되면 자연 견
문(見聞)이 생긴다는 말.
◆ **당동벌이(黨同伐異)** 일의 옳고 그름을 가리지 않고 뜻이 맞는 사
람들끼리 한패가 되고, 그렇지 않은 사람은 배척함.
◆ **당리당략(黨利黨略)** 어느 한 당의 이익과 당파에서 쓰는 계략.

◆ 대경실색(大驚失色) 몹시 놀라서 얼굴빛이 하얗게 변함.

◆ 대교약졸(大巧若拙) 아주 교묘한 재주를 가진 사람은 그 재주를 자랑하지 아니하므로 언뜻 보기에는 서투른 것 같다는 뜻. 훌륭한 기교는 도리어 서투른 듯하다.

◆ 대도무문(大道無門) 사람으로서 마땅히 지켜야 할 큰 도리(道理)나 바른 길, 정도(正道)에는 거칠 것이 없다. 즉 누구나 그 길을 걸으면 숨기거나 잔재주를 부릴 필요가 없다는 뜻.

◆ 대동단결(大同團結) 나뉘었던 단체나 여러 당파가 같은 목적을 이루기 위하여, 대립하는 소이(小異)를 버리고 한데 뭉침.

◆ 대동소이(大同小異) 크게 보면 같고 작게 보면 다르다는 뜻으로, 큰 차이가 없이 거의 같고 조금 다름. 서로 비슷비슷함.

◆ 대붕(大鵬) 하루에 9만 리나 난다는 상상의 새. 곤(鯤)이라는 물고기가 변하여 되었다고 함.

◆ 대의멸친(大義滅親) 사람으로서 마땅히 지켜야 할 중대한 의리(義理)와 명분. 떳떳한 명분.

◆ 대의명분(大義名分) 사람이 지켜야 할 절의(節義)와 분수. 정당한 명분. 떳떳한 명목.

◆ 대자대비(大慈大悲) 그지없이 넓고 큰 자비라는 뜻으로, 관세음보살이 중생을 사랑하고 불쌍히 여기는 마음.

◆ 대장부(大丈夫) 건강하고 씩씩한 사나이.

◆ 덕불고 필유린(德不孤必有隣) '덕이 있는 사람은 따르는 사람이 있어서 외롭지 않다'는 뜻.

◆ 도규(刀圭) 옛날에 약을 뜨던 숟가락. 의술(醫術).

◆ 도남(圖南) 붕새가 남쪽을 향해 날개를 편다라는 뜻으로, 어느 다른 지역으로 가서 큰 사업을(위대한 일을) 꾀함.

◆ 도로무공(徒勞無功) 헛되이 애만 쓰고 공들인 보람이 없음.

- **도로무익(徒勞無益)** 한갓 수고만 하고 아무 이로움이 없음.

- **도외시(度外視)** 가외의 것으로 봄. 안중에 두지 않고 무시함. 문제 삼지 않음.

- **도원경(桃源境)** 복숭아꽃이 피어 있는 수원지라는 뜻으로, 속세를 떠난 아름답고 평화로운 곳(별천지), 이상향(理想鄕)의 비유. 유토피아.

- **도절시진(刀折矢盡)** '칼은 부러지고 화살이 동났다'는 뜻으로, 더 이상 싸울 힘이 없음을 일컫는 말.

- **도청도설(道聽塗說)** 길에서 들은 것을 길에서 말한다는 뜻으로, 아무렇게나 듣고 말함. 길거리에 펴져 돌아다니는 뜬소문.

- **도탄(塗炭)** 진구렁에 빠지고 불에 타는 듯함. 곧, 몹시 곤궁함.

- **독불장군(獨不將軍)** '혼자서는 장군이 못 된다'는 뜻으로, 남과 협조하여야 한다는 말. 따돌림을 받는 외로운 사람. 무슨 일이나 생각을 혼자서 처리하는 사람.

- **독서백편의자통(현)(讀書百遍義自通(見))** 글을 백 번 읽으면 뜻이 저절로 통한다는 뜻으로, 어려운 글도 많이 읽으면 그 뜻을 깨치게 된다는 말. 무슨 일이든 하고 또 하는 사이에 진리를 깨닫게 된다는 뜻.

- **독서삼매(讀書三昧)** 다른 생각 없이 오직 책 읽기에만 골몰함.

- **독서삼여(讀書三餘)** 독서를 하기에 적당한 세 가지 여가(餘暇)라는 뜻으로, 독서하기에 제일 좋은 겨울과 밤, 그리고 비가 올 때를 일컬음.

- **독수공방(獨守空房)** 여자가 남편 없이 혼자 지냄을 뜻함.

- **독야청청(獨也靑靑)** 제 홀로 푸름. 홀로 높은 절개를 드러냄.

- **독학고루(獨學孤陋)** 혼자 공부하였기에 견문이 좁아서 정도(正道)에 들어가기 어렵다는 말.

- **돌불연불생연(埃不燃不生煙)** 아니 땐 굴뚝에 연기 날까라는 뜻으로, 어떤 소문이든 간에 반드시 그런 소문의 원인이 있다는 뜻.

- **동가식서가숙(東家食西家宿)** 동쪽 집에서 먹고 서쪽 집에서 잔다는 뜻으로, 떠돌아다니며 이 집 저 집에서 얻어먹고 지냄. 곧, 편히 놀고먹는 사람이 이익을 추구함에 있어 탐욕이 지나침을 비유함. 또는 한곳에 정착하지 못하고 이리저리 떠돌아다니는 삶.

- **동가홍상(同價紅裳)** 같은 값이면 다홍치마라는 뜻으로, 이왕이면 보기 좋은 것을 골라 가진다는 뜻.

- **동고동락(同苦同樂)** 같이 고생하고 같이 즐김.

- **동량지재(棟梁之材)** 한 집이나 한 나라를 다스릴 만한 인재.

- **동문서답(東問西答)** 동쪽 물음에 서쪽 답을 한다라는 뜻으로, 묻는 말에 엉뚱한 대답을 함.

- **동문수학(同門受學)** 한 스승 밑에서 같이 배움.

- **동분서주(東奔西走)** 동서로 분주하다는 뜻으로, 이리저리 바쁘게 돌아다님을 일컬음.

- **동빙한설(凍氷寒雪)** 얼어붙은 얼음과 차가운 눈이라는 뜻으로, 몹시 추운 겨울. 곤궁에 처해 헐벗은 상태.

- **동상이몽(同床異夢)** 같은 침상에서 서로 다른 꿈을 꾼다는 뜻으로, 겉으로는 같이 행동하면서 속으로는 각기 딴 생각을 함. 원래는 부부의 감정이 화목하지 못한 것을 가리켰으나, 같은 일을 하면서 제각기 타산적인 것을 비유함.

- **동선하로(冬扇夏爐)** 겨울철 부채와 여름철 화로라는 뜻으로, 당장 소용이 없는 물건의 비유.

- **동온하청(冬溫夏淸)** 부모를 섬기는 도리. 겨울에는 따뜻하게 하고 여름에는 시원하게 해드린다는 뜻.

- **동정서벌(東征西伐)** 여러 나라를 이리저리 정벌(征伐)함.

- 동족상잔(同族相殘) 동족끼리 서로 싸우고 죽임.
- 두각(頭角) 머리의 끝이라는 뜻으로, 여럿 중에서 특히 뛰어난 학식이나 재능을 일컫는 말.
- 두문불출(杜門不出) 문을 닫아걸고 밖으로 나서지 않는다는 뜻으로, 집 안에만 들어앉아 있고 밖에 나다니지 아니함.
- 두찬(杜撰) 두묵이 지은 글로 문헌상의 근거나 출처〔전거(典據)〕가 확실하지 않은 저술. 틀린 곳이 많은 작품.
- 득롱망촉(得隴(壟)望蜀) 농서땅을 평정한 후, 그 승세를 몰아 촉땅을 얻으려 한다는 뜻으로, 한 가지의 것에 만족치 않고 다시·더 이상의 것을 바람. 곧, 탐욕스러워 만족할 줄을 모름.
- 득의만면(得意滿面) 뜻을 이루어 기쁜 표정이 얼굴에 가득함.
- 득의양양(得意揚揚) 뜻을 이루어 우쭐거리며 뽐냄.
- 등고자비(登高自卑) 높은 곳에 오르려면 낮은 곳에서부터 시작해야 한다는 뜻으로, 낮은 곳에서부터 위로 오르듯이, 모든 일은 순서를 밟아야 한다는 뜻. 지위가 높아질수록 자신을 낮춤.
- 등태산이소천하(登泰山而小天下) 태산에 오르면 천하가 작게 보인다는 뜻으로, 사람은 있는 위치에 따라 보는 눈이 달라진다는 말.
- 등하불명(燈下不明) 등잔 밑이 어둡다는 뜻으로, 가까이 있는 것을 도리어 잘 모름의 비유.
- 등화가친(燈火可親) 등잔불을 가까이 한다는 뜻으로, 가을밤은 기후도 상쾌하고 밤도 길어, '등잔불을 가까이할 만하다'는 뜻으로, 등불을 가까이하여 글읽기에 아주 좋다는 말.

마

- 마부작침(磨斧作針) 도끼(쇠공이)를 갈아서 바늘을 만든다는 뜻으

로, 아무리 어려운 일이라도 끝까지 노력하면 성공할 수 있음. 끈기 있게 학문이나 일에 힘씀을 일컬음.

- ◆ **마행처우역거(馬行處牛亦去)** 말 가는 데 소도 간다는 뜻으로, 약간의 차이는 있을 수 있으나 한 사람이 하는 일이라면 다른 사람도 노력만 하면 할 수 있다는 뜻.

- ◆ **마혁과시(馬革裹屍)** 말가죽으로 시체를 싼다는 뜻으로, '전사한 장수의 시체를 말가죽으로 싸서 고향으로 가지고 돌아가 장사지내 주면 더 이상 바랄 것이 없다'는 뜻으로, 전쟁터에서 용사의 각오. 남아의 기개.

- ◆ **막상막하(莫上莫下)** 위도 아니요 아래도 아니라는 뜻으로, 낫고 못함을 가리기 어려울 정도로 차이가 거의 없음을 일컬음.

- ◆ **막역지우(莫逆之友)** 서로 거슬림이 없는 친구라는 뜻으로, 허물없이 지내는 사이좋은 친구. 더할 나위없이 친한 친구.

- ◆ **만가(挽(輓)歌)** 상엿소리라는 뜻으로, 상여를 메고 갈 때 부르는 노래. 사람이 죽어 장사지낼 때 죽음을 애도하는 노래.

- ◆ **만경창파(萬頃蒼波)** 만 이랑의 푸른 파도라는 뜻으로, 한없이 넓고 푸른 바다.

- ◆ **만고풍상(萬古風霜)** 오래오래 겪어온 많은 고생.

- ◆ **만권독파(萬卷讀破)** 만 권이나 되는 책을 다 읽어 냄.

- ◆ **만단정화(萬端情話)** 마음 속에 서리고 서린 여러 가지 이야기.

- ◆ **만리동풍(萬里同風)** 온 천하에 같은 바람이 분다는 뜻으로, 천하가 통일되어 풍속이 같고 태평함을 일컬음.

- ◆ **만리장천(萬里長天)** 아득히 높고 먼 하늘.

- ◆ **만사형통(萬事亨通)** 모든 일이 뜻한 바대로 잘 이루어짐.

- ◆ **만산편야(滿山遍野)** 온 산과 들에 가득히 뒤덮여 있음.

- ◆ **만산홍엽(滿山紅葉)** 단풍이 들어 온 산의 나뭇잎이 붉게 물들어

있는 모양.

- **만수무강(萬壽無疆)** 수명이 끝이 없다는 뜻으로, 한없이 목숨이 길. 건강과 장수(長壽)를 빌 때 쓰는 말.
- **만시지탄(晚時之歎)** 기회를 놓쳐 한탄함.
- **만신창이(滿身瘡痍)** 온몸이 상처투성이가 됨. 사물이 성한 데가 없을 만큼 결함이 많음을 일컬음.
- **만전지책(萬全之策)** 온갖 온전한 계책이라는 뜻으로, 조금의 실수도 없는 완전한 계책.
- **만화방창(萬化方暢)** 온갖 생물들이 사방에 자라 화창하다는 뜻으로, 따뜻한 봄날에 온갖 생물이 한창 피어난 것을 나타냄.
- **망국지음(亡國之音)** 나라를 망칠 음악. 멸망한 나라의 음악이라는 뜻으로, 음란하고 사치한 음악. 나라를 망치는 저속하고 잡스러운 음악을 일컬음.
- **망극지은(罔極之恩)** 끝이 없는 은혜라는 뜻으로, 지극한 은혜. 임금이나 부모의 한없는 은혜를 일컬음.
- **망년지우(忘年之友)** 나이를 잊은 벗이라는 뜻으로, 연장자가 나이를 따지지 않고 사귀는 젊은 벗. 나이의 차를 초월한 친밀한 사귐을 일컬음. 망년지교(忘年之交).
- **망양보뢰(亡羊補牢)** 양을 잃고 우리를 고친다는 뜻으로, 이미 일을 그르친 뒤에 뉘우쳐도 소용없음을 일컬음.
- **망양지탄(亡羊之歎)** 양을 잃었는데 길이 많고 복잡하여 어디로 도망갔는지 모름을 한탄함. 학문이란 그 범위가 넓고 복잡하여 얻는 것이 적음을 한탄하는 말.
- **망우물(忘憂物)** 시름을 잊어버리게 하는 물건이라는 뜻으로, 술을 마시면 근심을 잊는다는 데서, 술을 일컫는 말.
- **망운지정(望雲之情)** 멀리 구름을 바라보는 정이라는 뜻으로, 멀리

떠나 있는 자식이 고향 땅의 부모를 그리워하는 애틋한 마음.

◆ **망자계치(亡子計齒)** 죽은 자식 나이 세기라는 뜻으로, 이미 지나 간 쓸데없는 일을 생각하며 애석히 여김을 일컬음.

◆ **망중한(忙中閑)** 바쁜 중의 잠깐의 여가.

◆ **매국(賣國)** 나라를 팔아 먹는다는 뜻으로, 자기 나라를 적국에 팔아 넘기는 행위. 즉, 사리사욕을 위하여 자기 나라에 불리하고 다른 나라에 이익 되는 일을 꾀함을 일컬음.

◆ **맹모단기(孟母斷機)** 맹자의 어머니가 짜고 있던 베틀의 날실을 자 른다는 뜻으로, 맹자가 학업을 중도에 폐지하고 돌아왔을 때, 그 어머니가 짜던 베를 칼로 끊어 학업의 중단을 훈계하였다는 고 사에서 유래함.

◆ **면벽구년(面壁九年)** 바람벽을 맞대고 구 년이나 지낸다는 뜻으로, 한 가지 일에 오랫동안 온 힘을 쏟음을 비유하여 일컬음.

◆ **면종복배(面從腹背)** 낯(얼굴)으로는 따르지만 뱃속으로는 등진다 는 뜻으로, 겉으로는 복종하는 체하면서 내심(內心)으로는 배반 함을 일컬음.

◆ **면종후언(面從後言)** 앞에서 복종하는 체하면서 뒤에서 이러쿵저 러쿵 비방함을 일컬음.

◆ **명모호치(明眸皓齒)** 맑은 거울같이 조용히 멈춘 물이라는 뜻으로, 잔잔한 물처럼 맑고 고요한 심경을 일컫는 말.

◆ **명불허전(名不虛傳)** 명성은 헛되이 퍼지지 않는다는 뜻으로, 이름 이 널리 알려진 것은 그만한 까닭이 있음을 일컬음.

◆ **명실상부(名實相符)** 이름과 실상이 서로 꼭 들어맞음.

◆ **명약관화(明若觀火)** 분명하기가 불을 보는 듯하다는 뜻으로, 불을 보는 것처럼 밝음. 더할 나위 없이 명백함을 일컬음.

◆ **명재경각(命在頃刻)** 목숨이 경각에 있다는 뜻으로, 거의 죽게 되

어 숨이 곧 끊어질 지경에 이름을 일컬음.

◆ **명정언순(名正言順)** 주의(主義)가 바르고 말이 사리에 맞음.

◆ **명철보신(明哲保身)** 밝게 살펴서 그 몸을 보전한다는 뜻으로, 매우 총명하고 사리에 밝아 모든 일을 빈틈없이 잘 처리하여 자기 자신을 잘 보전함.

◆ **모수자천(毛遂自薦)** 자기(모수)가 자신을 천거한다는 뜻으로, 재주를 가지고 있는데도 남이 추천해 주는 사람이 없어 기다리다 못해 자기가 스스로 자신을 천거함을 일컬음.

◆ **목불식정(目不識丁)** 알기 쉬운 고무래 丁자도 알아보지 못한다는 뜻으로, 글자를 전혀 모르거나 그런 사람을 비유하여 일컫는 말.

◆ **목불인견(目不忍見)** 눈으로 차마 볼 수 없다는 뜻으로, 몹시 참혹하여 차마 눈뜨고 볼 수 없음을 일컬음.

◆ **목탁(木鐸)** 나무로 만든 방울 달린 요령(혀가 나무로 된 방울)이라는 뜻으로, 세상 사람을 깨우쳐 바르게 인도할 만한 사람이나 기관.

◆ **몽진(蒙塵)** 먼지를 뒤집어쓴다는 뜻으로, 임금이 난리를 피하여 서울에서 다른 곳으로 옮아감. 임금이 거둥할 때는 길을 깨끗하게 치우는 법이지만 그럴 겨를 없이 먼지를 뒤집어쓰며 급히 달아나게 됨을 일컫는 말.

◆ **무고지민(無告之民)** 고할 데가 없는 백성이라는 뜻으로, 의지할 만한 일가붙이나 고민을 호소할 데가 없는 고독한 사람. 즉, 고아나 과부, 홀아비, 자식이 없는 늙은이처럼 어려운 백성을 일컬음.

◆ **무궁무진(無窮無盡)** 끝이 없음. 다함이 없음.

◆ **무념무상(無念無想)** 완전히 무아(無我)의 경지에 든 상태.

◆ **무불통지(無不通知)** 두루 통하여 모르는 것이 없음.

◆ **무소부지(無所不知)** '알지 못하는 것이 없다'는 뜻으로 다 앎을 일컬음.

- 무소불능(無所不能) 능하지 않은 것이 없음.
- 무소불위(無所不爲) 못 할 일이 없음.
- 무위도식(無爲徒食) 하는 일이 없이 먹고 놀기만 함.
- 무위이화(無爲而化) 애써 공들이지 않아도 스스로 변하여 잘 이루어진다는 뜻으로, 노자의 사상으로 성인의 덕이 크면 클수록 백성들이 스스로 잘 따라 감화(感化)된다는 말.
- 무주공산(無主空山) 주인 없는 빈 산이라는 뜻으로, 인가도 인기척도 없는 쓸쓸한 산. 임자 없는 산.
- 무지몽매(無知蒙昧) 아는 것이 없고 사리에 어두움.
- 무항산무항심(無恒産無恒心) 일정한 재산이 없으면 떳떳한 마음도 없다는 뜻으로, 일정한 생업(生業)이나 재산이 없는 사람은 정하여 놓고 마음 쓰는 데가 없으므로 마음의 안정도 누리기 어렵다는 말.
- 무호동중 이작호(無虎洞中 狸作虎) '호랑이 없는 골에서는 너구리가 호랑이 노릇을 한다'는 뜻이니, 잘난 사람이 없는 곳에서 가장 잘난 체하는 것을 일컫는 말.
- 묵수(墨守) 융통성 없이 자기의 주의, 주장, 소신 등을 굽히지 않고 끝까지 지킴. 또는 견고한 수비, 굳건히 성(城)을 지킴을 일컬음.
- 문방사우(文房四友) 글방의 네 가지 벗이라는 뜻으로, 서재에 갖추어야 할 종이[紙]·붓[筆]·먹[墨]·벼루[硯]를 일컬음.
- 문외가설작라(門外可設雀羅) 문 밖에 새그물을 쳐놓을 만하다는 뜻으로, 손님의 발길이 끊어져 대문 앞이 매우 쓸쓸함.
- 문외한(門外漢) 문 밖의 사나이는 뜻으로, 어떤 일에 대해 전문적인 지식이 없거나 관계가 없는 사람. 전문가가 아닌 사람.
- 문일지십(聞一知十) 하나를 들으면 열을 안다는 뜻으로, 매우 이해가 빠른 것. 아주 작은 힌트로 전체를 이해할 수 있는 것. 또는

그 능력을 지닌 사람을 일컬음.

◆ **문즉시병 불문시약(聞則是病不聞是藥)** '들으면 병이요, 안 들으면 약이다.' 곧 들어서 근심될 일이라면 차라리 아니 듣는 것이 낫다는 말.

◆ **물실호기(勿失好機)** 좋은 기회를 놓치지 아니함.

◆ **물심양면(物心兩面)** 물질적인 면과 정신적인 면.

◆ **물심일여(物心一如)** 물체와 마음이 하나의 근본을 이룸.

◆ **물아일체(物我一體)** 자연물과 자아(自我)가 하나된 상태라는 뜻으로, 대상물에 완전히 몰입된 경지를 일컬음.

◆ **물외한인(物外閑人)** 무리의 바깥에 있는 한가로운 사람이라는 뜻으로, 세속의 번거로움을 피하여 한가롭게 지내는 사람.

◆ **미감유창(美感柔創)** 아름다운 감성과 부드럽고 창조적임.

◆ **미망인(未亡人)** 아직 죽지 못한 사람이라는 뜻으로, '남편이 앞서 갔는데, 나는 아직 죽지 못한 사람'이라는 뜻으로, 남편이 죽고 홀로 사는 여자를 일컬음.

◆ **미봉(책)(彌縫(策))** 실로 깁는다는 뜻으로, 빈 구석이나 잘못된 것을 임시변통으로 이리저리 주선해서 꾸며댐. 임시로 꾸며대어 눈가림만 하는 일시적인 계책.

◆ **미생지신(尾生之信)** 미생의 신의라는 뜻으로, 너무 고지식해서 융통성이 없는 신의. 또는 지나치게 고지식함. 한편으로는 신의가 굳음을 뜻하기도 함.

◆ **미풍양속(美風良俗)** 훌륭하고 아름다운 풍속.

◆ **민이식위천(民以食爲天)** 백성이 하늘처럼 소중히 여기는 것은 곧 식량임. 민천(民天).

◆ **밀운불우(密雲不雨)** 짙은 구름이 끼어 있으나 비가 오지 않는다는 뜻으로, 어떤 일의 조건은 갖추었으나 징조만 나타나고 완전히

성사되지 않아 답답함과 불만이 폭발할 것 같은 상황을 일컬음.

바

- ◆ **박문강기(博聞强記)** 널리 견문하고 이를 잘 기억함.
- ◆ **박이부정(博而不精)** 널리 알기는 하지만 능숙하거나 정밀하지 못함을 일컬음.
- ◆ **박장대소(拍掌大笑)** 손뼉을 치며 크게 웃음.
- ◆ **반간계(反間計)** 이간하다는 뜻으로, 적의 첩자를 역이용하는 계책을 일컬음.
- ◆ **반구제기(反求諸己)** 돌이켜 자기에게서 찾을 따름이라는 뜻으로, 어떤 일을 자기 자신에게 돌려서 생각함. 반성하여 자신을 책망함을 일컬음.
- ◆ **반면교사(反面教師)** 낯을 돌리는 스승이라는 뜻으로, 다른 사람이나 사물의 부정적인 측면에서 가르침을 얻음을 일컬음.
- ◆ **반목질시(反目嫉視)** 서로 미워하고 질투하는 시선으로 봄.
- ◆ **반식대관(伴食大官)** 음식에만 의지하는 대관이라는 뜻으로, 무위도식으로 자리만 차지하고 있는 무능한 대신을 일컬음.
- ◆ **반신반의(半信半疑)** 반쯤은 믿고 반쯤은 의심함.
- ◆ **반포지효(反哺之孝)** 까마귀 새끼가 자란 뒤에 늙은 어미에게 먹을 것을 물어다 주는 효성이라는 뜻으로, 자식이 커서 부모를 봉양함. 또는 은혜 갚음을 일컬음.
- ◆ **발본색원(拔本塞源)** 뿌리를 뽑고 근원을 막는다는 뜻으로, 사물의 근본을 거슬러 올라가서 대처하는 것으로, 폐단의 근원을 아주 뽑아서 없애버림을 일컬음.
- ◆ **발분망식(發憤忘食)** 이루고자 하는 일이 있으면 끼니조차 잊고 노

력함을 일컬음.

◆ **배달민족(倍達民族)** 우리나라의 민족을 역사상으로, 또는 예스럽게 부르는 말. 배달겨레.

◆ **배은망덕(背恩忘德)** 남에게서 입은 은혜와 덕택을 저버리고 배반함. 또는 그런 태도가 있음을 일컬음.

◆ **백가쟁명(百家爭鳴)** 많은 학자나 논객이 활발히 논쟁하는 일. 1956년 〈백화제방(百花齊放)〉과 함께 중국에서 중국 공산당에 대한 비판을 널리 당외(黨外)에 호소하여 후에 반우파(反右派) 투쟁의 계기가 된 운동의 슬로건.

◆ **백골난망(白骨難忘)** 죽어 백골이 되어도 은덕을 잊을 수 없음.

◆ **백구과극(白駒過隙)** 흰 망아지(말)가 문틈으로 빨리 지나간다는 뜻으로, 인생과 세월이 덧없이 빨리 흐르는 것을 일컫는 말.

◆ **백년가약(百年佳約)** 백년을 함께 하자는 갸륵한 약속이라는 뜻으로, 부부가 되어 한평생을 함께 살자는 아름다운 약속을 일컬음.

◆ **백년대계(百年大計)** 백년의 큰 계획이라는 뜻으로, 먼 장래를 내다보는 원대한 계획.

◆ **백년해로(百年偕老)** 백년을 함께 늙는다는 뜻으로, 부부가 되어 한평생을 서로 사이좋고 화락하게 함께 늙음을 일컬음.

◆ **백년행락(百年行樂)** 한평생 잘 놀고 즐겁게 지냄.

◆ **백락일고(伯樂一顧)** 백락이 한 번 뒤돌아본다는 뜻으로, '명마(名馬)가 백락(伯樂 : 말 감정에 뛰어난 사람)을 만나 세상에 알려진다'는 뜻. 자기의 재능을 남이 알아주어 인정받는 것을 일컫는 말.

◆ **백마비마(白馬非馬)** 중국 고대의 학자 공손용(公孫龍)이 공손용자(公孫龍子) 백마편(白馬篇)에서 논한 털빛이 흰 말은 말이 아니라는 논법(論法). '말은 말이고 백마는 백마니까 백마는 말이 아니다'라는 말로, 억지 논리를 비유하여 일컫는 말.

◆ 백문불여일견(百聞不如一見) 백 번 듣는 것이 한 번 보는 것만 못하다는 뜻으로, 무엇이든지 실지로 경험해 보아야 보다 확실히 알 수 있음을 일컬음.

◆ 백발백중(百發百中) 백 번 쏘아 백 번 맞춘다는 뜻으로, 총이나 활을 쏘면 어김없이 맞음. 또는 예상한 일이 꼭 들어맞음. 하는 일마다 실패 없이 잘됨을 일컬음.

◆ 백발삼천장(白髮三千丈) 흰 머리털이 삼천 발이나 된다는 뜻으로, '세상사 시름이 쌓여서 머리털이 희어짐을 일컬어, 허풍스럽고 과장되게 표현하는 말.

◆ 백수북면(白首北面) 백발에도 스승 앞에 북향(北向)하고 앉아 가르침을 받는다는 뜻으로, 학문을 닦고 인격을 높이는 데에는 연령이나 신분이 관계없음을 일컬음.

◆ 백안시(白眼視) 눈을 희게 뜨고 흘겨본다는 뜻으로, 상대방을 멸시하여 업신여기거나 냉대하여 흘겨봄. 노려봄.

◆ 백약지장(百藥之長) 백 가지 약 중에 으뜸이라는 뜻으로, 건강상 술은 어떠한 약보다도 더한 효과가 있다는 데서 술을 찬양하여 일컫는 말.

◆ 백옥부조(白玉不彫) 새하얀 옥은 새겨 넣지 않는다는 뜻으로, 아무런 장식도 하지 않은, 있는 그대로의 아름다움. 곧 아름다운 옥은 아무런 장식을 하지 않아도 아름답다.

◆ 백의종군(白衣從軍) 흰옷을 입고 전투에 나간다는 뜻으로, 벼슬이 없는 사람으로 군대를 따라 싸움터로 나아감을 일컬음.

◆ 백일하(白日下) 세상 사람이 다 알도록 뚜렷함을 일컬음.

◆ 백절불굴(百折不屈) 백 번 꺾여도 굴하지 않는다는 뜻으로, 어떠한 어려움에도 결코 굽히지 않음을 일컬음.

◆ 백주지조(柏舟之操) 잣나무로 만든 배의 굳은 지조라는 뜻으로,

남편 잃은 아내가 재가하지 않고 수절(守節)함. 목숨을 걸고 마음이 변하는 법이 없음을 일컬음.

◆ **백중지세(伯仲之勢)** 맏형과 둘째형의 기세라는 뜻으로, 서로 어금지금하여 낫고 못함이 없음. 서로의 재능이 엇비슷하여 우열(愚劣)을 가릴 수가 없음을 일컬음.

◆ **백척간두(百尺竿頭)** 백 자나 되는 높은 장대 끝이라는 뜻으로, 높은 장대 끝에 오른 것처럼 매우 위태롭고 어려운 상황을 일컬음.

◆ **백화제방(百花齊放)** 온갖 꽃이 일제히 핀다는 뜻으로, 갖가지 학문이나 예술이 함께 성함을 일컬음.

◆ **번문욕례(繁文縟禮)** 규칙·예절 따위가 지나치게 형식적이고 번거롭고 까다로움.

◆ **벌목지계(伐木之契)** 나무를 자르는 그 소리에 새가 서로 벗을 찾아 운다는 뜻으로, 가까운 친구 사이나 매우 친밀한 우정.

◆ **병가상사(兵家常事)** 전쟁의 일에서 흔히 있는 일이라는 뜻으로, 전쟁에서 이기고 지는 일은 흔한 일이므로, 지더라도 낙담하지 말라는 뜻을 일컬음.

◆ **병가어소유(病加於少愈)** 병은 조금 나은 것에서 덧난다는 뜻으로, 일이 잘 될 때 하찮은 방심이 큰 재앙을 부르는 것으로, 병이 차도가 있을 때에 방심하면 도리어 더치는 수가 있음을 일컬음.

◆ **병사지야(兵死地也)** 전쟁은 죽느냐 사느냐가 걸린 곳이다.

◆ **병자흉기(兵者凶器)** 무기란 흉기라는 뜻으로, 무기는 사람을 상하게 하는 것이므로 신중하게 사용해야 함을 일컬음.

◆ **병종구입(病從口入)** 병은 입을 따라 들어온다는 뜻으로, 질병이나 재앙 등 모두가 입을 거친다는 말. 입을 조심해야 함을 일컬음.

◆ **보원이덕(報怨以德)** 원한을 은덕으로 갚는다. 원수를 은혜로 갚음을 일컬음.

- 본말전도(本末顚倒) 일의 원줄기를 잊고 사소한 부분에만 치중함. 일의 주된 것과 지엽적인 것이 서로 바뀜.

- 부귀여부운(富貴如浮雲) 부귀는 한갓 떠다니는 구름이나 다를 바 없다는 뜻임을 일컬음.

- 부기미(付驥尾) 천리마의 꼬리에 붙는다는 뜻으로, 큰 인물에게 인정을 받아야 비로소 참된 가치가 드러난다. 또는 큰 인물의 힘을 빌려 출세하거나 능력을 발휘함을 일컬음.

- 부동심(不動心) 흔들리지 않는 마음이라는 뜻으로, 마음이 외계의 충동을 받아도 흔들리지 않음을 일컬음.

- 부득요령(不得要領) 요령을 얻지 못하다는 뜻으로, 말이나 글의 요령을 잡지 못함. 즉 사물의 가장 중요한 것을 파악하고 있지 못함의 비유.

- 부마(駙馬) 본래는 임금이 거둥할 때 부수적으로 따라다니는 수레를 일컬었는데, 임금의 사위로 공주의 부군(夫君), 사위를 뜻함.

- 부부유별(夫婦有別) 부부 사이에는 서로 침범치 못할 인륜의 구별이 있다. 오륜의 하나임.

- 부생약몽(浮生若夢) 뜬구름 같은 인생이 꿈만 같다는 뜻으로, 인생은 꿈처럼 허무한 것으로 덧없음을 뜻함.

- 부앙불괴(俯仰不愧) 굽어보나 우러러보나 부끄럽지 않다는 뜻으로, 하늘을 우러르고 세상을 굽어봐도 양심에 부끄러움이 없음을 일컬음.

- 부인지인(婦人之仁) 부인과 같은 너그러움이라는 뜻으로, 남자가 과단성이 없이 사소한 일에는 잘하면서도 중요한 것에는 잘 못하는 소견이 좁은 자잘한 정.

- 부전자전(父傳子傳) 대대로 아버지가 아들에게 전함.

- 부중생어(釜中生魚) 가마솥 안에 물고기가 생겼다는 뜻으로, 오랫

동안 밥을 짓지 못하여 '솥 안에 물고기가 생겨났다'는 말. 매우 가난함을 비유하여 일컬음.

◆ **부창부수(夫倡婦隨)** 지아비는 이끌고 지어미는 따른다는 뜻으로, 남편이 주장하고 아내가 이에 따름. 즉 부부의 화합을 일컬음.

◆ **부화뇌동(附和雷同)** 아무런 주견이 없이 남의 의견이나 행동에 덩달아 따름.

◆ **분골쇄신(粉骨碎身)** 뼈가 가루가 되고 몸이 부서진다는 뜻으로, 있는 힘을 다하여 노력함. 또 그렇게 힘써 일함.

◆ **불가사의(不可思議)** 사람의 상식으로는 미루어 짐작할 수 없을 정도로 이상하고 야릇함.

◆ **불감생심(不敢生心)** 힘에 부쳐 감히 할 생각도 못함. 불감생의(不感生意).

◆ **불감청 고소원(不敢請 固所願)** 감히 청하지는 못하지만, 진실로 바라는 바임.

◆ **불고염치(不顧廉恥)** 염치를 돌아보지 않음. 도리에 어긋나도 부끄러워하지 않음.

◆ **불념구악(不念舊惡)** 지나간 잘못은 염두에 두지 않음.

◆ **불립문자(不立文字)** '글로는 도(道)를 전할 수 없다'는 뜻으로, 이심전심(以心傳心)과 함께 선종(禪宗)의 입장을 나타내는 표어. 오도(悟道)는 문자나 말로써 전할 수 있는 것이 아니라 마음에서 마음으로 전하여진다는 뜻.

◆ **불면불휴(不眠不休)** 자지도 쉬지도 않고 힘써 일하는 모양.

◆ **불문가지(不問可知)** 묻지 않아도 능히 알 수 있음.

◆ **불문곡직(不問曲直)** 일의 옳고 그름을 묻지 아니함.

◆ **불야성(不夜城)** 밤이 아닌 도시라는 뜻으로, 등불이 밤새도록 마치 낮처럼 밝은 장소나 건물을 가리킴.

- 불언지화(不言之化) 말이 아닌 덕에 의한 감화.
- 불요불굴(不撓不屈) 휘지도 않고 굽히지도 않는다는 뜻으로, 어려운 상황에서도 뜻이나 결심이 흔들리지도 굽히지도 않고 굳셈.
- 불입호혈부득호자(不入虎穴不得虎子) 호랑이 굴에 들어가지 않으면 호랑이 새끼를 얻지 못한다는 뜻으로, 위험을 무릅쓰지 않고는 큰 일(수확)을 할(얻을) 수 없음.
- 불초(不肖) 닮지 못하다라는 뜻으로, 부조(父祖)의 덕망이나 유업(遺業)을 이어받지 못함. 또는, 그러한 사람. 자신을 겸사하여 일컫는 말. 본래는 부모를 닮지 않은 어리석은 자식을 말하며, 또 자식이 부모의 상중(喪中)에 있을 때에 스스로를 일컬음.
- 불편부당(不偏不黨) 어느 한쪽으로 치우치지 않은 공평한 태도.
- 붕우책선(朋友責善) 벗끼리 서로 좋은 일을 권함.
- 비금주수(飛禽走獸) 날짐승과 길짐승. 나는 새와 기는 짐승. 飛走(비주).
- 비례물시(非禮勿視) 예의에 어긋나는 일은 보지를 말라는 말.
- 비룡승운(飛龍乘雲) 용이 구름을 타고 하늘을 난다는 뜻으로, 현자(賢者)나 영웅이 시류에 편승하여 자신의 재능을 십분 발휘함을 일컬음(영웅이 때를 만나 득세함).
- 비명횡사(非命橫死) 제 목숨대로 살지 못하고 뜻밖의 재난을 만나 죽음.
- 비몽사몽(非夢似夢) 꿈인지 생시인지 어렴풋한 상태. 사몽비몽(似夢非夢).
- 비일비재(非一非再) 한두 번이 아님. 한둘이 아님. 번번이 그러함. 많음. 수두룩함.
- 빈천지교 불가망(貧賤之交 不可忘) 가난하고 어려운 때 사귄 친구는 잊어서는 안 된다는 말.

◆ **빙공영사(憑公營私)** 공사(公事)를 빙자하여 사적인 이익〔私利〕를 꾀함(도모함).

◆ **빙기옥골(氷肌玉滑)** '얼음 같은 살결과 옥 같은 뼈대라는 뜻으로, 매화의 곱고 깨끗함 또는 살결이 맑고 깨끗한 미인을 형용한 말.

◆ **빙탄불상용(氷炭不相容)** 얼음과 숯은 서로를 받아들이지 못한다는 뜻으로, 얼음과 숯은 성질이 정반대가 되어 서로 용납하지 못함. 곧 사물이 서로 화합하기 어려움. 서로 조화될 수 없는 사이.

사

◆ **사고무친(四顧無親)** 사방을 돌아보아도 친한 사람이 없다는 뜻으로, 의지할 만한 사람이 전혀 없음을 일컬음.

◆ **사고팔고(四苦八苦)** 온갖 고통. 또, 매우 심한 고통.

◆ **사공명주생중달(死孔明走生仲達)** 죽은 제갈공명이 살아 있는 사마중달을 달아나게 한다는 뜻으로, 헛소문만 듣고 지레 겁을 집어먹음의 비유.

◆ **사군자(四君子)** 동양화에서 그 고결함이 '군자와 같다'는 뜻으로, 매화·난초·국화·대나무를 일컫는 말.

◆ **사군이충(事君以忠)** 임금을 섬김에 충성으로써 함. 세속오계(世俗五戒)의 하나.

◆ **사기충천(士氣衝天)** 사기가 하늘을 찌를 듯이 높음.

◆ **사농공상(士農工商)** 선비·농부·공장(工匠)·상인의 네 가지 신분의 계급.

◆ **사단(四端)** 네 가지 실마리라는 뜻으로, 사람의 본성에서 우러나는 네 가지 마음씨. 곧, 인(仁)에서 우러나는 측은지심(惻隱之心 : 동정심), 의(義)에서 우러나는 수오지심(羞惡之心 : 나쁜 짓을 부끄럽게

여기고 미워함), 예(禮)에서 우러나는 사양지심(辭讓之心 : 서로 양보
함), 지(智)에서 우러나는 시비지심(是非之心 : 옳고 그름에 대한 올바
른 판단)의 네 가지.

◆ **사단취장(捨短取長)** 단점은 버리고 장점만 취함.

◆ **사면춘풍(四面春風)** 사면에서 부는 춘풍. 누구에게나 다 좋도록
처세하는 일, 또는 그런 사람.

◆ **사분오열(四分五裂)** 여러 갈래로 갈기갈기 찢어짐. 질서 없이 여
러 갈래로 분열함.

◆ **사불급설(駟不及舌)** 네 말이 끄는 수레도 혀에는 못 미친다는 뜻
으로, 소문이 삽시간에 퍼지는 것을 비유한 말. 또는 말조심을
하라는 뜻.

◆ **사상누각(沙上樓閣)** 모래 위에 세운 누각이라는 뜻으로, 겉모양은
번듯하나 기초가 약하여 오래 가지 못하는 것. 또는 실현 불가능
한 일 따위를 비유하여 일컬음. 곧, 헛됨.

◆ **사생유명 부귀재천(死生有命 富貴在天)** 사람이 태어나 살고 죽고
하는 것과 잘 되고 못 되는 것이 다 운명으로 제 분에 맞게 정해
져 있는 것이니 억지로는 안 된다는 뜻.

◆ **사생취의(捨生取義)** '목숨을 버리더라도 의를 취한다'는 뜻으로,
비록 목숨을 잃을지라도 옳은 일을 함을 일컬음.

◆ **사숙(私淑)** 존경하는 사람에게 직접 가르침을 받을 수 없으나 그 사
람의 인격이나 학문을 본받아서 도(道)나 학문을 닦음을 일컬음.

◆ **사이비(似而非)** 그럴 듯하면서도 아닌 것이라는 뜻으로, 겉으로는
그것과 같아 보이나 실제로는 전혀 다름. 가짜를 일컬음.

◆ **사인선사마(射人先射馬)** 그 사람을 쏘려면 먼저 그가 탄 말을 쏘
아라는 뜻으로, 목적이 이루기 위해서는 그 핵심을 향해서 손을
쓰는 방법이 가장 효과적이라는 말.

- **사인여천(事人如天)** 천도교에서 '한울님'을 공경하듯, 사람도 그와 같이 공경하여 서로 인격과 예의를 존중하는 윤리.

- **사자후(獅子吼)** 사자의 울부짖음이라는 뜻으로, ① 불교에서, 부처님의 한 번 설법(說法)에 뭇 악마가 굴복하여 귀의(歸依)함의 비유. ② 크게 부르짖어 열변을 토(吐)하는 연설의 비유. ③ 질투심이 강한 여자가 남편에게 암팡스럽게 발악하여 떠듦의 비유.

- **사지(四知)** 네 가지의 앎이란 뜻으로, '하늘이 알고 땅이 알고 내가 알고 자네가 안다'는 것으로 두 사람만의 비밀이라도 어느 때고 남에게 알려진다는 말.

- **사통오달(四通五達)** 길이나 교통망 등이 이리저리 사방으로 통함. 또, 교통이 편리한 곳.

- **사필귀정(事必歸正)** 일은 반드시 바른 데로 돌아간다는 뜻으로, 모든 잘 잘못은 반드시 바른길로 돌아옴.

- **사해형제(四海兄弟)** 온 천하의 사람들. 모두 형제와 같다는 뜻으로, 친밀히 일컫는 말. 사해동포(四海同胞).

- **사후약방문(死後藥方文)** 죽은 뒤에 약방문을 쓴다는 뜻으로, 이미 때가 지난 후에 계책을 세우거나 후회해도 소용없다는 말.

- **산고수장(山高水長)** 산은 높고 물은 유유히 흐른다는 뜻으로, 군자의 덕이 높고 큼을 일컫는 말.

- **산자수명(山紫水明)** 산색이 곱고 물이 맑다는 뜻으로, 산과 물의 경치가 썩 아름다움을 일컬음.

- **산전수전(山戰水戰)** 산에서의 싸움과 물에서의 싸움이라는 뜻으로, 세상의 온갖 고난을 겪어 세상일에 경험이 많음을 일컫는 말.

- **산천의구(山川依舊)** 자연의 모습이 옛날 그대로임.

- **산해진미(山海珍味)** 산과 바다의 진귀한 맛이라는 뜻으로, 온갖 귀한 재료로 만든 맛좋은 음식을 일컬음.

◆ **삼강오륜(三綱五倫)** 삼강과 오륜. 삼강(三綱)은 군신 · 부자 · 부부 사이에 지켜야 할 세 가지 도리. 오륜(五倫)은 부자 사이의 친애, 군신 사이의 의리, 부부 사이의 유별, 장유 사이의 질서, 친구 사이의 신의를 이르는 다섯 가지 도리.

◆ **삼라만상(森羅萬象)** 우주(宇宙) 사이에 존재하는 모든 현상.

◆ **삼불거(三不去)** 칠거(七去)의 악이 있는 아내라도 버리지 못하는 세 가지 경우. 곧, 돌아가 의지할 곳이 없는 경우나, 부모의 삼년상을 같이 치렀거나, 장가들 때에 가난하다가 부귀하게 되었을 경우를 일컬음.

◆ **삼불혹(三不惑)** 미혹하여 빠지지 말아야 할 세 가지. 곧, 술 · 여자 · 재물을 일컬음.

◆ **삼삼오오(三三五五)** 서넛 또는 대여섯 사람이 떼지어 다니거나, 일을 하는 모양.

◆ **삼손우(三損友)** 사귀어 해가 되는 세 가지 유형의 벗. 곧 착하기만 하고 줏대가 없는 벗, 말만 앞세우고 성실하지 못한 벗, 성질이 편벽(便辟)한 벗.

◆ **삼십육계주위상계(三十六計走爲上計)** 서른여섯 가지 계책 중에서 달아나는 것이 제일 좋은 계책이라는 뜻으로, 일의 형편이 아주 불리할 때는 이것저것 계획을 세우기보다는 달아나서 몸의 안전을 꾀하는 것이 상책이라는 말.

◆ **삼십이립(三十而立)** 공자(孔子)가 한 말로 '삼십에 이르러 학문을 이루게 되었다'는 말. 삼십이 되어야 학문이나 격식이 일가(一家)를 이루어, 도덕상으로 흔들리지 아니함을 일컬음.

◆ **삼익우(三益友)** 사귀어서 자기에게 이로운 세 유형의 벗. 곧은 사람과 믿음직한 사람, 그리고 견문이 넓은 사람.

◆ **삼인성호(三人成虎)** 세 사람이 하는 똑같은 말이면 호랑이도 만든

다는 뜻으로, 아무리 근거 없는 말일지라도 여러 사람이 같은 말을 하면 사실로 믿게 된다는 말.

- ◆ **삼종지의(三從之義)** 여자가 지켜야 할 세 가지 도리라는 뜻으로, 어려서는 아버지를 따르고, 시집가서는 남편을 따르며, 남편이 죽은 뒤에는 아들(자식)을 따라야 한다는 말.
- ◆ **삼척동자(三尺童子)** 키가 석 자에 지나지 않는 아이. 곧, 대여섯 살의 어린아이.
- ◆ **삼천갑자동방삭(三千甲子東方朔)** 장수하는 사람이라는 뜻으로, 동방삭이 십팔만 살이나 살았다하여, 건강하게 장수하는 사람을 일컫는 말.
- ◆ **삼촌지설(三寸之舌)** 세 치 혀라는 뜻으로, 세 치 길이밖에 안 되는 사람의 짧은 혀를 일컬음.
- ◆ **상궁지조(傷弓之鳥)** 화살에 상처 입은 새라는 뜻으로, 한 번 화살에 상처를 입은 새는 구부러진 나무만 보아도 놀란다. 어떤 일로 한 번 혼이 나면 항상 의심과 두려운 마음을 품게 됨의 비유.
- ◆ **상리공생(相利共生)** 상호간에 이익을 얻고 서로 도우며 같이 삶을 일컬음.
- ◆ **상사병(相思病)** 서로 생각하는 병이라는 뜻으로, 남녀 사이에 서로 그리워하며 뜻을 이루지 못해 생긴 병을 일컬음.
- ◆ **상수여수(上壽如水)** 건강하게 오래 살려면, 흐르는 물처럼 도리에 따라 살아야 한다는 뜻.
- ◆ **상중(桑中)** 뽕나무밭 한가운데라는 뜻으로, 남녀간의 불의(不義)의 즐거움. 남녀간의 은밀한 정사(情事)를 일컬음.
- ◆ **상탁하부정(上濁下不淨)** 윗물이 맑아야 아랫물이 맑다라는 뜻으로, 윗사람이 정직하지 못하면 아랫사람도 그렇게 되게 마련임을 일컬음.

- **상풍고절**(霜楓高節) 서리 맞은 단풍잎처럼 어떠한 난관이나 어려움에 처해도 결코 굽히지 않는 높은 절개.
- **상하탱석**(上下撐石) 윗돌을 빼서 아랫돌을 괴고 아랫돌을 빼서 윗돌 괴기라는 뜻으로, 일이 몹시 꼬여 임시변통으로 간신히 견디어 나감을 일컬음.
- **상화하택**(上火下澤) 위는 불이고 아래는 물이라는 뜻으로 서로 이반하고 분열하는 현상. 물과 불로 서로 등돌림을 일컬음.
- **색즉시공 공즉시색**(色卽是空 空卽是色) 불교 반야심경(般若心經)의 첫 구절에 나오는 말로, 색(色)이란 유형(有形)의 만물(萬物)을 말하며, 이 만물은 모두 일시적인 모습일 뿐 그 실체는 실유(實有)의 것이 아니므로 공(空)이라는 뜻.
- **생기사귀**(生寄死歸) 삶은 붙어사는 것이요, 죽음은 어디론가 돌아간다라는 뜻으로, 인간이 이 세상에 사는 것은 잠시 몸을 의지하여 지내고 있는 것이며, 죽는다는 것은 원래의 곳으로 돌아가는 것임을 일컬음.
- **생로병사**(生老病死) 인생이 반드시 겪어야 하는 네 가지 고통. 곧 나고, 늙고, 병들고, 죽는 일. 곧 인생에서 받아야 하는 고통.
- **생불여사**(生不如死) 삶이 죽음만 못하다는 뜻으로, 극도로 곤란한 지경에 빠져 삶이 죽음만 같지 못하는 처지에 있음을 말함.
- **생이지지**(生而知之) 배우지 않아도 스스로 깨우쳐 안다라는 뜻으로, 태어나면서부터 배우지 않고도 스스로 깨우쳐 안다는 성인(聖人)의 경지를 일컬음.
- **생자필멸**(生者必滅) 살아 있는 자는 반드시 멸한다는 것으로, 생명이 있는 것은 반드시 죽는다는 뜻.
- **서리지탄**(黍離之嘆) 궁궐터에 기장이 무성함을 한탄한다라는 뜻으로, 나라가 망하고 옛 도성의 궁궐터가 밭으로 변해버린 것을

한탄함. 곧, 세상의 영고성쇠(榮枯盛衰)가 무상함을 한탄함.

◆ **서자서 아자아(書自書 我自我)** 글은 글대로 나는 나대로의 뜻. 곧, 글을 읽되 정신을 딴 데 쓴다는 말.

◆ **서제막급(噬臍莫及)** 배꼽을 물려고 해도 입이 미치지 못한다는 뜻으로, 일을 그르친 후에는 후회해도 소용이 없음의 비유.

◆ **서족이기성명(書足以記姓名)** 글은 자신의 이름자만 쓸 수 있으면 충분하다라는 뜻으로, 학문만을 내세우는 것을 비웃는 말.

◆ **석권(席卷(捲))** 자리를 말다라는 뜻으로, 자리를 말듯이 한쪽에서부터 토지를 공격해 전체를 차지하는 것으로, 어느 부분을 자신의 손아귀에 넣고 좌지우지함을 일컬음.

◆ **석전경우(石田耕牛)** 자갈밭을 가는 소의 뜻으로, 황해도 사람의 근면하고 인내심이 강한 성격을 평한 말.

◆ **선각자(先覺者)** 남달리 앞서 깨달은 자라는 뜻으로, 누구보다도 일찍 눈을 뜨고, 실행하는 사람을 일컬음.

◆ **선견지명(先見之明)** 일을 미리 짐작하는 밝은 지혜.

◆ **선공후사(先公後私)** 공적인 일을 먼저 하고 사사로운 일은 뒤로 미룸.

◆ **선례후학(先禮後學)** '먼저 예의를, 나중에 학문을 배우라'는 말. 예의가 첫째라는 뜻으로, 예의의 중요성을 강조하여 일컫는 말.

◆ **선시선종(善始善終)** 처음이나 끝이나 한결같음.

◆ **선우후락(先憂後樂)** 세상 근심은 남보다 먼저 걱정하고, 즐거움은 남보다 나중 기뻐한다라는 뜻으로, 군자(志士 · 仁人)의 마음가짐을 일컬음. 곧, 위정자(爲政者)나 지도자의 마음가짐.

◆ **선즉제인(先卽制人)** 남을 앞질러 일을 하면 남을 누르게 된다라는 뜻으로, 어떤 일에서나 남에게 선수를 빼앗겨서는 안 된다는 말.

◆ **선풍도골(仙風道骨)** 신선의 풍채와 도사의 골격이라는 뜻으로, 보

통사람보다 뛰어나게 깨끗하고 점잖게 생긴 사람을 일컬음.

◆ **설부화용(雪膚花容)** 눈처럼 흰 살결과 꽃처럼 아름다운 얼굴이라
는 뜻으로, 아름다운 여인의 용모를 형용하는 말.

◆ **설상가상(雪上加霜)** 눈 위에 또 서리가 내린다는 뜻으로, 어려운
일이 겹침을 일컬음. 불행이 엎친 데 덮치기.

◆ **설왕설래(說往說來)** 말이 가고 말이 온다는 뜻으로, 옳고 그름을
따지느라고 서로 옥신각신함.

◆ **성공자퇴(成功者退)** 뜻을 이룬 사람은 스스로 그만둔다는 뜻으로,
공을 이룬 사람은 때를 알고 물러나야 걱정이 없다는 말.

◆ **성동격서(聲東擊西)** 동쪽을 친다고 소문내고 실제로는 서쪽을 친
다는 뜻으로, 상대를 기만하여 기묘하게 공격함의 비유.

◆ **성자필쇠(盛者必衰)** 아무리 성한 자도 반드시 쇠할 때가 있음.

◆ **성하지맹(城下之盟)** 성 아래에서의 맹세라는 뜻으로, 패전국이 적
군에게 항복하고 맺는 굴욕적인 강화의 맹약을 일컬음.

◆ **성호사서(城狐社鼠)** 성벽에 숨어 사는 여우와 묘당에 기어든 쥐새
끼라는 뜻으로, 탐욕스럽고 흉포한 벼슬아치의 비유.

◆ **세리지교(勢利之交)** 권세와 이익을 얻기 위한 교제. 세력과 권리
를 얻기 위한 교제. 세교(勢交).

◆ **세무십년(勢無十年)** 세도(勢道)가 십 년을 가지 못한다 함이니, '사
람의 권세와 영화는 오래 가지 못하는 법이라'는 말.

◆ **세상만사(世上萬事)** 세상에서 일어나는 온갖 일. 세상의 일.

◆ **세세손손(世世孫孫)** 대대로 내려오는 자손.

◆ **세속오계(世俗五戒)** 불교의 오가(五家)에 대하여 신라 진평왕 때
원광법사가 세속적인 유가 덕목에 비추어 지은 화랑의 다섯 가
지 계율. 곧 사군이충(事君以忠)·사친이효(事親以孝)·교우이신
(交友以信)·임전무퇴(臨戰無退)·살생유택(殺生有擇).

◆ **세월부대인(歲月不待人)** 흘러가는 세월은 사람을 기다려주지 않는다는 뜻으로, 짧은 시간이라도 아껴서 노력하지 않으면 후에 후회해도 이미 늦는다는 말.

◆ **세한삼우(歲寒三友)** 겨울철의 소나무·대나무·매화나무를 일컬음. 송죽매라 하여 흔히 동양화의 화제(畫題)가 됨.

◆ **소국과민(小國寡民)** 나라도 작고 백성도 적다는 뜻으로, 가장 평화스럽고 이상적인 사회를 일컬음.

◆ **소년이로학난성(少年易老學難成)** 소년은 늙기 쉬우나 학문은 이루기가 어렵다는 뜻으로, 젊어서 열심히 노력할 것을 권유하는 말.

◆ **소이부답(笑而不答)** 웃기만 하고 대답을 하지 않음.

◆ **소인묵객(騷人墨客)** 시문(詩文)과 서화(書畫)를 일삼는 사람. 곧 시인·문인·서예가·화가를 일컫는 말.

◆ **소인지용(小人之勇)** 혈기에서 나오는 필부(匹夫)의 용기. 필부지용(匹夫之勇).

◆ **소탐대실(小貪大失)** 작은 것을 탐내다가 오히려 큰 것을 잃음.

◆ **속수무책(束手無策)** 손 쓸 도리가 없다는 뜻으로, 손을 묶인 듯이, 어찌할 방책이 없이 꼼짝 못하게 됨을 일컬음.

◆ **송구영신(送舊迎新)** 묵은해를 보내고 새해를 맞음.

◆ **송백조(松柏操)** 소나무와 잣나무의 푸르름처럼 결코 변하지 않는 절개.

◆ **수구초심(首丘初心)** 여우가 죽을 때는 자기가 살던 언덕 쪽으로 머리를 향한다는 뜻으로, 근본을 잊지 않음의 비유. 또 고향을 그리는 마음을 일컬음.

◆ **수렴청정(垂簾聽政)** 발을 드리우고 정사(政事)를 처단한다는 뜻으로, 임금이 어린 나이로 즉위하였을 때 왕대비나 대왕대비가 정사를 돌보던 일을 일컬음.

◆ **수복강녕(壽福康寧)** 장수하고, 행복하고, 건강하고, 평안함.

◆ **수복난재수(水覆難再收)** 땅에 엎지른 물은 다시는 거둘 수 없다는 뜻으로, 한 번의 실수라도 다시는 돌이킬 수 없음. 또는 이혼한 부부는 다시는 되돌릴 수 없음의 비유.

◆ **수불석권(手不釋卷)** 손에서 책을 놓지 않는다는 뜻으로, 열심히 공부함을 일컬음.

◆ **수석침류(漱石枕流)** 돌로 양치질하고, 흐르는 물을 베개 삼는다는 뜻으로, 남에게 지기 싫어하는 마음이 강하거나, 잘못된 주장을 억지로 꿰어 맞추려는 행동을 일컬음.

◆ **수수방관(袖手傍觀)** 팔짱을 끼고 그냥 보고만 있다는 뜻으로, 간섭하거나 거들지 않고 그저 옆에서 보고 있기만 함을 일컬음.

◆ **수식변폭(修飾邊幅)** 옷깃을 꾸민다는 뜻으로, 속이 빈 사람이 겉만 화려하게 꾸미는 것을 일컬음.

◆ **수신제가(修身齊家)** 심신을 닦고 집안을 다스리는 일.

◆ **수오지심(羞惡之心)** 불의를 부끄러워하고 남의 착하지 못함을 미워하는 마음. 사단(四端)의 하나.

◆ **수욕정이풍부지(樹欲靜而風不止)** 나무는 가만히 조용해지려고 하지만, 불어오는 바람이 가만히 내버려두지 않는다는 뜻으로, 자식이 어버이를 봉양하고자 하나 어버이는 이미 돌아가시고 이 세상에 계시지 않음을 한탄하여 일컫는 말. 또는 외부로부터 오는 유혹으로 말미암아 내적인 평정을 얻지 못함을 일컬음.

◆ **수원수구(誰怨誰咎)** 누구를 원망하거나 누구를 탓할 수 없음을 일컬음.

◆ **수인사대천명(修人事待天命)** 사람의 힘으로 할 수 있는 일을 다하고 하늘의 명을 기다림을 일컬음.

◆ **수적성천(水積成川)** 소량의 물이 모여 쌓여서 내가 됨. 곧, 조금씩

모인 것이 많이 된다는 말.

◆ **수적천석(水滴穿石)** 물방울이 돌을 뚫는다는 뜻으로, 작은 노력이라도 끈기 있게 계속하면 큰 일을 이룩할 수 있음. 작은 것이라도 모이고 쌓이면 큰 것이 됨. 수적석천(水滴石穿).

◆ **수즉다욕(壽則多辱)** 오래 살면 그만큼 욕되는 일이 많다는 뜻으로, 오래 살면 욕됨을 (수치스러운 일) 많이 겪는다는 것을 일컬음.

◆ **수지청즉무어(水至淸則無魚)** 물이 너무 맑으면 물고기가 살지 않는다는 뜻으로, 청렴결백의 도가 지나치면 따르는 사람이 없음의 비유.

◆ **숙호충비(宿虎衝鼻)** '자는 범의 코끝을 찔렀다'는 뜻으로, 가만히 두었던들 아무 탈이 없었을 것을 공연히 건드려서 화를 자초한다는 말.

◆ **순결무구(純潔無垢)** 몸과 마음이 깨끗하여 더러운 티가 없음.

◆ **순천자존역천자망(順天者存逆天者亡)** 하늘을 따르는 자는 살아남고 하늘을 거스르는 자는 망한다는 뜻으로, 올바른 자연의 이치에 순응하는 자는 오래 살아남을 수가 있고, 그것을 거스르는 자는 망하게 됨을 일컬음.

◆ **술이부작(述而不作)** 이어받되 지어내지 않는다는 뜻으로, 옛 성인(聖人)이나 현인(賢人)의 가르침을 이어받아, 개인적인 창작의 보탬이 없이 그대로 후세에 전하는 것을 일컬음. 공자의 학문에 대한 태도를 나타낸 말.

◆ **숭덕광업(崇德廣業)** 높은 덕과 큰 사업. 또 덕을 숭상하고 업을 넓힘.

◆ **시비곡직(是非曲直)** (잘 잘못) 옳고 그르고 굽고 곧음. 곧 잘 잘못. 시비선악(是非善惡).

◆ **시시비비(是是非非)** 옳은 것은 옳고 그른 것은 그르다는 뜻으로,

특정의 입장에 얽매이지 않고 사물의 옳은 것은 옳다고 찬성하고, 그른 것은 그르다고 반대하여 올바르게 판단함을 일컬음.

- **시비지심(是非之心)** (옳음과 그름) 시비를 가릴 줄 아는 마음. 사단(四端)의 하나.
- **시시종종(時時種種)** 때때로 있는 갖가지. 여러 가지.
- **시야비야(是也非耶)** 옳고 그름을 말함.
- **시종여일(始終如一)** 처음부터 끝까지 한결같이 변함없음.
- **식소사번(食少事煩)** 먹을 것은 적고 할 일이 많다는 뜻으로, 수고는 많이 하나 얻는 것이 적음을 일컬어 건강을 돌보지 않고 일만 많이 함.
- **식언(食言)** 말〔言〕을 먹어 삼킨다는 뜻으로, 앞서 한 말이나 약속과 다르게 말함. 곧, 이전에 한 말을 뒤집음. 거짓말을 함.
- **식자우환(識字憂患)** 글자를 아는 것이 도리어 근심을 사게 된다는 말. 서툰 지식이 오히려 근심을 사게 됨을 일컬음.
- **신상필벌(信賞必罰)** 어김없이 상을 주고 꼭 벌을 준다는 뜻으로, 상과 벌을 규정대로 공정하고 엄중히 하는 일. 공이 있는 사람은 반드시 상을 주고, 죄를 범한 사람은 반드시 벌을 주는 일.
- **신언서판(身言書判)** 신수와 말씨, 그리고 글씨와 판단력이라는 뜻으로, 인물을 선택하는 표준으로 삼던 네 가지 조건을 일컬음.
- **신체발부수지부모(身體髮膚受之父母)** 내 몸과 터럭과 피부까지도 부모로부터 받은 것이라는 뜻으로, 자기 자신의 몸은 부모로부터 받은 것임을 일컬음. 또는 부모로부터 받은 은혜는 매우 깊은 것임을 말함.
- **신출귀몰(神出鬼沒)** 귀신처럼 자유자재로 나타났다 사라진다는 뜻으로, 자유자재로 출몰하여 그 변화를 헤아릴 수 없음을 일컬음.
- **신토불이(身土不二)** 몸과 태어난 땅은 하나라는 뜻으로, 자기 몸

과 같은 땅에서 산출된 것이라야 체질에 잘 맞는다는 말.

◆ **실사구시(實事求是)** 구체적인 사실에서 옳은 것을 구한다는 뜻으로, 사실에 근거하여 사물의 진리나 진상을 탐구하는 일. 또는 그런 학문의 태도를 일컬음.

◆ **실천궁행(實踐躬行)** 실제로 몸소 실천함.

◆ **심사숙고(深思熟考)** 깊이 생각하고 익히 생각하다라는 뜻으로, 신중하게 곰곰이 생각함을 일컬음.

◆ **심원의마(心猿意馬)** 마음은 원숭이 같고 생각은 말과 같다는 뜻으로, 마음이 한곳에 머물지 못하고 먼 곳으로 달아나듯 어지러움을 일컬음.

◆ **심정즉필정(心正則筆正)** 마음이 바르면 글씨도 바르다는 뜻으로, 글씨[書]는 사람의 마음을 나타낸다는 말.

◆ **십년마일검(十年磨一劍)** 십년간 한 칼을 간다는 뜻으로, 여러 해를 두고 무예(武藝)를 열심히 수련함을 일컬음. 목적 달성을 위하여 오랫동안 때를 기다림.

◆ **십년지기(十年知己)** 오래 전부터 사귀어 온 친구.

◆ **십맹일장(十盲一杖)** 열 소경에 한 막대기(지팡이)라는 뜻으로, 어떠한 사물이 여러 곳에 다같이 요긴하게 쓰이는 사물의 비유.

◆ **십목소시(十目所視)** 여러 사람이 다같이 보고 있다는 뜻으로, 세상의 눈을 속일 수 없다는 말. 세상에 비밀이 없다.

◆ **십벌지목(十伐之木)** 열 번 찍어 안 넘어가는 나무 없다는 뜻으로, 무슨 일이든지 꾸준히 노력하면 성공함. 아무리 굳은 사람도 여러 사람으로부터 같은 거짓말을 들으면 곧이듣게 됨을 일컬음.

◆ **십상팔구(十常八九)** 열 가운데 여덟이나 아홉이 그러함. 거의 다 그러함. 십중팔구(十中八九).

◆ **십시일반(十匙一飯)** 열 사람이 밥을 한 술씩만 보태어도 한 사람

이 먹을 밥은 된다는 뜻으로, 여러 사람이 힘을 합하면 한 사람쯤은 구제하기 쉬움을 일컬음.

아

◆ **아동주졸(兒童走卒)** 아이와 심부름꾼. 뜻이 바뀌어 철없고 어리석은 사람을 일컬음.

◆ **아미(蛾眉)** 누에나방의 눈썹이라는 뜻으로, 누에나방의 촉수처럼 (털이 짧고 초승달 모양으로) 길게 굽어 있는 아름다운 눈썹. 미인의 눈썹을 일컬음.

◆ **아부영합(阿附迎合)** 남의 비위를 맞추기 위하여 알랑거리며 붙좇고 자기의 생각을 상대편이나 세상 풍조에 맞춤을 일컬음.

◆ **아비규환(阿鼻叫喚)** 아비지옥에서 울부짖음이라는 뜻으로, 불교에서 말하는 가장 고통스러운 아비지옥에서 울부짖음과 같이 참혹한 고통 가운데서 살려달라고 울부짖는 상태를 일컫는 말.

◆ **아연실색(啞然失色)** 뜻밖의 일에 어이가 없고 너무 놀라서 얼굴빛이 변함을 일컬음.

◆ **아유구용(阿諛苟容)** 남에게 아첨하여 구차스럽게 행동함. 또는 그런 모양.

◆ **아전인수(我田引水)** 자기 논(밭)에 물대기라는 뜻으로, 자기에게 유리하게 생각하거나 행동함을 일컫는 말.

◆ **악목도천(惡木盜泉)** 굽은 나무와 훔쳐 댄 샘물이라는 뜻으로, 더워도 나쁜 나무 그늘에서는 쉬지 않으며, 목이 말라도 도(盜)란 나쁜 이름이 붙은 샘물을 마시지 않는다. 즉 아무리 곤란해도 부끄러운 일을 하지 않음의 비유.

◆ **악사천리(惡事千里)** (좋은 일은 좀처럼 알려지지 않으나) 나쁜 일은

세상에 빨리 퍼진다.

◆ **악의악식(惡衣惡食)** 좋지 못한 옷을 입고 맛없는 음식을 먹음. 또는 그런 옷과 음식. 나쁜 옷과 나쁜 음식.

◆ **악인악과(惡因惡果)** 악한 일을 하면 반드시 그 결과가 나쁘게 나타남. 악한 일을 하면 그 대가를 받음.

◆ **안고수비(眼高手卑)** 눈은 높으나 손은 낮다는 뜻으로, 이상은 높으나 재주가 없어 행동이 따르지 못함을 일컬음.

◆ **안도(安堵)** 편안한 울타리 속이라는 뜻으로, 자기 사는 곳에서 편안히 지냄. 또는, 그때까지의 불안이 가시고 마음이 놓임.

◆ **안분지족(安分知足)** 제 분수에 맞게 마음 편히 여기며 만족할 줄을 앎을 일컬음.

◆ **안불망위(安不忘危)** 편안한 가운데서도 잊지 않고 늘 스스로를 경계함.

◆ **안빈낙도(安貧樂道)** 가난한 생활 가운데서도 탐내지 않고 편안한 마음으로 도를 즐김을 일컬음.

◆ **안서(雁書)** 철따라 이동하는 기러기가 전해다 준 편지라는 뜻으로, 먼 곳에서 전해 온 반가운 '편지나 소식'을 일컫는 말.

◆ **안심입명(安心立命)** 불교에서, 신앙에 의하여 천명(天命)을 깨닫고 생사(生死)와 이해를 초월하여 마음의 평안을 얻음. 생사의 도리를 깨달아 내세의 안심을 꾀하는 일.

◆ **안중지정(眼中之釘)** 눈에 박힌 못이라는 뜻으로, 눈에 박힌 못처럼 자신에게 해를 끼치는 사람. 또는 눈엣가시처럼 밉거나 보기 싫은 사람을 가리킴.

◆ **안하무인(眼下無人)** 눈 아래 사람이 없다는 뜻으로, 교만하여 저밖에 없는 듯이 사람들을 업신여김을 일컬음.

◆ **암중모색(暗中摸索)** 어둠 속에서 더듬어 찾다라는 뜻으로, 물건을

어둠 속에서 더듬어 찾음. 어림짐작으로 무엇을 찾아냄을 일컬음.

◆ **앙급지어(殃及池魚)** 재앙이 연못의 물고기에 미친다는 뜻으로, '성문에 난 불을 못에 있는 물로 껐으므로 그곳의 물고기가 다 죽었다'는 고사에서, 뜻하지 않는 곳에 재앙이 미침을 일컬음.

◆ **앙불괴어천(仰不愧於天)** 하늘을 우러러 부끄럽지 않다는 뜻으로, 무엇에 대하여 조금도 양심에 거리끼는 바 없이 부끄럽지 않음을 일컬음.

◆ **애국애족(愛國愛族)** 제 나라와 제 민족을 사랑함.

◆ **애별리고(愛別離苦)** 팔고(八苦)의 하나. 이별의 괴로움. 곧, 부모ㆍ형제ㆍ처자ㆍ애인ㆍ부부 등 사랑하는 사람과의 헤어짐을 슬퍼하는 괴로움.

◆ **애인여기(愛人如己)** 남을 사랑하기를 제 몸같이 함.

◆ **애지중지(愛之重之)** 매우 사랑하고 귀중히 여김.

◆ **약방감초(藥房甘草)** 어떤 일에도 빠짐없이 참석하는 사람이나 반드시 있어야 할 필요한 사물을 일컬음.

◆ **약법삼장(約法三章)** 한고조(漢高祖)가 부로(父老)들에게 약속한 법 세 가지. 즉 사람을 죽인 자는 죽인다. 남을 상하게 하거나 도둑질한 자는 벌을 주고, 진(秦)나라의 모든 법은 폐지한다는 것. 법률이 간략함을 존중함을 일컬음. 가혹한 법률은 폐지한다는 뜻.

◆ **약육강식(弱肉强食)** '약자의 살을 강자가 먹는다'는 뜻으로, 약한 자는 강한 자에게 먹힘.

◆ **양금택목(良禽擇木)** 현명한 새는 좋은 나무를 가려서 둥지를 친다는 뜻으로, 현명한 사람은 자기 능력을 키워 줄 훌륭한 사람을 가려서 섬길 줄 앎의 비유. 환경이나 직업 같은 것을 잘 검토하고서 선택해야 함의 비유.

◆ **양상군자(梁上君子)** 대들보 위의 군자라는 뜻으로, 도둑을 빗대어

일컫는 말.

◆ **양입계출(量入計出)** 수입을 헤아려 보고 지출을 계획함.

◆ **양지양능(良知良能)** 경험이나 교육에 의하지 아니하고 선천적으로 사물을 알고 행할 수 있는 마음의 작용.

◆ **양지지효(養志之孝)** 뜻을 봉양하는 효도라는 뜻으로, 부모를 음식으로 봉양하는 것이 아니라, 항상 부모의 뜻을 받들어 마음을 기쁘게 해드리는 효행을 일컬음.

◆ **양호유환(養虎遺患)** 호랑이를 길렀다가 근심을 남긴다는 뜻으로, '화근을 길러서 걱정거리를 남긴다'는 것. 곧 은혜를 베풀었다가 도리어 해를 당함을 일컬음. 양호후환(養虎後患).

◆ **어두귀면(魚頭鬼面)** '고기 머리에 귀신의 얼굴'이라는 말로, 지지리 못난 사람들. 어두귀면지졸(魚頭鬼面之卒).

◆ **어두육미(魚頭肉尾)** 생선 고기는 머리가, 짐승 고기는 꼬리 부분이 맛있다는 말.

◆ **어불성설(語不成說)** 말이 안 된다는 뜻으로, 하는 말이 조금도 사리에 맞지 아니함을 일컬음.

◆ **억강부약(抑强扶弱)** 강자를 억누르고 약자를 붙잡아 도와줌.

◆ **억조창생(億兆蒼生)** 수많은 백성이라는 뜻으로, 수많은 세상 사람들을 일컬음.

◆ **언감생심(焉敢生心)** 감히 그런 마음을 품을 수도 없음.

◆ **언비천리(言飛千里)** '발 없는 말이 천 리를 간다'는 뜻으로, 말의 전하여짐이 매우 빠르고도 멀리 퍼짐.

◆ **언어도단(言語道斷)** 말이 도리에 어긋난다는 뜻으로, 너무 엄청나게 사리에 맞지 않거나 말로 표현할 수 없음을 일컬음.

◆ **언중유골(言中有骨)** 말 속에 뼈가 있다는 뜻으로, 말의 외양은 예사롭고 순한 듯하나 단단한 뼈 같은 속뜻이 있다는 말.

- ◆ **언행일치(言行一致)** 하는 말과 행동이 같음. 말과 행동이 다르지 않음.

- ◆ **엄이도령(掩耳盜鈴)** 귀를 가리고 방울을 훔친다는 뜻으로, 남들은 모두 자기 잘못을 아는데 그것을 숨기고 남을 속이고자 함을 일컬음.

- ◆ **여단수족(如斷手足)** 수족이 잘림과 같음. 요긴한 사람이나 물건이 없어져 아쉬움.

- ◆ **여리박빙(如履薄氷)** 살얼음을 밟는 것과 같다는 뜻으로, 처세에 극히 조심함을 일컬음. 매우 위험함의 비유.

- ◆ **여민동락(與民同樂)** 임금이 백성과 함께 즐김. 여민해락(與民偕樂).

- ◆ **여반장(如反掌)** '손바닥을 뒤집는 것과 같이 썩 쉽다'는 뜻.

- ◆ **여세추이(與世推移)** 세상이 변하면 함께 따라서 변함을 일컬음.

- ◆ **여장부(女丈夫)** 남자같이 헌걸차고 기개(氣槪)가 있는 여자. 여걸(女傑). 남자 못지않은 여성. 〔'장부(丈夫)'는 장성한 남자.〕

- ◆ **여족여수(如足如手)** 발이 손과 같다는 뜻으로, 형제는 몸에서 떼어놓을 수 없는 팔다리와 같다는 말. 형제의 의가 두터움의 비유. 또는, 우정이 깊음의 비유.

- ◆ **역린(逆鱗)** 용의 턱밑에 거슬러 난 비늘이라는 뜻으로, 군주(임금)의 노여움에 비유함.

- ◆ **역발산기개세(力拔山氣蓋世)** 힘은 산을 빼어 던질 만하고, 패기는 세상을 덮어버린다는 뜻으로, 엄청난 힘은 산이라도 빼어 던질 만하고, 세상을 덮을 정도로 기력이 웅대함(넘쳐남).

- ◆ **역성혁명(易姓革命)** 성을 바꾸어 천명을 바꾼다는 뜻으로, 왕조(王朝)가 바뀌는 것. 어떤 성(姓)을 가진 임금에서 다른 성을 가진 임금으로 교체하는 것. 중국 고대의 정치사상으로, 천명(天命 : 하늘의 명령)에 의해 유덕(有德)한 사람이 왕위에 오르고, 천의

(天意 : 하늘의 뜻)에 반하는 사람은 왕위를 잃는다는 뜻.

- **역지사지(易地思之)** 서로 처지를 바꾸어서 생각함.

- **연락부절(連絡不絶)** 왕래가 잦아 끊이지 아니함. ↔ 연락두절.

- **연리지(連理枝)** 나뭇가지가 이어진다는 뜻으로, 화목한 부부. 또는 다정한 남녀 사이를 일컬음.

- **연모지정(戀慕之情)** 사랑하여 그리워하는 마음.

- **연전연승(連戰連勝)** 싸울 때마다 연달아 이김. 연전연첩(連戰連捷). ↔ 연전연패(連戰連敗).

- **염념불망(念念不忘)** 자꾸 생각나서 잊지 못함. 염념재자(念念在玆).

- **염량세태(炎凉世態)** 세력이 있을 때는 아부하여 붙좇고, 세력이 없어지면 푸대접하는 세상인심의 형편.

- **염불위괴(恬不爲愧)** 옳지 않은 일을 하고도 조금도 부끄러워하는 기색이 없음.

- **염화미소(拈華微笑)** 연꽃을 들어 미소 짓는다는 뜻으로, 말로 하지 않고 마음에서 마음으로 전하는 일을 뜻하는 말. 석가가 설법 중에 연꽃을 들어 보였을 때, 오직 제자 가섭(迦葉)만이 그 뜻을 알고 빙그레 웃었다는 고사에서 유래.

- **영고성쇠(榮枯盛衰)** 개인이나 사회의 성하고 쇠함이 서로 뒤바뀌는 현상을 일컬음.

- **영웅호걸(英雄豪傑)** 지혜와 용기가 뛰어나고 큰일을 해낼 사람.

- **예미(어)도중(曳尾(於)塗中)** 꼬리를 진흙 속에 끌고 제 마음대로 다닌다는 뜻으로, 부귀로 (높은 벼슬에 올라) 속박받기보다는, 가난하더라도 자유롭게 속편이 사는 것이 낫다는 말.

- **오거지서(五車之書)** 다섯 수레에 가득 실을 만한 많은 책. 곧, 장서가 많음.

- **오만무도(傲慢無道)** 거만하고 교만하여 버릇이 없다는 뜻으로, 태

도나 행동이 건방지고 버릇이 없음을 일컬음

- **오매불망**(寤寐不忘) 자나 깨나 잊지 못함.
- **오불관언**(吾不關焉) 나는 상관하지 아니함. 또, 그러한 태도.
- **오비삼척**(吾鼻三尺) 내 코가 석 자라는 뜻으로, 곤경에 처하여 자기 일도 감당할 수 없는데 어찌 남을 도울 수 있겠는가를 일컬음.
- **오비이락**(烏飛梨落) 까마귀 날자 배 떨어진다는 뜻으로, 공교롭게 우연의 일치로 어떤 일이 일어나 의심을 받게 됨의 비유.
- **오비일색**(烏飛一色) '날고 있는 까마귀가 모두 같은 빛깔'이라는 뜻으로, 모두 같은 종류 또는 피차 똑같음을 일컫는 말.
- **오비토주**(烏飛兎走) 오(烏)는 '해', 토(兎) '달'을 가리켜 '해와 달이 날고 달린다'는 뜻으로, 세월이 빠름의 비유. 해 속에는 세 발 달린 까마귀〔삼족오(三足烏)〕가 살고, 달 속에는 토끼가 산다는 전설에서 나온 말.
- **오설상재**(吾舌尚在) 내 혀가 아직 성하게 남아 있다는 뜻으로, 몸은 비록 망가졌어도 혀만 있다면 희망이 (천하를 움직일 수) 있다는 말.
- **오십보백보**(五十步百步) 오십 보나 백 보나 도망치기는 마찬가지라는 뜻으로, '오십 보 도망친 사람이 백 보 도망친 사람을 비웃는다'는 말에서, 조금의 차이가 있으나 본질적으로는 차이가 없음을 일컫는 말.
- **오우천월**(吳牛喘月) 오나라 물소가 달을 보고 헐떡거린다는 뜻으로, 지나친 생각으로 쓸데없는 걱정을 비유하여 일컫는 말.
- **오합지졸**(烏合之卒) 까마귀 떼처럼 모인 떠들기만 하는 무리라는 뜻으로, 갑자기 모집된 훈련 안 된 군사들. 규율도 통일성도 없는 군중이나 집단. 또는, 그 군세(軍勢).
- **옥불탁불성기**(玉不琢不成器) 옥도 쪼지 않으면 그릇이 될 수 없

다는 뜻으로, 천성이 뛰어난 사람이라도 학문이나 수양을 쌓지 않으면 훌륭한 인물이 될 수 없다는 말.

- ◆ **옥상가옥(屋上加屋)** '지붕 위에 거듭 지붕을 얹는다'는 뜻. 곧, 사물의 부질없는 중복과, 있는 위에 무익하게 거듭함의 비유.

- ◆ **옥석구분(玉石俱焚)** 옥과 돌이 함께 불에 탄다는 뜻으로, 선인이나 악인의 구별 없이 모두 함께 재앙을 받음을 일컬음.

- ◆ **옥석혼효(교)(玉石混淆(交))** 옥과 돌이 섞여 있다는 뜻으로, 좋은 것과 나쁜 것. 또는, 훌륭한 것과 하찮은 것이 함께 뒤섞여 있어 분간할 수가 없음을 일컬음.

- ◆ **옥쇄(玉碎)** 옥처럼 아름답게 부서져 흩어진다는 뜻으로, 명예나 충절을 지키어 기꺼이 목숨을 바침. 또는, 천자(天子)가 재난을 만나는 것을 일컬음.

- ◆ **옥오지애(屋烏之愛)** 사랑하는 사람이 사는 집 지붕에 있는 까마귀까지 귀엽다는 뜻으로, 그 사람을 사랑하면 그 주위의 모든 것을 사랑하게 된다는 말. 곧, 애정이 매우 깊음의 비유.

- ◆ **옥의옥식(玉衣玉食)** 좋은 옷과 좋은 음식.

- ◆ **완벽(完璧)** 완전한 구슬. 구슬을 온전히 보존하여 돌아온다는 뜻으로, 조금의 결점이 없이 완전무결함. 원래의 뜻은 소중한 것을 흠집 내지 않고 무사히 가지고 돌아가다, 빌린 것을 무사히 되돌려 주다의 뜻.

- ◆ **왕후장상영유종호(王侯將相寧有種乎)** 왕이나 제후, 장수, 재상이 어찌 씨가 따로 있겠는가라는 뜻으로, 제왕과 제후, 장수와 재상이 되는 것은 가문이나 혈통이 따로 있는 것이 아니라, 그 사람의 재능이나 노력에 의한 것이라는 말. 곧, 부귀영화는 실력만 있으면 누구나 차지할 수 있음의 비유.

- ◆ **외유내강(外柔內剛)** 겉은 부드러우나 속은 곧고 굳다는 뜻으로, 겉으로는 부드럽고 순해 보이나 속(내부는) 마음은 단단하고 굳셈.

- **외친내소(外親內疎)** 겉으로는 친한 척하면서 속으로는 멀리함.

- **요동지시(遼東之豕)** 요동지방의 돼지라는 뜻으로, 혼자만 대단한 것으로 알고 우쭐해 하는 것으로 자기가 최고인 체함. 견문이 좁아서 세상에 흔한 것을 모르고 혼자 득의양양하여 자랑함을 비유함.

- **요산요수(樂山樂水)** 산을 좋아하고 물을 좋아한다는 뜻으로, 산수(山水 : 자연)를 좋아함.

- **요원지화(燎原之火)** 불난 벌판의 불. 무서운 기세로 타 나가는 벌판의 불이라는 뜻으로, 세력이 대단해서 막을 수가 없음의 비유. 뜬소문이 널리 퍼짐.

- **요조숙녀(窈窕淑女)** 아름답고 정숙하며 품위 있는 여자. 얌전하고 조용한 여자를 일컬음.

- **욕교반졸(欲巧反拙)** 기교를 너무 부리면 도리어 못하게 됨. 너무 잘하려 하면 도리어 잘 안됨을 일컫는 말.

- **용두사미(龍頭蛇尾)** 머리는 용이고 꼬리는 뱀이라는 뜻으로, 처음은 좋으나 끝이 좋지 않음의 비유.

- **용미봉탕(龍味鳳湯)** 맛이 썩 좋은 음식을 가리키는 말.

- **용사비등(龍蛇飛騰)** 용과 뱀이 하늘로 날아오른다는 뜻으로, 살아 움직이듯이 매우 활기 있게 잘 쓴 필력을 일컬음.

- **용여득운(龍如得雲)** 용이 구름을 얻듯이 큰 인물이 활동할 기회를 얻음의 비유.

- **용자불구(勇者不懼)** 참으로 용감한 사람은 도의(道義)를 위해서는 목숨을 아끼지 않으므로, 어떠한 경우를 당하여서도 두려워하지 아니한다는 말.

- **용호상박(龍虎相搏)** 용과 범이 서로 싸운다는 뜻으로, 역량과 세력이 비슷한 두 강자가 서로 어울려 싸움의 비유.

- **용훼(容喙)** 입을 놀림. 옆에서 말참견을 함.

- 우국지사(憂國志士) 나라의 앞일을 근심하고 염려하는 사람.
- 우도할계(牛刀割鷄) 소 잡는 칼로 닭을 잡는다는 뜻으로, 작은 일을 하는데 너무 큰 기구를 사용함의 비유.
- 우수마발(牛溲馬勃) 쇠오줌과 말똥이라는 뜻으로, 가치 없는 말이나 글. 또는 품질이 떨어지거나, 가치 없는 약재의 원료를 일컫는 말.
- 우여곡절(迂餘曲折) 돌고 휘어 구부러짐. 여러 가지로 뒤얽힌 복잡한 사정이나 변화.
- 우왕좌왕(右往左往) 바른쪽으로 갔다 왼쪽으로 갔다하여 종잡지 못함. 이랬다저랬다 갈팡질팡함.
- 우유부단(優柔不斷) 망설이기만 하고 결단하지 못함을 일컬음.
- 우이독경(牛耳讀經) 쇠귀에 경 읽기라는 뜻으로, 아무리 가르치고 일러 주어도 알아듣지 못함의 비유.
- 우자일득(愚者一得) 어리석은 사람이라도 여러 일을 하거나 생각하다 보면 때로는 하나쯤 슬기로운 것도 있다는 말.
- 우직지계(迂直之計) 어떤 일을 함에 있어 멀리 돌아가는 듯하지만 실상은 그것이 지름길이라는 계책을 뜻함을 일컬음.
- 우화등선(羽化登仙) 몸에 날개가 나고 신선이 되어서 하늘에 올라간다라는 뜻으로, 술에 취하여 좋은 기분에 도취됨의 비유. 혹은 세상을 떠나는 것의 의미로도 쓰임.
- 우후죽순(雨後竹筍) 비가 온 뒤에 우쩍 솟는 죽순이라는 뜻으로, 어떤 일이 한때에 우쩍(많이) 일어남의 비유.
- 운니지차(雲泥之差) 구름(하늘)과 진흙(땅)의 차이라는 뜻으로, 서로가 매우 동떨어져 있음의 비유.
- 운산무소(雲散霧消) 구름이 흩어지고 안개가 사라지듯, 근심이나 걱정이 깨끗이 사라짐의 비유.

◆ 운수소관(運數所關) 모든 일이 능력이나 노력에 상관없이 운수에 달려 있다는 생각.

◆ 운용지묘(運用之妙) 기능을 부리어 묘를 살린다는 뜻으로, 법칙은 그것을 부리어 쓰는데 따라 달라지는 것으로, 임기응변의 활용이 중요함을 일컫는 말.

◆ 운우지정(雲雨之情) 남녀간의 육체적으로 어울리는 사랑.

◆ 운주유장(運籌帷帳) 장막 안에서 산가지를 움직인다는 뜻으로, 장막 속에서 작전을 세우는 일. 직접 싸움에는 나가지 않으면서 본진에 둘러앉아 작전 계획을 짜는 일을 일컬음.

◆ 운중백학(雲中白鶴) '구름 속의 학'이란 뜻으로, 속세를 벗어난 고매한 인물의 비유.

◆ 원수불구근화(遠水不救近火) 멀리 있는 물로 가까이에서 난 불을 끄지 못한다는 뜻으로, 멀리(먼곳에) 있으면 급할 때 전혀 도움이 안 됨의 비유.

◆ 원조방예(圓鑿方枘) 둥근 구멍에 네모난 자루를 넣는다는 뜻으로, 사물이 서로 맞지 아니함. 일이 어긋나서 잘 맞지 않음.

◆ 원화소복(遠禍召福) 화를 멀리하고 복을 불러들임.

◆ 원후취월(猿猴取月) '원숭이가 물에 비친 달을 잡으려다가 물에 빠져 죽는다'는 뜻으로, 사람이 제 분수를 지키지 않고 욕심을 부리면 화를 입게 됨의 비유.

◆ 월만즉휴(月滿則虧) 달도 차면 기운다는 뜻으로, 무슨 일이든 성하면 쇠퇴하게 된다는 말.

◆ 월명성희(月明星稀) 달이 밝으면 별빛이 희미해진다는 뜻으로, 능력 있는 사람이 출현하면 주위 사람들의 존재가 희미해짐의 비유. 곧, 한 영웅이 나타나면 다른 군웅(群雄)의 존재가 희미해진다는 말.

- **월반지사(越畔之思)** 밭두렁을 넘으려는 생각이라는 뜻으로, 자신의 분수를 지키고 남의 직분을 침범하지 않도록 삼가는 마음을 일컬음.
- **월백풍청(月白風淸)** 달은 밝고 바람이 시원하게 부는 것으로, 달이 밝은 가을밤의 경치를 형용한 말.
- **월조소남지(越鳥巢南枝)** 월나라의 새는 남쪽으로 뻗은 가지에 둥우리를 짓는다는 뜻으로, 고향을 잊을 수 없음의 비유.
- **월하노인(月下老人)** 달밤에 만난 노인이 장래의 아내에 대하여 예언해 주었다는 데서, 부부의 인연을 맺어 준다는 전설상의 노인. 남녀의 인연을 맺어 주는 사람.
- **위급존망지추(危急存亡之秋)** 죽느냐 사느냐 하는 위급한 시기라는 뜻으로, 국가의 존망에 관한 중요한 시기. 위기를 모면하여 살아남느냐의 기로를 말함.
- **위기일발(危機一髮)** 한 올의 머리털에 불과할 정도의 위급한 시기라는 뜻으로, 조금도 여유가 없이 위급한 고비에 다다른 절박한 순간을 일컬음.
- **위부불인(爲富不仁)** 치부(致富)하려면 자연히 어질지 못한 일을 하게 된다는 말.
- **위여누란(危如累卵)** 계란을 포개놓은 것과 같은 위태로움의 비유.
- **위인설관(爲人設官)** 사람을 위해 벼슬자리를 마련함.
- **위편삼절(韋編三絶)** 가죽으로 맨 책의 끈이 세 번이나 닳아 끊어진다는 뜻으로, 독서에 열중함을 일컬음.
- **유교무류(有敎無類)** 가르침은 있으나 종류는 없다는 뜻으로, 모든 사람을 가르쳐 이끌어 줄 뿐, 가르치는 상대에게 차별을 두지 않음을 일컬음.
- **유구무언(有口無言)** '입은 있으나 말이 없다'는 뜻으로, 변명할 말

이 없거나 변명을 하지 못함을 일컬음. 할 말이 없음.

◆ **유구불언(有口不言)** '입은 있으되 말을 하지 않는다'는 뜻으로, 사정이 거북하거나 따분하여 말을 하지 아니함을 일컫는 말.

◆ **유덕자필유언(有德者必有言)** 덕이 있는 사람은 반드시 본받을 만한 훌륭한 말을 함.

◆ **유만부동(類萬不同)** 종류가 만 가지이지만 동일하지는 않다는 뜻으로, ① 여러 가지가 많이 있지만 서로 달라 같지 않음. ② 정도에 벗어남. 분수에 맞지 않음을 일컬음.

◆ **유명무실(有名無實)** 이름만 있고 그 실상은 없음.

◆ **유무상통(有無相通)** 있는 것과 없는 것을 서로 보완하여 융통하다는 뜻으로, 서로 교역함을 일컬음.

◆ **유방백세(流芳百世)** 꽃다운 이름이 후세에 오래 남음을 일컬음.

◆ **유수불부(流水不腐)** 흐르는 물은 썩지 않음. 늘 운동하는 것은 썩지 않음을 비유한 말.

◆ **유시무종(有始無終)** 시작은 있으나 끝이 없음.

◆ **유시유종(有始有終)** '처음이 있고 끝도 있다'는 뜻으로, 시작할 때부터 끝맺음할 때까지 변함이 없음을 일컬음.

◆ **유신(維新)** 새롭다는 뜻으로, 모든 것을 고쳐 새롭게 함. 묵은 제도를 아주 새롭게 고침을 일컬음.

◆ **유아독존(唯我獨尊)** 이 세상에 나보다 존귀한 사람은 없다는 말. 또는, 자기만 잘났다고 자부하는 독선적인 태도의 비유.

◆ **유언비어(流言蜚語)** 흐르는 말과 나는 말. 뜬소문이라는 뜻으로, 아무 근거 없이 널리 퍼진 소문. 터무니없이 떠도는 말.

◆ **유위변전(有爲變轉)** 세상은 항상 변화무쌍하여 잠시도 머물러 있는 법이 없다는 뜻.

◆ **유유상종(類類相從)** 같은 무리끼리 서로 따른다는 뜻으로, 같은

무리끼리 서로 오가며 사귐. 비슷한 사람끼리는 자연 서로 왕래
하여 모이기 쉽다는 것. (착한 사람의 주위에는 저절로 착한 사
람이 모이고, 나쁜 사람의 주위에는 저절로 나쁜 사람이 모인다.
또는, 각각의 공통점에 따라서 모든 것이 분류된다는 뜻.)

◆ **유유자적(悠悠自適)** 속세를 떠나 아무 것에도 속박당하지 않고 편
안히 살아감.

◆ **유일무이(唯一無二)** '둘이 아니고 오직 하나뿐'이라는 뜻으로, 오
직 하나밖에 없음.

◆ **유종지미(有終之美)** 끝냄이 있는 아름다움이라는 뜻으로, 시작한
일을 끝까지 잘하여 결과가 좋음. 곧, 처음부터 끝까지 훌륭하게
해내고, 훌륭한 성과를 올리는 것을 말함.

◆ **육도풍월(肉跳風月)** 글자를 잘못 써서 뜻을 이해하기 어려운 한시
를 일컬음.

◆ **은인자중(隱忍自重)** 마음 속으로 참으며 몸가짐을 자중함.

◆ **음덕양보(陰德陽報)** 남모르게 덕을 쌓은 사람은 뒤에 남이 알게
행복을 받는다는 뜻.

◆ **음지전 양지변(陰地轉 陽地變)** 음지도 양지로 될 때가 있음. 운이
나쁜 사람도 좋은 운을 만날 때가 있다는 말.

◆ **음풍농월(吟風弄月)** 바람을 읊조리며 달을 가지고 논다는 뜻으로,
맑은 바람과 밝은 달에 대하여 시를 짓고 즐겁게 놂을 일컬음.

◆ **읍견군폐(邑犬群吠)** '동네 개들이 떼지어 짖어댄다'는 뜻으로, 여
러 소인배들이 남을 비방함의 비유.

◆ **응접불가(황)(應接不暇(遑))** 응접할 겨를이 없다는 뜻으로, 끊임
없이 바쁜 모양. 어지럽게 변화하여 일일이 대응할 여가가 없음.
또는, 아름다운 경치가 계속되어 인사할 겨를이 없음을 일컬음.

◆ **의관장세(依官仗勢)** 벼슬아치가 직권을 남용하여 민폐를 끼침. 세

도를 부림을 일컬음.

◆ **의기양양(意氣揚揚)** 뜻한 바를 이루어 만족한 마음이 얼굴에 나타난 모양. 자랑스럽게 행동하는 것을 뜻함.

◆ **의미심장(意味深長)** 뜻이 매우 깊음. 사람의 행동이나 문장 등 내용의 정취가 속이 깊은 것. 또는, 표면상의 뜻 외에 딴 뜻이 감추어져 있는 것.

◆ **의식족이지예절(衣食足而知禮節)** 먹고 입는 것이 넉넉해야 예의나 체면을 알게 된다는 뜻으로, 사람은 생활이 풍족해야 비로소 예의와 체면을 차릴 수 있다는 말.

◆ **이구동성(異口同聲)** '입은 다르지만 하는 말은 같다'는 뜻으로, 여러 사람의 말이 한결같음을 일컫는 말.

◆ **이단(異端)** ① 자기가 믿는 이외의 도(道). ② 옳지 않은 도. ③ 전통이나 권위에 반항하는 설, 또는 이론. ④ 시류에 어긋나는 사상 및 학설. ⑤ 정통(正統) 이외의 설, 또는 정통에서 벗어나 이의를 내세우는 설.

◆ **이란격석(以卵擊石)** 약한 것으로 강한 것을 당해 내려는 일. 곧 아무리 하여도 소용없음의 비유. 이란투석(以卵投石).

◆ **이란투석(以卵投石)** 달걀로 돌을 친다는 뜻으로, 약한 것으로 강한 것을 이기려는 어리석음. 곧, 무익한 짓을 함의 비유.

◆ **이문회우(以文會友)** 학문을 연구하기 위해 벗을 모음.

◆ **이사구(二寺狗)** 두 절에 속한 개가 양쪽 절을 분주히 돌아다니다가 한쪽 절에서도 밥을 얻어먹지 못한다는 뜻으로, 미덥지 못한 두 가지 일에 뜻을 두거나 관계하다가 어느 한 가지도 이루지 못함의 비유.

◆ **이사위한(以死爲限)** 죽음으로써 한정(限定)을 삼는다는 뜻으로, 죽음을 각오하고 일을 함을 일컬음.

- **이소성대(以小成大)** 작은 것으로 시작해서 큰 것을 이룸.

- **이소역대(以小易大)** 적은 것을 가지고 큰 것과 바꿈.

- **이실직고(以實直告)** 사실 그대로 고함.

- **이열치열(以熱治熱)** 열은 열로써 다스린다는 뜻으로, 힘은 힘으로 물리침을 일컬음.

- **이왕지사(已往之事)** 이미 지나간 일. 이과지사(已過之事).

- **이용후생(利用厚生)** 세상의 편리와 살림의 이익을 꾀하는 일이라는 뜻으로, 편리한 기구를 잘 사용하여 먹고 입는 것을 풍부하게 하며, 백성의 생활을 윤택하게 함을 일컬음.

- **이율배반(二律背反)** 서로 모순되는 두 개의 명제가 동등한 권리로써 주장되는 일.

- **이이제이(以夷制夷)** 오랑캐를 이용하여 오랑캐를 제압한다는 뜻으로, 외국끼리 서로 싸우게 함으로써 그 세력을 억제하여 자국(自國)의 이익과 안전을 꾀하는 외교정책을 일컬음.

- **이일대로(以佚待勞)** 적과 싸움에서 이쪽을 편안히 쉬게 하여 상대가 지치기를 기다린다.

- **이하부정관(李下不整冠)** 자두나무 밑에서 갓을 고쳐 쓰지 말라는 뜻으로, 남에게 의심받을 만한 일은 하지 말라는 말.

- **이합집산(離合集散)** 헤어졌다가 모였다가 하는 일. 취산이합(聚散離合). 취산봉별(聚散逢別).

- **이현령비현령(耳懸鈴鼻懸鈴)** 귀에 걸면 귀걸이, 코에 걸면 코걸이라는 뜻으로, 어떤 사실이 이렇게도 저렇게도 해석될 수 있음을 말함.

- **익자삼요(益者三樂)** 사람이 좋아하여 유익한 것 세 가지. 곧 예악(禮樂)을 적당히 좋아하고, 남의 착함을 좋아하고, 착한 벗이 많음을 좋아하는 것. ↔ 손자삼요(損者三樂).

◆ **익자삼우(益者三友)** 사귀어서 유익한 세 벗. 곧 정직한 벗, 신의가 있는 벗, 지식이 있는 벗.

◆ **인과응보(因果應報)** 사람이 짓는 선악(善惡)에 따라 그 갚음을 받는 일. 또는, 그 과보. 인과보응(因果報應). 종과득과(種瓜得瓜).

◆ **인구회자(人口膾炙)** '사람들의 입맛에 맞는 회와 구운 고기'라는 뜻으로, 많은 사람들 입에 자주 오르내림을 일컫는 말.

◆ **인면수심(人面獸心)** 얼굴은 사람의 모습을 하였으나 마음은 짐승과 같다는 뜻으로, 남의 은혜를 모름. 마음이 몹시 흉악함.

◆ **인산인해(人山人海)** 사람이 헤아릴 수 없이 많이 모인 상태.

◆ **인생감의기(人生感意氣)** 사람은 자신을 알아주는 상대방의 마음에 감동한다는 뜻으로, 사람은 결코 돈이나 명예 등의 사욕(私慾) 때문에 움직이는 것이 아니라는 말.

◆ **인생여조(초)로(人生如朝(草)露)** 인생은 아침 해와 함께 사라져버리는 이슬과 같은 존재라는 뜻으로, 인생의 짧고 덧없음을 일컬음. 인생이 도무지 덧없음.

◆ **인생칠십고래희(人生七十古來稀)** 사람이 일흔 살까지 살기란 예로부터 드문 일이라는 말.〔중국 당나라의 시인 두보(杜甫)가 지은 곡강시(曲江詩)의 한 구절〕.

◆ **인순고식(因循姑息)** 구습을 버리지 못하고 당장에 편안한 것만을 취함.

◆ **인의예지(仁義禮智)** 사람의 몸에 갖추어야 할 사단(四端). 곧, 어질고(仁), 의롭고(義), 예의를 지킬 줄 알며(禮), 지혜(智)가 있어야 하는 것.

◆ **인인성사(因人成事)** 남의 힘으로 일을 이룸.

◆ **인자무적(仁者無敵)** 어진 사람은 널리 사람을 사랑하므로 천하에 대적하는 사람이 없음.

◆ **인자불우(仁者不憂)** 어진 사람은 도리(道理)에 따라 행하고 양심에 거리낌이 없으므로 근심을 하지 않음.

◆ **인자요산(仁者樂山)** 어진 사람은 산을 좋아한다는 뜻으로, 어진 사람은 모든 일을 도의(道義)에 따라서 행하기 때문에, 행동이 신중하고 덕이 두터워 그 마음이 산과 비슷하므로 산을 좋아함을 일컬음.

◆ **인지상정(人之常情)** 사람이라면 누구나 가지는 보통의 마음. 또는 그 생각.

◆ **인지위덕(忍之爲德)** 참는 것이 덕이 됨.

◆ **일각천금(一刻千金)** 극히 짧은 시각도 그 귀중하고 아깝기가 천금과 같음.

◆ **일거수일투족(一擧手一投足)** 손 한 번 들고 발 한 번 옮겨놓는다는 뜻으로, 아주 조그만 일에 이르기까지의 수고나 동작을 일컬음.

◆ **일거월저(日居月諸)** 쉬지 않고 가는 세월을 일컬음.

◆ **일견폐형백견폐성(一犬吠形百犬吠聲)** 한 마리의 개가 그림자를 보고 짖어대면 온 마을의 개가 그 소리에 따라 짖는다는 뜻으로, 한 사람이 있지도 않은 헛된 말(뜬소문)을 퍼뜨리면 많은 사람들이 사실처럼 믿어버림을 일컬음.

◆ **일구월심(日久月深)** 날이 오래고 달이 깊어진다는 뜻으로, 세월이 흐를수록 바라는 마음이 더욱 간절해짐을 일컬음.

◆ **일기당천(一騎當千)** 한 사람의 기병이 천 사람의 적을 당해낼 수 있다는 뜻으로, 무예 또는 기술이나 경험 등이 남달리 뛰어남의 비유.

◆ **일기지욕(一己之慾)** 자기 한 몸만을 위한 욕심.

◆ **일단사일표음(一簞食一瓢飲)** 한 개의 도시락과 한 바가지의 물이라는 뜻으로, 간소한 음식. 곧, 굶지 않을 정도의 소박한 생활을 일컬음.

◆ **일도양단(一刀兩斷)** 칼을 한 번 쳐서 두 동강이를 낸다는 뜻으로, 어떤 일을 머뭇거리지 않고 과감히 처리함. 또는, 단칼에 베어 버림을 일컬음.

◆ **일망무제(一望無際)** 넓고 아득히 멀어서 끝이 없음.

◆ **일망타진(一網打盡)** 한 번의 그물질로 모든 것을 잡는다는 뜻으로, 범죄자나 어떤 무리를 한꺼번에 모조리 잡음을 일컬음.

◆ **일맥상통(一脈相通)** 한가지로 서로 통한다는 뜻으로, 생각이나 처지, 상태 등이 한가지로 서로 통함을 일컬음.

◆ **일목요연(一目瞭然)** 한 번 척 보아서 금방 알 수 있도록 환하고 뚜렷함.

◆ **일박서산(日薄西山)** 해질 녘 해가 서산에 가까워진다는 뜻. 늙어서 죽을 때가 가까워짐의 비유.

◆ **일벌백계(一罰百戒)** 한 사람이나 한 가지 죄를 벌줌으로써 여러 사람을 경계함.

◆ **일사불란(一絲不亂)** 질서나 체계가 정연하여 조금도 헝클어지거나 어지러움이 없음.

◆ **일사천리(一瀉千里)** 강물의 흐름이 빨라 단숨에 천 리 밖에 다다른다는 뜻으로, 일이 거침없이 진행됨의 비유.

◆ **일시동인(一視同仁)** 모두를 평등하게 보아 똑같이 사랑함.

◆ **일어탁수(一魚濁水)** 한 마리의 물고기가 온 물을 흐리게 한다는 뜻으로, 한 사람의 잘못으로 여러 사람이 그 해를 입게 됨.

◆ **일언이폐지(一言以蔽之)** 한마디 말로 능히 그 뜻을 다한다는 뜻으로, 구구한 말을 다 줄이고, 한마디의 말로써 함.

◆ **일언지하(一言之下)** 한마디의 말로 능히 그 전체의 뜻을 다함.

◆ **일엽낙지(화)천하추(一葉落知(花)天下秋)** 한 잎의 나뭇잎이 떨어지는 것을 보고 온 천하가 가을인 것을 안다는 뜻으로, 한 가지

일을 보고 장차 오게 될 사물을 미리 짐작함. 작은 일을 보고 대세를 살피어 앎. 일엽지추(一葉知秋).

◆ **일엽편주(一葉片舟)** 한 조각의 작은 조각배.

◆ **일이관지(一以貫之)** 하나로 주르르 꿰었다는 뜻으로, 한 가지 이치로 모든 일을 꿰고 있음. 주의나 주장을 굽히지 않음.

◆ **일일(여)삼추(一日(如)三秋)** 하루가 삼 년 같다는 뜻으로, 몹시 지루하거나 애태우며 기다림의 비유.

◆ **일장일단(一長一短)** 장점도 있고 단점도 있음.

◆ **일장춘몽(一場春夢)** 한바탕의 봄꿈이라는 뜻으로, 헛된 영화나 덧없는 일의 비유. 덧없는 인생의 비유.

◆ **일조일석(一朝一夕)** 하루아침이나 하루 저녁이라는 뜻으로, 짧은 시간을 일컬음.

◆ **일진광풍(一陣狂風)** 한 바탕 부는 폭풍(暴風).

◆ **일진월보(日進月步)** 날로달로 끊임없이 진보함.

◆ **일진일퇴(一進一退)** 한 번 나아감과 한 번 물러섬. 나아갔다가 물러섬. 좋아졌다 나빠졌다 함.

◆ **일촉즉발(一觸卽發)** 한 번 스치기만 하여도 곧 폭발한다는 뜻으로, 조그만 일로도 계기가 되어 크게 벌어질 수 있는 아주 위급하고 아슬아슬한 상태에 놓여 있음을 일컬음.

◆ **일촌광음(一寸光陰)** 매우 짧은 시간. 촌각(寸刻).

◆ **일취월장(日就月將)** 날마다 달마다 성장하고 발전한다는 뜻으로, 학업이 날이 가고 달이 갈수록 진보, 발전함을 일컬음.

◆ **일편단심(一片丹心)** 한 조각 붉은 마음. 변치 않는 참된 마음. 진정에서 우러나오는 충성된 마음. 참된 정성.

◆ **일필휘지(一筆揮之)** 글씨를 단숨에 힘차고 시원하게 써 내림.

◆ **일확천금(一攫千金)** 힘들이지 않고 한꺼번에 많은 재물을 얻음.

- **일희일비(一喜一悲)** 기쁜 일과 슬픈 일이 번갈아 일어남. 한편 기쁘고 한편 슬픔.

- **임갈굴정(臨渴掘井)** 목이 말라서야 우물을 판다는 뜻으로, 미리 준비하여 두지 않고 있다가 일이 급해서야 허둥지둥 서두름을 일컬음.

- **임기응변(臨機應變)** 그때그때 처한 형편에 따라 일을 처리함.

- **임전무퇴(臨戰無退)** 전쟁에 임하여 물러서지 않음.

- **임전태세(臨戰態勢)** 싸움에 임하는 만반의 태세. 싸움을 시작할 만한 모든 다잡이.

- **입신양명(立身揚名)** 출세하여 세상에 이름을 들날림. 立身出世(입신출세)

- **입추지지(立錐之地)** 송곳 하나 꽂을 만한 땅이라는 뜻으로, 매우 좁아 조금의 여유도 없음을 가리킴. 또는 매우 좁은 땅.

- **입향순속(入鄕循俗)** 그 고장(지방)에 가서는 그 고장의 풍속에 따른다는 말.

자

- **자가당착(自家撞着)** 자기가 한 말이나 행동의 앞뒤가 맞지 않는다는 뜻으로, 같은 사람의 글이나 언행이 앞뒤가 서로 맞지 않아 어그러짐을 일컬음.

- **자강불식(自强(彊)不息)** 스스로 힘쓰며 쉬지 아니한다는 뜻으로, 수양에 힘써 게을리 하지 않음을 일컬음.

- **자격지심(自激之心)** 자기가 한 일에 대해 자기 스스로 미흡하게 여기는 마음.

- **자괴지심(自愧之心)** 스스로 부끄럽게 여기는 마음.

- **자구다복(自求多福)** 많은 복은 하늘이 주는 것이 아니라 자기 스스로 구하는 것이다.
- **자굴지심(自屈之心)** 스스로를 굽히는 마음.
- **자기기인(自欺欺人)** 자기도 속이고 남도 속인다는 뜻.
- **자력갱생(自力更生)** 자기 힘으로 노력하여 곤경을 헤쳐 나감.
- **자문자답(自問自答)** 스스로 묻고 스스로 대답함. 심중(心中)의 대화를 일컬음.
- **자수성가(自手成家)** 스스로의 힘으로 일가(一家)를 이룸. 곧, 스스로의 힘으로 사업을 이룩하거나 큰일을 이룸. 물려받은 재산이 없는 사람이 제 힘으로 한 살림을 이룸.
- **자승자강(自勝者强)** 스스로 이기는 자가 강하다는 뜻으로, 자기 자신을 이기는 사람만이 이 세상에서 가장 강한 사람이라는 말.
- **자승자박(自繩自縛)** 자기가 꼰 새끼로 자기를 묶는다는 뜻으로, 자기가 한 말이나 행동 때문에 자기 자신이 구속되어 괴로움을 당하게 됨을 일컬음.
- **자업자득(自業自得)** 자기가 저지른 일의 과오(잘못)를 스스로 얻는다는 뜻.
- **자연도태(自然淘汰)** 생존 경쟁에서 그 생활 조건에 적응하지 못하는 생물은 사라지는 현상.
- **자유자재(自由自在)** 마음 내키는 대로, 아무 거리낌이 없음.
- **자중지란(自中之亂)** 자기네 패 속에서 일어나는 싸움질.
- **자화자찬(自畵自讚)** 자기가 그린 그림을 자기 스스로 칭찬한다는 뜻으로, 자기가 한 일을 자기 스스로 자랑함을 일컬음.
- **작사도방(作舍道傍)** 길가에 집을 짓자니 오가는 사람의 말이 많다는 뜻으로, 무슨 일을 함에 있어, 의견이 분분하여 결정을 짓지 못함의 비유.

- 작심삼일(作心三日) 품은 마음이 삼 일을 못 간다는 뜻으로, 결심이 굳지 못함을 일컬음.
- 잠룡(潛龍) 하늘에 오를 때를 기다리며 물속에 잠겨 있는 용이라는 뜻으로, 얼마 동안 왕위에 오르지 않고 이를 피하고 있는 사람. 또는 기회를 얻지 못한 영웅을 일컬음.
- 장경오훼(長頸烏喙) 긴 목과 뾰족 나온 입이라는 뜻으로, 고난을 같이 할 수 있어도 즐거움은 같이 누릴 수 없는 사람. 관상에서 인내심이 강하여 간난을 이겨내지만 잔인 · 탐욕하고 시의심(猜疑心)이 강하여 안락을 누리기 어렵다는 상.
- 장부일언중천금(丈夫一言重千金) 장부의 한마디 말은 천금같이 무겁다는 뜻으로, 한 번 한 말은 꼭 지켜야 한다는 말.
- 장삼이사(張三李四) 장씨의 셋째아들과 이씨의 넷째아들이라는 뜻으로, 평범한 사람들을 비유하는 말.
- 장생불사(長生不死) 오래 살아 죽지 않음.
- 장유이복구재측(牆有耳(伏寇在側) 담벼락에도 귀가 있고, 숨은 도적은 바로 옆에 있다는 뜻으로, 말과 행동을 조심하라는 뜻.
- 장주지몽(莊周之夢) 장자의 꿈이라는 뜻으로, 장자(莊子)가 나비가 된 꿈을 꾸었는데 꿈이 깬 뒤에 자기가 나비가 된 것인지 나비가 자기가 된 것인지 분간이 가지 않았다는 고사(故事)에서, 자아(自我)와 외계(外界)와의 구별을 잊어버린 경지를 말함.
- 재덕부재험(在德不在險) 덕에 있는 것이요 험준함에 있는 것이 아니다라는 뜻으로, 나라가 평안한 것은 임금의 덕에 의한 것이지, 지형이 유리한 데 있는 것이 아니라는 말.
- 재승덕박(才勝德薄) 재주는 뛰어나지만 덕이 적음.
- 적반하장(賊反荷杖) 도적이 도리어 몽둥이를 든다는 뜻으로, 잘못한 사람이 오히려 잘한 사람을 나무라는 경우를 일컬음.

- **적선(積善)** 착한 일을 많이 한다라는 뜻으로, 동냥질하는 사람들에게 응하는 행위를 일컬음.
- **적선지가 필유여경(積善之家 必有餘慶)** 착한 일을 많이 하면 그 응보로 경사가 자손에게까지 미침.
- **적여구산(積如丘山)** 산더미같이 많이 쌓임. 무엇이 매우 많이 쌓여 있다는 뜻.
- **적원심노(積怨深怒)** 원망이 쌓이고 쌓여 노여움이 깊어짐.
- **적재적소(適材適所)** 적당한 인재에 적당한 장소라는 뜻으로, 어떤 일에 알맞은 재능을 가진 사람에게 알맞은 임무를 맡기는 일.
- **적토성산(積土成山)** 흙을 모아 산을 이룸. 작은 것도 쌓이면 큰 것이 됨을 비유. 적소성대(積小成大). 토적성산(土積成山).
- **전거복철(前車覆轍)** 앞서 지나간 수레가 엎어진 바퀴자국이라는 뜻으로, 앞의 실패를 거울삼아 똑같은 실패를 거듭하지 않음. 앞사람의 실패. 실패의 전례.
- **전광석화(電光石火)** 번개와 부싯돌의 불꽃이라는 뜻으로, 번갯불이나 부싯돌의 불이 번쩍이는 것처럼 몹시 짧은 시간, 또는 매우 빠른 동작의 비유.
- **전대미문(前代未聞)** 지금까지 들어 본 적이 없다는 뜻으로, 매우 놀라운 일이나 새로운 것을 두고 일컫는 말.
- **전무후무(前無後無)** 전에도 없었고 앞으로도 없음.
- **전문지호후문지랑(前門之虎後門之狼)** 앞문의 호랑이, 뒷문의 늑대라는 뜻으로, 앞뒤로 위험이 가로놓여 있음. 앞문의 호랑이를 쫓아내기 위해 뒷문으로 늑대를 끌어들인 결과의 비유.
- **전전반측(輾轉反側)** 누워서 이리저리 뒤척거린다는 뜻으로, 근심과 걱정으로 잠을 못 이룸. 전전불매(輾轉不寐).
- **전정구만리(前程九萬里)** 앞길이 구만리라는 뜻으로, 나이가 아직

젊어 희망이 있고 장래가 기대된다는 말.

- ◆ 절장보단(絶(截)長補短) 긴 것을 잘라 짧은 것에 보탠다는 뜻으로, 장점으로 부족한 점이나 나쁜 점을 보충함.
- ◆ 절치부심(切齒腐心) 몹시 분하여 이를 갈며 속을 썩임.
- ◆ 정곡(正鵠) 과녁의 한가운데 중심점이라는 뜻으로, 정확한 목표, 또는 이론의 핵심을 일컬음.
- ◆ 정문일침(頂門一鍼(針)) 정수리에 침을 놓다는 뜻으로, 남의 잘못에 대한 따끔한 비판이나 타이름을 일컬음.
- ◆ 정신일도하사불성(精神一到何事不成) 정신력을 한 곳에 집중시키면 어떤 일이라도 성취할 수 있다는 말.
- ◆ 정정당당(正正堂堂) 태도나 수단이 공정하고 떳떳함. 공명정대한 모습의 형용.
- ◆ 정족이거(鼎足而居) 솥발로 지내다는 뜻으로, 솥의 발처럼, 셋이 맞서 제각기 세력의 균형을 유지하고 서로 대립한 형세를 일컬음.
- ◆ 정중동(靜中動) 조용히 있는 가운데 어떤 움직임이 있음.
- ◆ 정중지와(井中之蛙) 우물 안 개구리. 견문이 좁고 세상 형편에 어두운 사람을 일컬음. 정저와(井底蛙). 정중와(井中蛙).
- ◆ 정훈(庭訓) 집뜰에서 가르치다는 뜻으로, 공자가 아들을 집뜰에서 틈틈이 가르친 데서, 가정 안에서의 교훈, 아버지가 아들에게 대하여 주는 교훈을 일컬음. 가정교육.
- ◆ 조강지처(糟糠之妻) 지게미와 겨를 먹은 아내. 곧, 구차하고 어려울 때부터 고생을 같이하여 온 아내. 조강(糟糠).
- ◆ 조고(操觚) 나무패를 (붓을) 잡고 글을 쓴다는 뜻으로, 문필(文筆)에 종사함을 일컬음.
- ◆ 조명시리(朝名市利) 명성은 조정에서 얻고 이익은 저잣거리에서 취하라는 뜻으로, 무슨 일이든 때와 장소를 가려서 함을 일컬음.

- 조문도석사가의(朝聞道夕死可矣) 아침에 도를 들어 깨달으면, 저녁에 죽어도 좋다는 뜻으로, 사람으로서 행해야 할 도리, 정신적인 깨달음의 중요성을 일컬음. 조문석사(朝聞夕死).

- 조문석개(朝聞夕改) 아침에 잘못한 일을 들으면 저녁에 고친다는 뜻으로, 자기의 과실을 알려 주면 주저하지 않고 바로 고침을 일컬음.

- 조문석사(朝聞夕死) 아침에 도(道)를 들어 알면, 그날 저녁에 죽어도 한이 없다는 말.

- 조변석개(朝變夕改) '아침저녁으로 뜯어 고친다'는 뜻으로, 계획이나 결정 따위를 자주 바꾸는 것을 일컬음. 조석변개(朝夕變改). 조령모개(朝令暮改).

- 조불려석(朝不慮夕) 아침에 저녁 일을 헤아리지 못한다는 뜻으로, 형세가 급하고 딱하여 당장을 걱정할 뿐, 앞일을 헤아릴 겨를이 없음.

- 조족지혈(鳥足之血) 새 발의 피라는 뜻으로, 필요한 양에 비해 턱없이 아주 적은 분량의 비유.

- 족탈불급(足脫不及) '맨발로도 따라가지 못한다'는 뜻으로, 능력이나 재질·역량 따위의 차이가 뚜렷함을 일컫는 말.

- 존망지추(存亡之秋) 존재하느냐 멸망하느냐의 매우 위급한 상황.

- 존심양성(存心養性) 양심을 잃지 않고 그대로 간직하여 하늘이 주신 본성을 키워나감.

- 종두득두(種豆得豆) 콩 심은 데 콩 나고, 팥 심은데 팥 난다는 뜻으로, 원인에 따라 결과가 나타남을 일컬음. 종과득과(種瓜得瓜).

- 종심소욕(從心所欲) 마음에 하고 싶은 대로 함.

- 좌고우면(左顧右眄) 이쪽저쪽을 돌아본다는 뜻으로, 앞뒤를 재고 망설임을 일컬음.

- 좌우명(座右銘) 늘 자리 옆에 갖추어 놓고 아침저녁으로 반성하는

재료로 삼는 격언.

- **좌정관천(坐井觀天)** 우물 속에 앉아 하늘을 쳐다본다는 뜻으로, 견문이 매우 좁음을 일컬음.

- **좌지우지(左之右之)** 왼편으로 놓았다가 오른편에 놓았다는 뜻으로, 자기 생각대로(마음대로) 남을 다루는 것을 말함.

- **좌천(左遷)** 벼슬자리가 못한 데로 떨어짐.

- **주객전도(主客顚倒)** 주인과 손이 뒤바뀐다는 뜻으로, 사물의 경중이나 완급, 중요성에 비춘 앞뒤가 서로 뒤바뀜을 일컬음.

- **주객지세(主客之勢)** 중요하지 못한 지위에 있는 사람은 중요한 지위에 있는 사람을 당해 내지 못하는 형세.

- **주경야독(晝耕夜讀)** 낮에는 농사짓고 밤에는 글을 읽는 한가하고 운치 있는 생활. 또는 바쁜 틈을 타서 어렵게 공부함.

- **주내백약지장(酒乃百藥之長)** 술은 백 가지 약 중에 으뜸이다.

- **주마가편(走馬加鞭)** 달리는 말에 채찍을 가한다는 뜻으로, 열심히 하는 사람을 더 부추기거나 몰아침을 일컬음.

- **주마간산(走馬看山)** 달리는 말 위에서 산천을 구경한다는 뜻으로, 이것저것을 천천히 살펴볼 틈이 없이 바삐 서둘러 대강대강 지나쳐 봄의 비유.

- **주마등(走馬燈)** 달리는 말 위의 등불이라는 뜻으로, ① 안팎 두 겹으로 된 틀의 안쪽에 갖가지 그림을 붙여서, 그 틀이 돌아가는 대로 그림이 따라 돌아 보이는 등. ② 사물이 덧없이 빨리 변하여 돌아감의 비유.

- **주야장천(晝夜長川)** 밤낮으로 쉬지 않고 잇달아서. 언제나. 늘.

- **준조절충(樽俎折衝)** 술자리에 앉아서 평화로운 교섭으로 유리하게 일을 처리함.

- **중과부적(衆寡不敵)** 많은 것에 적은 것이 대적하지 못한다는 뜻으

로, 적은 수효로는 많은 수효를 맞겨루지 못함을 일컬음.

◆ 중구삭금(衆口鑠金) '뭇 사람의 말은 쇠같이 굳은 물건도 다 녹인다'는 뜻으로, 여러 사람의 말은 무섭다는 말.

◆ 중언부언(重言復言) 한 말을 자꾸 되풀이 한다는 뜻으로, 조리가 안 맞는 말을 되풀이 할 때 일컫는 말.

◆ 중용지도(中庸之道) 중용의 도리라는 뜻으로, 극단에 치우치지 않고 평범함 속에서의 진실한 도리를 일컬음.

◆ 지기지심(知己之心) 서로 마음이 통하여 지극하고 참되게 알아줌. 또는, 알아주는 마음.

◆ 지기지우(知己之友) 서로 마음이 통하는 친한 벗. 지기(知己).

◆ 지긴지요(至緊至要) 매우 긴요함.

◆ 지란지교(芝蘭之交) 벗 사이 서로가 좋은 감화를 주고받으며 이끌어 가는 고상한 교제.

◆ 지리멸렬(支離滅裂) 갈가리 흩어지고 찢기다는 뜻으로, 갈피를 잡을 수 없이 엉망진창이 됨. 어떤 일이 온전하게 이루어지지 않고 흐지부지 되는 것을 말함.

◆ 지명지년(知命之年) 공자가 나이 쉰 살에 천명(天命)을 알았다는 데서, 천명을 알 수 있는 나이, 쉰 살을 일컫는 말.

◆ 지성감천(至誠感天) 정성이 지극하면 하늘도 감동한다라는 뜻으로, 지극한 정성으로 하면 어려운 일도 이루어지고 풀림을 일컬음.

◆ 지어지선(至於至善) 지극히 착한 경지에 이름.

◆ 지어지앙(池魚之殃) 연못의 물로 불을 끄니 물고기가 죽는다는 뜻으로, 엉뚱한 사물이 재앙을 입음을 일컬음.

◆ 지우책인명(至愚責人明) 지극히 어리석은 사람도 남을 꾸짖는 데는 밝다.

◆ 지자불언(知者不言) 지식이 있는 사람은 깊이 재능을 감추고 함부

로 말하지 않음.

◆ **지자불혹(知者不惑)** 사리를 잘 분간하는 사람은 이치에 밝으므로, 사물에 미혹되지 아니함.

◆ **지자요수(知者樂水)** 지자는 사리에 밝아서 물과 같이 흘러 막힘이 없으므로 물을 좋아하고 즐김.

◆ **지자요수 인자요산(知者樂水 仁者樂山)** 지자는 사리에 통달하여 막힘이 없음이 물과 같아서 물을 좋아하고, 인자(仁者)는 의리에 밝고 중후하여 변치 않음이 산과 같아서 산을 좋아함.

◆ **지자일실(知者一失)** 슬기로운 사람도 많은 생각 중에는 간혹 실수가 있음.

◆ **지족불욕(知足不辱)** 만족할 줄 알면 욕되지 않는다는 뜻으로, 분수를 지켜 만족할 줄 알면 욕되지 아니함을 일컬음.

◆ **지족안분(知足安分)** 족한 줄을 알아 자기의 분수에 만족함.

◆ **지족자부(知足者富)** 만족할 줄 아는 자가 부자라는 뜻으로, 비록 가난하지만 만족할 줄 아는 사람은 정신적으로 부유함을 일컬음.

◆ **지행합일(知行合一)** 참다운 지식은 반드시 실천이 따라야 한다는 말. 양명학의 중심 개념.

◆ **진인사청천명(盡人事聽天命)** 사람이 해야 할 일을 다 하고 하늘의 명을 듣는다는 뜻으로, 해야 할 일을 다 하고 다음은 조용히 결과를 기다림을 일컬음.

◆ **진천동지(震天動地)** 하늘에 떨치며 땅을 흔든다는 뜻으로, 천지를 진동시킬 만큼 위엄이 천하에 떨침의 비유.

◆ **진충보국(盡忠報國)** 충성을 다하여 나라의 은혜를 갚음.

◆ **진퇴양난(進退兩難)** 나아가기도 어렵고 물러서기도 어려운 상태라는 뜻으로, 궁지에 몰려 이러기도 어렵고 저러기도 어려운, 매우 난처한 처지에 놓여 있음을 일컬음.

- **진퇴유곡(進退維谷)** 진퇴할 길이 끊어져 어찌할 수 없는 궁지에 빠짐.
- **질풍경초(疾風勁草)** 질풍(몹시 세찬 바람)에도 꺾이지 않는 억센 풀이라는 뜻으로, 아무리 어려운 일을 당해도 뜻이 흔들리지 않는 사람의 비유.
- **질풍신뢰(疾風迅雷)** 거센 바람과 번개라는 뜻으로, 사태가 급변하거나 행동의 민첩함과 빠른 속도 따위를 가리킴.
- **집대성(集大成)** 여러 가지를 많이 모아 크게 이룬다는 뜻으로, 모을 수 있는 자료를 모두 모은 다음 정리하는 것을 일컬음.
- **징전비후(懲前毖後)** 지난날을 징계하고 뒷날을 삼간다는 뜻으로, 이전에 저지른 잘못을 교훈삼아 앞으로의 일을 신중히 처리한다는 말.

차

- **차도살인(借刀殺人)** 남의 칼을 빌려 사람을 죽인다는 뜻으로, 남의 힘으로 목적을 달성함. 마음씨가 내숭스러워 음흉한 수단을 부림을 일컬음.
- **차일피일(此日彼日)** 이날저날이라는 뜻으로, 자꾸 약속이나 기일 따위를 미루는 모양.
- **창상지변(滄桑之變)** 푸른 바다가 변하여 뽕나무밭이 된다는 뜻으로, 인간 세상의 모든 일이 신속하게 변함을 일컬음.
- **창해일속(滄海一粟)** 너르고 큰 바다에 뜬 한 알의 좁쌀이라는 뜻으로, 광대한 것 속의 극히 작은 물건. 곧, 이 세상 우주 안에서의 인간 존재의 하찮음의 비유.
- **척결(剔抉)** 살을 긁어내고 뼈를 발라내는 것으로, 곧 결점이나 부정을 파헤쳐 냄.

- 천려일득(千慮一得) 어리석은 사람일지라도 많은 생각 가운데는 한 가지쯤 좋은 생각이 미칠 수 있다는 말. ↔ 천려일실(千慮一失).
- 천방지축(天方地軸) 못난(어리석은) 사람이 종작없이 덤벙이는 일. 또는 너무 급박하여 방향을 잡지 못하고 함부로 날뛰는 일.
- 천변만화(千變萬化) 한없이 변화함. 변화가 무궁함. 천 가지 만 가지 변화.
- 천상천하유아독존(天上天下唯我獨尊) 하늘 위와 땅 아래에 나보다 존귀한 것이 없다라는 뜻으로, 석가모니가 세상에 태어났을 때 한 손으로는 하늘을, 또 한 손으로는 땅을 가리켜 일곱 걸음을 걸으며 사방을 둘러보고 이른 말.
- 천석고황(泉石膏肓) 자연을 사랑하는 것이 병적이라 할만큼 깊다는 뜻. 곧, 산수를 사랑함이 너무 지나친 것. 벼슬에 나아가지 않음의 비유.
- 천애지각(天涯地角) '하늘의 끝과 땅의 한 귀퉁이'라는 뜻으로, 서로 멀리 떨어져 있음을 가리키는 말. 천애(天涯).
- 천양지차(天壤之差) 하늘과 땅 사이처럼 큰 차이라는 뜻으로, 사물이 서로 엄청나게 다름을 일컬음.
- 천우신조(天佑神助) 하늘이 돕고 신이 돕는다는 뜻으로, 생각지 않게 우연히 도움 받는 것을 일컬음.
- 천인공노(天人共怒) 하늘과 사람이 함께 노한다는 뜻으로, 누구나 분노할 만큼 증오스러움. 도저히 용납할 수 없음의 비유.
- 천장지제궤자의혈(千丈之堤潰自蟻穴) 천 길의 둑도 개미구멍으로 인해 무너진다는 뜻으로, 천하의 어려운 일은 반드시 쉬운 데서부터 시작되고, 천하의 큰 일도 반드시 작은 일에서부터 시작된다는 말.
- 천정부지(天井不知) 천장을 모른다는 뜻으로, 물건 값 따위가 한

없이 오르기만 함을 일컬음.

◆ **천지개벽**(天地開闢) 하늘과 땅이 처음으로 열린다는 뜻으로, 자연계나 사회의 큰 변동을 비유하는 말.

◆ **천지신명**(天地神明) 천지의 수많은 신들의 조화.

◆ **천지자만물지역려**(天地者萬物之逆旅) 천지라는 것은 온갖 만물이 잠시 머물렀다 가는 여관과 같다는 뜻.

◆ **천지지지아지자지**(天知地知我知子知) 사지(四知). 하늘이 알고, 땅이 알고, 내가 알고, 네가 안다는 뜻으로, 하늘과 땅, 그리고 자신과 상대편이 각각 알고 있는 것처럼, 세상에는 비밀이 없음을 일컫는 말.

◆ **천진난만**(天眞爛漫) 말이나 행동이 순진하고 참되다는 뜻으로, 조금도 꾸밈이 없이 있는 그대로 언행이 나타남.

◆ **천편일률**(千篇一律) 천 가지 작품이 한 가지 율조라는 뜻으로, 여러 시문의 격조가 변화가 없이 비슷비슷함. 또는, 사물이 각기 특성 없이 모두 판에 박은 듯이 비슷함의 비유.

◆ **천하기재**(天下奇才) 천하제일의 뛰어난 재능. 곧, 세상에 매우 뛰어난 재주, 또는 그 사람.

◆ **천학비재**(淺學菲才) '학식이 얕고 재주가 보잘것없다'는 뜻으로, 자기의 학식을 겸손하게 일컫는 말.

◆ **철두철미**(徹頭徹尾) 처음부터 끝까지 투철함. 처음부터 끝까지 철저하게.

◆ **철석간장**(鐵石肝腸) 굳고 단단한 절개나 마음을 일컫는 말. 철심석장(鐵心石腸).

◆ **철중쟁쟁**(鐵中錚錚) 쇠 중에서도 쟁쟁하고 울리는 것이라는 뜻으로, 같은 무리 가운데서 가장 뛰어난 사람의 비유.

◆ **청백리**(淸白吏) 품행이 순수하고 깨끗한 관리라는 뜻으로, 맑고

깨끗한 마음으로 재물을 탐하지 않는 벼슬아치를 일컬음.

◆ **청산유수(青山流水)** 푸른 산과 흐르는 물이라는 뜻으로, 막힘없이 썩 잘하는 말의 비유.

◆ **청송백사(青松白沙)** '푸른 소나무와 흰 모래'라는 뜻으로, 해안의 아름다운 경치를 일컫는 말.

◆ **청심과욕(清心寡慾)** 마음을 깨끗이 하여 욕심을 적게 함.

◆ **청운지사(青雲之士)** 학덕을 겸한 높은 사람. 높은 지위나 고관으로 출세한 사람.

◆ **청운추월(晴雲秋月)** '맑은 하늘에 비치는 가을달'이라는 뜻으로, 깨끗한 마음을 비유하여 일컫는 말.

◆ **청풍명월(清風明月)** 맑은 바람과 밝은 달이라는 뜻으로, 초가을 밤의 싱그러운 느낌. 결백하고 온건한 성격. 또는, 풍자와 해학으로 세상사를 논함을 비유하여 일컬음. 조용히 술을 마신다는 뜻으로도 쓰인다.

◆ **초근목피(草根木皮)** 풀뿌리와 나무껍질이라는 뜻으로, 영양가 적은 거친 음식. 한약의 재료가 되는 물건을 일컬음.

◆ **초로인생(草露人生)** 풀잎에 맺힌 이슬처럼 덧없는 인생.

◆ **초록동색(草綠同色)** 풀과 녹색은 서로 같은 빛이라는 뜻으로, 같은 종류(類)끼리 서로 어울림. 또는, 이름은 다르나 따지고 보면 한가지라는 말.

◆ **초목개병(草木皆兵)** (적을 두려워하여) 수풀이 다 적의 군사로 보인다는 뜻으로, 어떤 일에 크게 놀라 신경이 예민해진 것의 비유. 또, 군사의 수효가 너무 많아 산야(山野)에 가득 찬 상태를 일컬음.

◆ **초미지급(焦眉之急)** 눈썹에 불이 붙은 것과 같이 매우 위급함을 일컬음.

- **초지일관(初志一貫)** 처음에 먹은 마음을 끝까지 관철함.
- **추야장장(秋夜長長)** 가을밤이 길고도 깊. 기나긴 가을밤.
- **추월한강(秋月寒江)** 가을 달과 차가운 강물이라는 뜻으로, 덕이 있는 사람의 맑고 깨끗한 마음을 일컬음.
- **추풍낙엽(秋風落葉)** 가을바람에 흩어져 떨어지는 낙엽이라는 뜻으로, 낙엽처럼 세력 같은 것이 시들어 우수수 떨어짐의 비유.
- **축록자 불견산(逐鹿者不見山)** '사슴을 쫓는 사람은 산이 깊고 험한가를 보지 않는다'는 뜻으로, 곧 이익을 취하려는 사람은 물불을 가리지 않음. 한 가지 일에 열중하거나 이욕에 눈이 어두운 사람은 다른 일을 돌보지 않음.
- **춘래불사춘(春來不似春)** 봄이 와도 봄 같지가 않다.
- **춘면불각효(春眠不覺曉)** 봄잠에 새벽이 된 것도 깨닫지 못한다는 뜻으로, 한가한 봄날 새벽이 된 줄도 모르고 늦잠에 빠져 있음을 형용한 말.
- **춘풍추우(春風秋雨)** 봄바람과 가을비라는 뜻으로, 지나간 세월을 일컬음.
- **출가외인(出嫁外人)** 출가한 딸은 친정 사람이 아니고 남이나 마찬가지라는 뜻.
- **출호이반호이(出乎爾反乎爾)** 자기에게서 나온 것이 자기에게로 돌아간다는 뜻으로, 자신의 허물을 반성할 일이지 남의 잘못을 꾸짖을 일이 못됨을 일컬음.
- **충신불사이군(忠臣不事二君)** 충신은 두 임금을 섬기지 않는다.
- **충언역이(忠言逆耳)** 바른말은 귀에 거슬린다는 뜻으로, 충직한 말은 귀에 거슬리어 불쾌함.
- **취모멱자(吹毛覓疵)** 털을 불어가며 작은 허물이라도 찾으려 한다는 뜻으로, 억지로 남의 작은 허물을 들추어냄.

- **취사선택(取捨選擇)** 취할 것은 취하고 버릴 것은 버려서 골라잡음.
- **취생몽사(醉生夢死)** 술에 취한 듯 살다가 꿈을 꾸듯이 죽는다는 뜻으로, 아무 뜻 없이 한평생 흐리멍덩하게 살아감을 비유하여 일컫는 말.
- **취중무천자(醉中無天子)** 취중에는 천자도 없다는 뜻으로, 술에 취하면 기가 성하여 세상에 거리낌이 없고 두려운 사람이 없어진다는 뜻.
- **취중진정발(醉中眞情發)** 평소에 먹은 마음 취중에 난다는 뜻으로, 술에 취하면 평소 지니고 있던 생각을 털어놓는다는 말.
- **치국안민(治國安民)** 나라를 다스리고 백성을 편안하게 함.
- **치국평천하(治國平天下)** 나라를 잘 다스리고 천하를 고르게 한다는 뜻으로, 나라를 잘 다스리고 온 세상을 편안하게 함.
- **치인설몽(痴人說夢)** 어리석은 사람에게 꿈 이야기를 해준다는 뜻으로, 종잡을 수 없이 아무렇게나 지껄이는 짓을 일컫는 말. 즉, 꿈에 본 이야기를 하면 어리석은 사람은 그것을 사실인 줄 알고 엉뚱하게 전함을 일컬음.
- **치지도외(置之度外)** 법도 바깥에 둔다는 뜻으로, 그냥 내버려 두고 문제 삼지 않음. 염두에 두지 않는다는 말.
- **칠전팔기(七顚八起)** 일곱 번 넘어지고 여덟 번 일어난다는 뜻으로, 여러 번의 실패에도 굽히지 않고 분투한다는 말.
- **칠종칠금(七縱七擒)** 일곱 번 놓아주고 일곱 번 사로잡는다는 뜻으로, 마음대로 잡았다 놓아주었다함의 비유. 즉 무슨 일을 제 마음대로 함을 일컬음.
- **침소봉대(針小棒大)** 바늘만한 것을 몽둥이만하다고 한다는 뜻으로, 작은 일을 크게 허풍을 떨어 말함.
- **침윤지참(沈潤之譖)** 물이 서서히 표 안 나게 스며들 듯 조금씩 오

래 두고 하는 참소(남을 헐뜯어 중상 모략함)의 말. 침윤지언(沈潤之言).

타

- **타산지석(他山之石)** 남의 산에 있는 하찮은 돌도 자기의 옥(玉)을 가는 데 쓰인다는 뜻으로, 다른 사람의 하찮은 언행일지라도 자기의 지식이나 인격을 닦는데 도움이 된다는 말. 쓰기에 따라 유용한 것도 될 수 있음의 비유.

- **타초경사(打草驚蛇)** 풀밭을 두들겨서 뱀을 놀라게 한다는 뜻으로, 갑(甲)을 혼내줌으로써 을(乙)에게 깨우침을 준다는 말. 또는, 일 처리가 치밀하지 못하여 남의 경계심을 일으키게 하는 행동의 비유.

- **탁상공론(卓上空論)** 실현성이 없는 허황한 이론.

- **탄탄대로(坦坦大路)** 평평하고 넓은 길. 장래가 아무 어려움이나 괴로움이 없이 수월함을 일컫는 말. 탄로(坦路).

- **탄핵(彈劾)** 탄알을 쏘듯이 죄를 파헤친다는 뜻으로, 관리의 죄나 부정을 폭로하여 위에 알리고 고발하는 것을 일컬음.

- **탐관오리(貪官汚吏)** 탐관과 오리라는 뜻으로, 탐욕이 많고 행실이 깨끗하지 못한 관리를 일컬음.

- **탐화봉접(探花蜂蝶)** '꽃을 찾아다니는 벌과 나비.' 여색을 좋아하는 사람의 비유.

- **태산명동 서일필(泰山鳴動 鼠一匹)** 태산이 크게 울며 움직여서 알아보니 겨우 쥐 한 마리뿐이더라는 뜻으로, 무엇을 크게 떠벌리기만 하고 실제의 결과는 아주 작아 보잘것없음의 비유.

- **태연자약(泰然自若)** 마음이 굳건하여 흔들리지 않는 모양. 마음에

무슨 충동을 받아도 움직임이 없이 천연스러움.

◆ **토각귀모**(兔角龜毛) '토끼의 뿔과 거북의 털.' 곧, 세상에 없는 것의 비유.

◆ **토사구팽**(兔死狗烹) 재빠른 토끼가 죽고 나면 토끼를 잡던 사냥개는 필요가 없게 되어 주인에게 삶아 먹힌다는 뜻으로, 사람도 쓸모 있는 동안에는 실컷 부림을 당하다가 소용이 없어지면 버림을 받게 되는 경우를 일컫는 말. 교토사 주구팽(狡兔死 走狗烹).

◆ **토포악(착)발**(吐哺握(捉)髮) 먹는 중에도 뱉어내고 감고 있던 머리를 거머쥔다는 뜻으로, 어진 사람을 우대하기에 몹시 바쁜 모양으로, 정무(政務)를 보살피기에 잠시도 편안함이 없음. 또 훌륭한 인물을 잃는 것을 우려함.

파

◆ **파란만장**(波瀾萬丈) 물결의 흐름이 매우 높다는 뜻으로, 생활이나 일의 진행에 있어 몹시 기복이나 변화가 심함을 일컬음.

◆ **파벽비거**(破壁飛去) 벽을 뚫고 날아간다라는 뜻으로, 화룡점정의 용에 눈동자를 그려 넣자, 벽을 부수고 날아갔다는 것으로, 갑자기 출세한 사람의 비유.

◆ **파사현정**(破邪顯正) 사악한 것을 깨뜨리고 올바른 것을 드러냄.

◆ **파안대소**(破顔大笑) 얼굴빛을 부드럽게 하여 크게 웃음.

◆ **파천황**(破天荒) 천지개벽 이전의 혼돈한 상태를 깨뜨린다는 뜻으로, 이전에 아무도 한 적이 없는 일을 하는 일. 전대미문의 경지를 엶을 일컬음.

◆ **팔방미인**(八方美人) 어느 모로 보나 아름다운 미인이라는 뜻으로, ① 모든 것에 빼어나 멋있는 사람. ② 주관이 없이 누구에게나

잘 보이도록 처세하는 사람을 얕잡아 이르는 말. ③ 여러 방면에 능통한 사람. ④ 어떤 일에나 두루 조금씩 손대거나 관여하는 사람을 조롱하여 이르는 말.

◆ **패군지장불가이언용(敗軍之將不可以言勇)** 싸움에 진 장수는 무용(武勇)에 대해서 말할 자격이 없다는 뜻으로, 아무리 용기가 있다 해도 어떤 일에 실패한 사람은 그 일에 대해서 논할 자격이 없다는 말.

◆ **패역무도(悖逆無道)** 패악(도리에 어긋나고 흉악함) 불순하여 사람다운 점이 없음.

◆ **평지풍파(平地風波)** 평지에 풍파가 인다는 뜻으로, 까닭 없이 일을 시끄럽게 만들거나 뜻밖에 분쟁을 일으켜 일을 난처하게 만듦.

◆ **포락지형(炮烙之刑)** 산 사람을 굽고 지지는 형벌이라는 뜻으로, 가혹한 형벌의 비유. 은나라 주왕(紂王) 때의 화형(火刑).

◆ **포복절도(抱腹絶倒)** 배를 안고 넘어진다는 뜻으로, 매우 우스워서 요란하게 웃는 웃음. 또는, 그 웃는 모습.

◆ **포식난의(飽食煖衣)** 배불리 먹고 따뜻이 입음. 또는, 생활이 넉넉함.

◆ **포의지교(布衣之交)** 선비 시절에 사귄 벗.

◆ **포의한사(布衣寒士)** 벼슬이 없는 가난한 선비.

◆ **포호빙하(暴虎馮河)** 맨주먹으로 범을 잡고 걸어서 강(황하)을 건넌다는 뜻으로, 무모한 만행을 부림의 비유. 매우 위험한 행동의 비유.

◆ **표리부동(表裏不同)** 마음이 음충맞아서 겉과 속이 다름.

◆ **표사유피(豹死留皮)** 표범은 죽으면 가죽을 남긴다는 뜻으로, 사람은 죽어서 명예를 남겨야 함의 비유. 표사유피인사유명(豹死留皮人死留名).

◆ **풍비박산(風飛雹散)** 사방으로 날아 흩어짐.

- ◆ 풍상우로(風霜雨露) 바람과 서리와 비와 이슬.
- ◆ 풍성학려(風聲鶴唳) 바람 소리와 학의 울음소리라는 뜻으로, 겁을 먹은 사람은 하찮은 일이나 작은 소리에도 몹시 놀람의 비유.
- ◆ 풍월주인(風月主人) 맑은 바람, 맑은 달 따위를 즐기는 사람.
- ◆ 풍전등화(風前燈火) 바람 앞의 등불이라는 뜻으로, 매우 위급한 처지에 있음. 또는, 사물의 덧없음을 일컬음.
- ◆ 풍찬노숙(風餐露宿) 바람과 이슬을 맞으며 한데서 먹고 잔다는 뜻으로, 떠돌아다니며 모진 고생을 함을 일컬음.
- ◆ 피골상접(皮骨相接) 살가죽과 뼈가 맞붙을 정도로 몹시 마름. 피골상련(皮骨相連).
- ◆ 피일시차일시(彼一時此一時) 그때는 그때고 지금은 지금이라는 뜻으로, 그때 한 일과 이때 한 일은 서로 사정이 다른 것을 뜻함.
- ◆ 필마단창(匹馬單槍) 한 필의 말과 한 자루의 창이라는 뜻으로, 혼자 간단한 무장으로 한 필의 말을 타고 감을 일컬음.
- ◆ 필부필부(匹夫匹婦) 평범한 남녀.
- ◆ 필유곡절(必有曲折) 반드시 무슨 까닭이 있음.

하

- ◆ 하로동선(夏爐冬扇) 여름의 화로와 겨울의 부채라는 뜻으로, 철에 맞지 않거나 격에 어울리지 않는 쓸데없는 사물의 비유.
- ◆ 하면목견지(何面目見之) 무슨 면목으로 이를 대하겠는가라는 뜻으로, 볼 면목이 없음을 일컬음.
- ◆ 하선동력(夏扇冬曆) 여름의 부채와 겨울의 새해 책력(冊曆). 곧, 철에 맞는 선사(善事).
- ◆ 하청난사(河淸難俟) 황하가 맑아지기를 기다리기는 어렵다는 뜻

으로, 아무리 바라고 기다려도 실현될 가망이 없음.

◆ **하학상달(下學上達)** 밑에서부터 차츰 배워 위에까지 도달한다는 뜻으로, 쉬운 주변에서부터 배우기 시작하여 깊고 어려운 것을 깨달음.

◆ **학수고대(鶴首苦待)** 학처럼 목을 빼고 기다린다는 뜻으로, 몹시 기다림을 일컬음.

◆ **학이시습(學而時習)** 배우고 때로 익힌다.

◆ **학철부어(涸轍鮒魚)** 수레바퀴 자국의 괸 물에 있는 붕어라는 뜻으로, 위급한 처지에 있거나 고단하고 생활이 어려운 사람을 일컬음.

◆ **한강투석(漢江投石)** 한강에 돌 던지기라는 뜻으로, 아무리 해도 헛될 일을 하는 어리석은 행동을 일컬음.

◆ **한천작우(旱天作雨)** 가문 여름 하늘에 비를 만든다는 뜻으로, 가문 한여름에 백성들의 간절한 뜻에 따라 하늘이 비를 내리게 한다. 곧, 어지러운 세상이 계속되고 백성이 도탄에 빠지면, 하늘이 백성의 뜻을 살펴 비를 내린다는 뜻.

◆ **할계언용우도(割鷄焉用牛刀)** 닭 잡는데 소 잡는 칼을 쓴다는 뜻으로, 작은 일을 처리하는 데 지나친 준비나 노력을 함을 일컬음.

◆ **함분축원(舍憤蓄怨)** 분함과 원망을 품음.

◆ **함흥차사(咸興差使)** 심부름 간 사람이 돌아오지 않거나 소식이 없음을 일컬음.

◆ **항룡유회(亢龍有悔)** 하늘 끝까지 다다른 용에게는 후회가 뒤따른다(내려갈 길밖에 없음을 후회한다)는 뜻으로, 만족할 줄 모르고 무작정 밀고 나가다가 오히려 실패하게 됨의 비유.

◆ **해로동혈(偕老同穴)** 살아서는 함께 늙으며 죽어서는 한 무덤에 묻힌다는 뜻으로, 부부 사랑의 굳은 맹세를 일컬음.

◆ **행운유수(行雲流水)** 떠가는 구름과 흐르는 물이라는 뜻으로, 일처

리가 막힘이 없거나, 마음씨가 시원하고 씩씩함. 또는 어떤 것에도 구애됨이 없는 자유로운 삶의 비유.

◆ **행유여력(行有餘力)** 일을 다 하고도 오히려 힘이 남음.

◆ **허심탄회(虛心坦懷)** 아무런 거리낌 없이 솔직한 태도로 품은 생각을 터놓고 말함.

◆ **허장성세(虛張聲勢)** 실력이나 실속도 없이 헛소문과 허세(虛勢)만 떠벌림.

◆ **허허실실(虛虛實實)** 공허와 충실. 거짓과 참이라는 뜻으로, 적의 약점을 겨냥해, 즉 허실의 계책을 다해서 싸우는 모양을 일컬음.

◆ **현모양처(賢母良妻)** 어진 어머니인 동시에 착한 아내.

◆ **현하지변(懸河之辯)** 도도히 흐르는 물과 같이 거침없이 잘 하는 말. 현하웅변(懸河雄辯). 현하구변(懸河口辯).

◆ **혈구지도(絜矩之道)** 자를 재는 방법이라는 뜻으로, 내 처지를 생각해서 남의 처지를 헤아림을 일컬음.

◆ **호각지세(互角之勢)** 소가 서로 뿔을 맞대고 싸우는 형세라는 뜻으로, 우열을 가리기 힘들 정도로 대등하게 겨루고 있는 모습을 일컬음.

◆ **호구(糊口)** 입에 풀칠을 한다는 뜻으로, 겨우 먹고 삶. 가난한 살림을 일컬음.

◆ **호구지책(糊口之策)** 먹고 살아가는 방책. 호구지계(糊口之計). 호구책(糊口策).

◆ **호리건곤(壺裏乾坤)** 술단지 속의 하늘과 땅(해와 달, 밤낮)이라는 뜻으로, 항상 술에 취해 있음을 일컬음.

◆ **호사구수(狐死丘首)** 여우가 죽을 때 머리를 제가 살던 언덕으로 돌린다는 뜻으로, 죽을 때라도 근본을 잊지 않는다는 말. 고향을 그리워함의 비유. 수구초심(首丘初心).

- ◆ 호사다마(好事多魔) 좋은 일에는 흔히 나쁜 일이 끼어든다는 말.
- ◆ 호언장담(豪言壯談) 분수에 맞지 않는 말을 큰소리로 자신 있게 말함.
- ◆ 호의호식(好衣好食) 좋은 옷과 좋은 음식. 잘 입고 잘 먹음.
- ◆ 혹세무민(惑世誣民) 세상 사람을 미혹시키고 속임.
- ◆ 혼비백산(魂飛魄散) '몹시 놀라 혼백이 날아 흩어진다'는 뜻으로, 어찌할 바를 모르는 지경을 일컫는 말.
- ◆ 혼정신성(昏定晨省) 저녁에는 잠자리를 정하고 이른 아침에는 살핀다는 뜻으로, 아침저녁으로 어버이의 안부를 물어서 살핌을 일컬음.
- ◆ 홍곡(鴻鵠) 큰 기러기와 고니. 또는, 큰 인물의 비유.
- ◆ 홍곡지지(鴻鵠之志) 원대한 포부.
- ◆ 홍로점설(紅爐點雪) 벌겋게 단 화로에 내리는 한 점의 눈이라는 뜻으로, 엄청나게 큰 일에 작은 힘이 아무런 표시도 나지 않음의 비유.
- ◆ 홍안소년(紅顔少年) 나이 젊고 얼굴이 곱게 생긴 남자.
- ◆ 홍일점(紅一點) 많은 남자들 가운데 하나뿐인 여자라는 뜻으로, 여럿 가운데서 돋보이는 한 가지를 일컫는 말이었으나 뭇 남자들 속에 끼어 있는 한 여자를 뜻한다. 또는 불타는 것은 꽃을 뜻하는 것이므로 아름다운 여인을 일컬음.
- ◆ 화무십일홍(花無十日紅) 열흘 붉은 꽃이 없다는 뜻으로, 한번 성한 것은 얼마 못가서 반드시 쇠하여짐의 비유.
- ◆ 화복무문(禍福無門) '화나 복이 오는 문은 정해져 있지 않다'는 뜻으로, 스스로 악한 일을 하면 그것이 화가 들어오는 문이 되고, 착한 일을 하면 그것이 복이 들어오는 문이 된다는 말.
- ◆ 화사첨족(畫蛇添足) '뱀을 그리다가 실물에는 없는 발을 그려 넣

어서 원래 모양과 다르게 되었다'는 뜻으로, 쓸데없는 군일을 하다가 도리어 실패함. 무용지물(無用之物)의 비유. 사족(蛇足).

◆ **화용월태(花容月態)** 꽃 같은 얼굴과 달 같은 자태. 아름다운 여자의 얼굴과 맵시.

◆ **화이부동(和而不同)** 남과 사이좋게 지내되 의(義)를 굽혀 좇지는 아니함. 곧, 남과 화목하게 지내지만 중심과 원칙을 잃지 않음.

◆ **화중군자(花中君子)** '꽃 중의 군자'라는 뜻. 곧, 연꽃의 미칭.

◆ **화중지병(畫中之餅)** 그림의 떡이라는 뜻으로, 아무리 탐이 나도 차지하거나 이용할 수 없음의 비유.

◆ **확호불발(確乎不拔)** 매우 든든하고 굳세어서 흔들리지 아니함.

◆ **환골탈태(換骨奪胎)** 의지할 데 없는 외로운 사람이라는 뜻으로, '늙고 아내 없는 홀아비, 늙고 남편 없는 과부, 어리고 부모 없는 아이, 늙고 자식 없는 사람'을 가리키는 말.

◆ **환과고독(鰥寡孤獨)** 의지할 데 없는 외로운 사람이라는 뜻으로, '늙고 아내 없는 홀아비, 늙고 남편 없는 과부, 어리고 부모 없는 아이, 늙고 자식 없는 사람'을 가리키는 말.

◆ **환난상구(患難相救)** 환난을 당하여 근심과 재앙을 서로 구하여 줌.

◆ **환해풍파(宦海風波)** 벼슬살이에서 겪는 갖가지 험난한 일.

◆ **황당무계(荒唐無稽)** 말이 허황되고 터무니없다는 뜻으로, 말이나 생각이 두서가 없고 엉터리여서 종잡을 수가 없음. 황당지언(荒唐之言)과 무계지언(無稽之言)이 합하여 이루어진 말.

◆ **회자인구(膾炙人口)** 널리 칭찬을 받아 사람들의 입에 오르내리다.

◆ **회자정리(會者定離)** 만나는 사람은 반드시 헤어질 운명에 있다는 뜻으로, 인생의 무상함을 일컬음.

◆ **횡설수설(橫說竪說)** 조리가 없는 말로 이러쿵저러쿵 함부로 지껄임. 횡수설거(橫竪說去). 횡수설화(橫竪說話).

- **효빈(效顰)** 찡그림을 본받는다는 뜻으로, 무언지도 모르고 덩달아 흉 내 냄. 남의 결점을 장점인 줄로 알고 본뜬다는 말.
- **후목분장(朽木糞牆)** 조각할 수 없는 썩은 나무와 고쳐 칠할 수 없 는 썩은 담이라는 뜻으로, 정신이 썩은 쓸모없는 사람의 비유.
- **후생가외(後生可畏)** 젊은 후배들은 두려워할 만하다는 뜻으로, 젊 은이는 장차 얼마나 큰 역량을 나타낼지 모르기 때문에 함부로 대하기가 어렵다는 말.
- **후안무치(厚顏無恥)** 얼굴 거죽이 두꺼워 자신의 부끄러움도 돌아 보지 않는다는 뜻으로, 뻔뻔스러워 부끄러워할 줄을 모름을 일컬음.
- **훼장삼척(喙長三尺)** '주둥이가 석 자라도 변명할 수가 없다'는 뜻 으로 허물이 드러나서 숨겨 감출 수가 없음.
- **흥망성쇠(興亡盛衰)** 흥하고 망하고 성하고 쇠함. 〔흥망성쇠와 부 귀빈천이 물레바퀴 돌듯 한다. 즉 사람의 운수는 돌고 돌아 늘 변한다.〕
- **흥진비래(興盡悲來)** 즐거운 일이 다하고 슬픈 일이 닥쳐온다는 뜻 으로, 세상이 돌고 돌아 순화됨을 가리키는 말.
- **희로애락(喜怒哀樂)** 기쁨과 노여움과 슬픔과 즐거움이라는 뜻으 로, 인간이 갖고 있는 온갖 감정을 일컬음.
- **희생(犧牲)** 천지종묘(天地宗廟)에 제사지낼 때 제물로 쓰는 살아 있는 소라는 뜻으로, 신명(神明)에게 바치는 산 짐승. 생뢰(牲 牢). 뜻밖의 재난 따위로 헛되이 목숨을 잃음. (남이나 어떤 일을 위해서) 제 몸이나 재물 따위 귀중한 것을 바침을 일컬음.